"中国新闻学丛书"编辑委员会

主　任：李　彬　赵月枝

委　员：（按姓氏笔画顺序）

　　　　王君超　王润泽　王维佳　史安斌　吕新雨　李　珮
　　　　李　彬　李希光　杨萌芽　吴　玫　吴　靖　张　垒
　　　　张　桐　赵月枝　胡　钰　俞　凡　洪　宇　程曼丽

"中国新闻学丛书"出版委员会

主　任：杨国安　杨萌芽

委　员：（按姓氏笔画顺序）

　　　　马　龙　王鹏飞　纪庆芳　杨　波　杨国安　杨萌芽
　　　　陈建恩　郑　鑫　胡玲霞　姜　畅　谌洪波　薛建立

中国新闻学的星火
——青年甘惜分的晋绥新闻生涯

常志刚　编著

河南大学出版社
HENAN UNIVERSITY PRESS

·郑州·

图书在版编目（CIP）数据

中国新闻学的星火：青年甘惜分的晋绥新闻生涯 / 常志刚编著 . -- 郑州：河南大学出版社，2021.6
ISBN 978-7-5649-3919-9

Ⅰ .①中… Ⅱ .①常… Ⅲ .①甘惜分 - 生平事迹②新闻 - 作品集 - 中国 - 当代 Ⅳ .① K825.6 ② I253

中国版本图书馆 CIP 数据核字 (2019) 第205525号

责任编辑	孙增科
责任校对	陈 巧
装帧设计	翟淼淼　高枫叶
出版发行	河南大学出版社
	地址　郑州市郑东新区商务外环中华大厦2401号　邮　编：450046
	电话　0371-86059715（高等教育与职业教育出版分社）
	0371-86059701（营销部）
	网址　hupress.henu.edu.cn
排　版	河南大学出版社设计排版部
印　刷	河南瑞之光印刷股份有限公司
经　销	全国新华书店
版　次	2021年6月第1版　　　　　　　　　印次　2021年6月第1次印刷
开　本	710 mm×1010 mm　1/16　　　　　印张　16.5
字　数	305 千字　　　　　　　　　　　　定价　49.00 元

（本书如有印装质量问题，请与河南大学出版社营销部联系调换。）

总序：新时代　新征程　新闻学　新探索

李　彬　赵月枝

中国共产党成立一百年前夕，酝酿有年的"中国新闻学丛书"开始问世。

所谓"中国新闻学"自然指立足中国的新闻学，离不开中华民族5000多年源远流长的文明史、中国人民近代以来180余年屡挫屡奋的斗争史、中国共产党100年来艰苦卓绝的奋斗史、中华人民共和国70多年正道沧桑的发展史，以及其中蔚为大观的新闻与传播实践史，包括新闻学与传播学的学术传统。同时，由于主流传统同马克思主义道统水乳交融，中国新闻学又始终心系天下，关注人类命运共同体及其新闻传播实践，离不开《国际歌》寄寓的国际主义情怀——"英特纳雄耐尔"（international）。充分展现这些学术内涵，不是一篇总序而是全套丛书的工作。而说明丛书的缘起，至少可以彰显"中国新闻学"的立意与定位。

早在2002年，范敬宜甫任清华大学新闻与传播学院首任院长之际，高瞻远瞩，身体力行，大力倡导以马克思主义为指导，具有"中国特色、中国气派、中国作风"的新闻学及其学科体系与教育体系，一时风起云涌，得到广泛响应。2008年，由于金融危机爆发以及全球资本主义体系危机加剧，"马克思归来"成为汇聚中外前沿学术思想的时代强音，而如何赓续中国新闻学的马克思主义中国化传统，进而创新网络时代的新闻学，愈发成为中国新闻学人迫在眉睫的时代使命。

党的十八大后，随着新时代的气息春风徐来，新闻学也迎来前所未有的良机。2016年，习近平主持召开全国哲学社会科学工作座谈会并发表讲话，明确提出要着力构建中国特色的哲学社会科学及其学科体系、学术体系和话语体系，与此同时要加快完善对哲学社会科学具有支撑作用的学科，其中引人注目地包括新闻学，令新闻传播学界无不倍感鼓舞。

为了响应新时代召唤，中信改革发展研究基金会于2014年成立，聚焦了一批各学科守正创新的一流学者，致力于推进中国特色、中国气派、中国风格的哲学社会科学建设。2017年，中国特色新闻学研究会在清华大学成立伊始，就与中信基金会密切合作，举办了首届"中国特色新闻学高级研讨班"。其间，我们同来自五湖四海的青年学者一起，从不忘本来、吸收外来、面向未来的视角，畅谈了理论逻辑、历史逻辑、实践逻辑有机统一，普遍意义与中国特色若合一契的中国新闻学构想。

在此基础上，基金会将"中国新闻学丛书"作为重点项目列入研究计划。之所以亮出"中国"的旗号，既不是以本土主义对抗西方中心主义，也不可能是"囊括四海，并吞八荒"，而是旨在凸显梁启超所谓"中国之中国、亚洲之中国、世界之中国"的自觉意识，表明更自觉地从全球史视野的高度，面向中国实践、更深入地扎根中国大地、更自信地践行中国道路的学术追求，也就是中信改革发展研究基金会的宗旨——坚持实事求是，践行中国道路，发展中国学派。

——坚持实事求是。丛书作者术有专攻，各抱地势，但无论深入历史，还是透视现实，无论穷究学理，还是钻研实务，无不遵循实事求是的治学精神，如一代马克思主义新闻学家甘惜分晚年希冀的："立足中国土，请教马克思。"

——践行中国道路。坚持实事求是为的是践行中国道路，正如解释世界为的是改变世界。何谓中国道路？一句话，就是中国共产党领导的革命、建设、改革所开辟的道路。而这条道路的灵魂在于社会主义，即习近平总书记所言，中国特色社会主义不是别的什么主义而是社会主义。中国新闻学说到底也是为社会主义新闻业立魂、立言、立心。

——发展中国学派。随着中国道路日渐开阔，以及文化自觉与学术自觉日益醒悟，中国学派也呼之欲出。近代以来，特别是新中国成立七十余年来，中国新闻学已经取得长足进展，从梁启超到邵飘萍，从邹韬奋到范长江，从邓拓到穆青，从延安窑洞人民广播的手摇发电机到数字时代融媒体，一代代中国记者以及学者以其辛勤耕耘和开创性工作奉献了无数心血和智慧，也为中国新闻学及其学派奠定了厚实基础。现在的关键在于我辈是否具有足够自信，摆脱某种制约中国新闻学想象力与创造力的"学术殖民"心态以及学术话语，用中信基金会理事长孔丹的话说，将"他信"变为"自信"，将著书立说的立足点从"彼岸"转到"此岸"。

19世纪初，西方文脉俨然在欧陆，德国洪堡大学等更是文化圣地，吸引着东西南北的欧美知识精英，而在立国不过半个世纪、偏处海角天涯的美国，哈佛文人 R. W. 爱默生（Ralph Waldo Emerson），却提出了美国文化走自己路的主张，发表了美国文化的独立宣言《美国学者》（*American Scholar*）。如今，经过七十余年锻造的中华人民共和国,已经开启了全面建设社会主义现代化国家的新征程,发展中国学派以审视中国经验、提炼中国理论、贡献中国方案,更可谓名正言顺,水到渠成。

2019年立春时节,河南大学新闻与传播学院和河南大学出版社同意将这套丛书纳入河南大学献礼中华人民共和国成立70周年的重点图书,2020年这套丛书又入选国家出版基金资助项目。中州自古英雄气,"逐鹿中原,问鼎天下"一向激荡人心。作为百年名校,河南大学也是文脉悠长,俊采星驰,包括名记者邓拓等校友。"中国新闻学丛书"能够落户河南大学出版社,也是得其所哉。

大鹏之动,非一羽之轻也;骐骥之速,非一足之力也。十多年来,我们一直勉力耕耘,与各方有生力量一道共同推进中国特色、中国气派、中国风格的新闻学建设,这套丛书就是一批阶段性成果。我们深知,如同伟大的中国革命与社会主义事业,我们的社会主义学术事业包括中国新闻学也不可能一蹴而就,更不可能凭少数人埋头苦干,而是需要持之以恒的扎实工作,更需要一批又一批、一代又一代的同道共襄此举。

2021年6月

(李 彬,清华大学新闻与传播学院教授、博士生导师,曾任河南大学黄河学者,兼任澳门科技大学博士生导师)

(赵月枝,加拿大皇家学会院士,西门菲莎大学全球传播政治经济学加拿大国家特聘教授,兼任清华大学新闻与传播学院卓越访问教授)

序：从晋绥走出的新闻理论大家甘惜分

郑保卫

志刚送来他多年苦心研究写成的《中国新闻学的星火——青年甘惜分的晋绥新闻生涯》，嘱我作序。我知道，这些年志刚利用学校地处当年晋绥地区的地理优势，带着吕梁学院的一些学生一直在研究《晋绥日报》。他们把《晋绥日报》出版以来发表的所有文章分门别类整理出来，然后分头进行专门研究，志刚自己承担的研究甘惜分老师的这部书稿，就是成果之一。作为甘老师的学生，我把为此书作序看作进一步了解和学习甘老师的难得机会，因此欣然应允。

一

我1964年考入中国人民大学新闻系成为甘惜分老师的学生，1978年在毕业8年之后我又考回中国人民大学成为甘老师名下新闻理论方向的研究生，2002年我又作为引进人才回到母校工作，成为甘老师的同事。可以说在甘老师教过的学生中，我同他保持交往时间最长，前后长达半个世纪。随着交往的加深，我同甘老师常常会像朋友那样倾心交谈，有时一谈就是一两个小时。甘老师常常会把他对时局和新闻界的看法跟我交流，把他的苦恼和思考同我探讨，我也会直率地向他坦诚表达自己的看法和意见，我们相互间是师生，更像是相知的朋友。[1]

在我们的交谈中，甘老师曾多次谈起他当年在晋绥时的情况，因而使我知道了他是从新华社绥蒙分社（属新华社晋绥总分社分支机构）转到新华社晋绥总分社工作的；知道了当时新华社晋绥总分社同晋绥日报社是一套人马，但工作有分工，他主要担任总分社的编辑；知道了他编写的许多稿子都是在《晋绥日报》或《解放日报》发表的；知道了这期间产生巨大影响的刘胡兰英勇就义的稿子，就是经他编改后发到新华社总社，刊发在《解放日报》上的；知道了

---

[1] 参见《亦师亦友：我与甘惜分老师半世纪的师生情缘》，《新闻爱好者》，2015年，第3期。

1948年4月2日他在晋绥兴县蔡家崖中央晋绥分局所在地,现场聆听了毛泽东对《晋绥日报》编辑人员的谈话;知道了他后来曾经写过多篇这一时期战斗生活的回忆文章……

在交谈中,我感觉到甘老师对晋绥始终怀着深深的情感,看得出晋绥那段经历在他一生经历中的分量很重。

甘老师是我国著名的新闻理论大家,他从事新闻理论教学和研究长达60年,为我国新闻学科理论建设与发展做出了重要贡献。我觉得可以用以下两个身份来概括和评价甘老师一生的新闻理论成就与学术贡献:一是"中国共产党党报理论的奠基者"。甘老师1982年出版的《新闻理论基础》,是中华人民共和国成立后我国党报理论建设的标志性成果。这本书无论是在我国新闻学术史上,还是在中国共产党新闻思想史上,都是一部至关重要的、起到奠基性作用的理论著作。二是"中国马克思主义新闻思想研究的开创者"。甘老师1938年到延安,在延安期间曾在抗大和马列学院学习,后来被组织上分配到贺龙所领导的八路军120师担任政治理论教员,从事马克思主义理论教学工作。1954年,为充实高校新闻师资队伍,时任新华社西南总分社采编主任的甘老师,被调入北京大学中文系新闻学专业从事新闻理论教学工作,当时他就明确提出"要用马克思列宁主义来改造新闻教学、改造新闻理论",并以实际行动来践行这一理念。

此后在长达60年的教学实践中,他始终坚持以马克思主义来指导新闻教学和理论研究,成为中国人民大学马克思主义新闻思想研究的领军者。他带领老师同学组织编写《马克思恩格斯列宁斯大林论报刊》,为学生讲授马克思主义经典作家的新闻论著,撰写研究马克思主义新闻思想的学术论文。

特别是1978年我国实行改革开放,中国人民大学得以复校之后,他更是把主要精力放在了马克思主义新闻思想研究上。那年他首次招收研究生,确定的研究方向就是"马克思恩格斯新闻理论与实践研究"。我和童兵有幸成为甘老师招收的第一批研究生,在他指导下开始了马克思主义新闻思想研究,并从此在这个领域与他并肩战斗,为推动我国马克思主义新闻思想研究,为促进我国马克思主义新闻观教学与科研积极工作。

二

在提笔为志刚的书稿作序时,我首先想到,作为新闻理论大家的甘惜分,同晋绥时期年轻的新华社晋绥总分社记者甘惜分之间到底有着怎样的内在联系，简言之，后来甘老师的新闻理论贡献同他晋绥时期的经历是什么关系，从志刚的这部书稿中，我们应该可以找到答案。

志刚的书稿分上中下三编。上编题为《甘惜分的晋绥记忆与晋绥研究》，收录的是甘惜分老师回忆和研究晋绥的文章；中编题为《甘惜分晋绥时期的新闻作品》，收录的是甘惜分老师晋绥时期采访或编写并发表在《晋绥日报》上的部分新闻作品；下编题为《从晋绥一路走向新时代》，收录的是有关甘惜分老师晋绥时期活动的媒体访谈文章以及甘老师研究新闻学与历史学关系的几篇文章。

上述这三部分内容，对我们认识甘老师晋绥时期的新闻实践与其后来成为新闻理论大家的关系都有所帮助。特别是书稿的开篇，志刚以《甘惜分的晋绥生涯及新闻观的发端》为题写的绪论，更是对此作了深入分析和详尽阐释，对我们认识这一问题提供了丰富资料和思想导引。

正如志刚在书中所总结的：甘惜分在晋绥工作的十年间，从早期对马克思主义的学习与探索，到后期参与媒体的新闻实践，无论是作为新华社晋绥总分社记者还是编辑，都是其将马克思主义的理论原理与具体的新闻实践相结合的过程。甘惜分在改革开放以来的新闻理论探究，与其早期的新闻工作有着密切的逻辑联系。

我同意志刚的观点。我想，甘老师之所以后来能成为一个新闻理论大家，原因自然是多方面的，但是，晋绥的十年经历却是最重要的，并且是决定性的。这从他晚年对十年晋绥生涯念念不忘的真情回忆中可以找到不少例证。我认为，甘老师对晋绥时期的回忆与念想，不仅仅是因为他在这里经历了一生中最难忘的一段青春时光和战斗岁月，更是因为这段时期的新闻实践对他后来从理论上总结党的新闻工作经验，建构党报新闻理论框架及知识体系有重要意义。

志刚研究认为，甘惜分老师在晋绥边区完成了"三重"角色、身份的转换。即从八路军120师的马克思主义政治理论教员，到新华社晋绥总分社绥蒙分社记者，再到新华社晋绥总分社编辑。而晋绥时期的宝贵经历，为甘老师后来"在解放区新闻实践的基础上发展出马克思主义新闻学，进而建构中国特色社会主义新闻理论，起到了至关重要的作用"。同时，志刚还认为，在甘老师晋绥时期的新闻实践中，"已初步形成了马克思主义新闻业务和新闻理论的一些基本观点"，并指出，这一时期"他对报纸的地位和作用，对报纸党性与人民性的辩证统一，对新闻的真实性和新闻舆论的功能作用等，都已有了初步的理论思考与判断"。

我认为，志刚的上述观点及其相关分析是有道理的。的确，上述三方面的问题,关于党报地位和作用问题、党性与人民性相统一问题,以及新闻真实与新闻舆论问题,都是后来甘老师建构党报新闻理论框架及其知识体系的重要内容。他反复强调新闻理论要注重研究新闻与生活的关系、新闻与群众的关系和与党的关系,强调党报要坚持做党的喉舌,宣传好党的政策主张;要坚持为人民服务,走好群众路线;要坚持新闻真实性原则,贯彻好实事求是精神;要重视舆论工作,做好对社会与公众的舆论引导等。这些都说明,正是晋绥时期的新闻实践为他后来的理论总结与学术思考提供了坚实基础。因此,我们今天要探寻甘惜分老师的新闻观及其理论贡献,需要从甘惜分晋绥时期的工作经历中去探源寻根。

三

志刚把研究甘惜分老师晋绥时期的新闻实践与理论探索,同他这些年一直在进行的《晋绥日报》研究结合起来,取得了事半功倍、一举两得的效果。《晋绥日报》是当时中共晋绥分局的机关报,也是延安时期解放区地方党报中贯彻中央党报思想的典范。在晋绥时期,甘惜分老师经历了1946年《晋绥日报》由《抗战日报》更名,到1947年的反"客里空"运动,再到1948年毛泽东发表对《晋绥日报》编辑人员的谈话等几次重大事件,使他对战争年代解放区的党报工作有全面了解和独特思考。无论是成绩经验,还是问题教训,对他来说都是一笔宝贵财富,他都注意从理论上去总结,去思考,并由此对研究新闻理论的重要性有了更深的思考。他曾坦言:"就像我这样的人,原来是新闻工作者,后来长期在学校工作,深感新闻工作联系实际之重要,也深感新闻学理论研究之重要。"[1]

正如志刚所说的,对于甘惜分老师来说,"没有年轻时晋绥新闻实践积累的经验,就很难成就晚年他在人民大学的新闻理论研究。特别是甘老师自己所做的晋绥新闻事业研究,就很好地佐证了他对新闻与历史、新闻学与历史学关系的独特论述"。

甘老师很善于从历史的回顾中总结经验教训,进行理论升华。例如,他在回顾当年《晋绥日报》的反"客里空"运动时,就曾提出要认真总结反"客里空"运动中"左"的教训,并认为这一时期,党报工作中暴露出来的"左"的

---

[1] 甘惜分:《论我国新闻工作中的"左"的倾向》,《甘惜分文集》(第二卷),人民日报出版社,2012,第188页。

问题,同后来"文化大革命"中的"左"的东西是一脉相承的。这也是他在晚年反复强调要重视研究极"左"思潮对党的新闻工作影响的缘由之一。

《晋绥日报》当年在解放区新闻界有很大名气和独特影响,一是因为报纸1947年的反"客里空"运动在解放区出了名,成为中国共产党党报史上的一个重要事件。二是因为毛泽东的谈话带来的重大影响。这个谈话不仅成为毛泽东新闻论述中的力作名篇,同时也成为标志着中国共产党新闻思想进入成熟期的具有里程碑意义的经典文献。

《晋绥日报》自身在中国共产党新闻事业史上的重要地位,加之它对于甘老师一生新闻实践与新闻理论创造的重要性,使我对《晋绥日报》有一种独特情感。所以,当2016年志刚把他在研究《晋绥日报》过程中搜集到的甘老师发表在《晋绥日报》上的新闻作品送给我看,并邀请我到吕梁访问考察时,我欣然允诺。

2017年5月,吕梁学院晋绥新闻与文化研究中心主任刘守文老师邀请我到吕梁讲学,并安排我到兴县考察。在刘守文老师和志刚的陪同下,我来到当年《晋绥日报》编辑部和印刷厂,以及毛泽东对《晋绥日报》编辑人员谈话的旧址,并且见到了当年甘惜分老师工作和居住过的窑洞,这让我激动不已。

通过这次考察,我真切体会和感受到了甘老师为什么长期来会对晋绥时期的这段经历念念不忘,体会到为什么《晋绥日报》会如此受到新闻界,特别是新闻学术界的青睐和关注。这是因为,当年在这片红色的土地上,《晋绥日报》不但以其丰富的新闻实践为中国共产党新闻事业树立起了一座不朽的历史丰碑,而且还孕育出了一种传承至今的革命传统与红色精神。

1988年,甘惜分老师在他的一篇文章《重温主席谈话,改进报纸作风》中,对这种传统和精神总结为:"为党和人民的新闻事业奋斗不息的传统,艰苦奋斗的传统,实事求是为真理而斗争的传统,发动全体人民支持新闻事业共同办好报纸的传统。"[1] 此前,1985年,他在《忘记过去,就意味着背叛》一文中还作过这样的表述:"《晋绥日报》在《解放日报》的影响下,与其他兄弟报纸一起创立了解放区新闻工作的优良传统,这个优秀传统,用一句话说完,就是新闻工作的党性原则。——一切从人民利益出发,用马克思主义世界观观察一切。"[2] 我想,这些就是《晋绥日报》所孕育出的革命传统和新闻精神,也是《晋

---

[1] 原载《山西发展导报》,1988年3月22日。

[2] 参见甘惜分:《忘记过去,就意味着背叛》,《战斗的号角——从〈抗战日报〉到〈晋绥日报〉的回忆》,山西人民出版社,1985,第220页。

绥日报》为我们留下的一笔宝贵的精神财富。

为了告慰甘惜分老师等当年在晋绥新闻战线上工作过的先辈，同时也为了激励后来者继承他们的遗志，传承他们的精神，推进中国特色新闻学的繁荣发展，在我的提议和策划下，由教育部社会科学委员会语言文学、新闻传播学和艺术学学部，中国新闻史学会，中国人民大学，山西省晋绥文教发展基金会和吕梁学院等单位共同主办的"纪念毛泽东对《晋绥日报》编辑人员谈话70周年暨中国特色新闻学学科建设研讨会"，于2018年3月31日至4月1日在中国人民大学举行。到会的有来自高校和研究机构的学者，也有来自山西省晋绥文教事业发展研究中心的人员，包括几位当年《晋绥日报》编辑人员的后代，还有甘惜分老师的一些学生，大家聚在一起，重温毛泽东谈话的深刻内涵，回顾《晋绥日报》的革命传统，缅怀老一辈新闻人的高尚情操，感觉在精神上得到了一种升华。

四

看完志刚的书稿，我在思考，从晋绥走出来的新闻人中不乏名人名家，如高丽生、常芝青、穆欣、纪希晨、杨效农等，中华人民共和国成立后，他们有的成为新闻单位的卓越领导者，有的成为中央媒体的著名记者、编辑，为什么唯独甘惜分老师会成为新闻理论大家呢？

我想主要应该得益于以下四方面：

一是，甘老师独特的马克思主义理论功底。甘老师在延安抗大和马列学院专门学习过马列主义，在晋绥他是以马克思主义政治理论教员的身份开始接触新闻工作的，因此，他善于自觉地将马克思主义的立场、观点和方法用来观察和解决新闻实践中的各种现象和问题，表现出独特的马克思主义理论功底，这是他后来建构中国共产党党报理论和开创我国马克思主义新闻思想的理论基石。例如，他曾不止一次地反思由《晋绥日报》发起，影响波及整个解放区的反"客里空"运动，并辩证地分析其得与失，就显示出他扎实的马克思主义理论功底。

二是，甘老师晋绥时期丰富的新闻实践积累。甘老师晋绥时的新闻实践虽然是从头起步，但他勤奋好学，善于积累经验，逐渐掌握了一些新闻工作规律，并善于将解放区的新闻工作经验，结合自身新闻实践加以提炼、概括和总结。正如他自己所言，在晋绥时期这段看稿、改稿、发稿的时间里，他每天研究新事物，研究新华社，也研究地方实际，很快便从新闻外行转为新闻内行，真正地将马克思主义与新闻工作紧密结合在一起。这些经历为他后来建构中国共产党党报理论和开创我国马克思主义新闻思想研究奠定了扎实的实践基础。例如，他1947年2月根据《晋绥日报》刊发的一篇刘胡兰英勇牺牲的报道所改编的新闻稿，标题使用了刘胡兰牺牲时面对敌人铡刀的慷慨话语，全文文字从465字压至355字，删减了几个形容词，使此篇新闻稿相比原稿增色不少。这一生动案例就为他后来反复强调新闻工作者要增强新闻敏感，要注意改进文风等业务思想提供了实践基础。

三是，甘老师中华人民共和国成立后独特的从教经历。1954年，甘老师被组织上从新华社西南总分社调入北京大学中文系新闻学专业从事新闻理论教学，这是他实现由新闻工作者向新闻教育工作者转型的一个重要转折点，也为他后来成长为一个新闻理论大家提供了不同于其他晋绥新闻人的关键性条件。特别是他一进北大，就旗帜鲜明地提出"要用马克思列宁主义来改造新闻教学、改造新闻理论"，表现出他明确的理想抱负，和由实践向理论拓展的学术志向。由此开始，从北京大学到人民大学（1958年北京大学中文系新闻学专业并入人民大学新闻系），前后几十年任教过程，甘老师一步步向新闻理论的学术殿堂迈进。

四是，甘老师持之以恒的学习精神。甘老师之所以能够成为一个新闻理论大家，同他持之以恒的学习精神密不可分。甘老师不止一次地跟我说过，人要活到老，学到老。他还说："只要我活着一天就要读书看报，就要学习思考。"他的那句豪言壮语，一直印在我的脑海中："战士战死在沙场是光荣的，学者倒毙在书斋也是光荣的。"

每次我去他家，都能看到他伏在案前，或是看书写作，或是挥毫练字，他是那样珍惜时间！粉碎"四人帮"后，乘着科学春天的到来，他决心要把十年"文革"耽误的时间补回来。我至今还记得1978年他在给我们首届研究生班8名同学上新闻理论课时说过的一句话："我真正的学术生命是从现在开始的。"那年他已62岁，他是要以只争朝夕的精神来延续自己的学术生命，来书写新闻学研究的宏伟篇章。他说到做到，短短几年工夫，就完成了后来被人们称作"中国共产党党报理论奠基之作"的《新闻理论基础》（1982年由中国人民大学出版社出版）。

2015年元旦，我去甘老师家给他拜年，他赠我一幅字"立足中国，请教马克思"。这一年甘老师已进入百岁之年，我也已年届70，我体会到，甘老师这是在勉励我，同时也是在激励自己。他希望我能够和他一起，牢牢站立在中国的大地上，以马克思主义为旗帜，继续去研究和解决我国社会主义新闻工作中的理论与实践问题，为繁荣发展中国新闻学再做贡献。只可惜，一年后，即2016年1月8日，甘老师在即将迎来他100岁生日的时候，走完了他丰富多彩、不断革命、求索和前进的人生道路。

甘老师离开我们了，但是他的精神依然在激励着我们，他的思想理论成果依然在教育和引领着一代代新闻人。正如志刚在书稿中所表述的："我们探求甘惜分的晋绥新闻生涯，正是为了不忘初心，砥砺前行，用甘惜分为代表的晋绥新闻人始终恪守和遵循的马克思主义新闻观，继续为当今时代人民的美好生活和中华民族伟大复兴的中国梦，做出自己专业领域内力所能及的贡献。"

谨以此序作为对甘惜分老师的怀念！

（作者系广西大学新闻与传播学院院长，中国人民大学新闻学院教授，教育部社会科学委员会语言文学、新闻传播学和艺术学部副秘书长兼新闻传播学科召集人）

目 录

绪论　甘惜分的晋绥生涯及新闻观的发端 …………………… 001
  一、甘惜分的十年晋绥情缘 …………………………………… 004
  二、甘惜分早期新闻作品的写作特色 ………………………… 007
  三、甘惜分的早期编辑实践与编辑理念 ……………………… 014
  四、晋绥边区的新闻从业经历对甘惜分新闻观念的早期建构 … 017
  五、结语 ………………………………………………………… 023

上编　甘惜分的晋绥记忆与晋绥研究 …………………………… 025
 忘记过去，就意味着背叛 ………………………………………… 027
 战友今日又相会 …………………………………………………… 032
 历史机缘识广播 …………………………………………………… 035
 四十年前功与过
  ——对《晋绥日报》土地改革宣传的反思 ………………… 039
  一、前言 ………………………………………………………… 039
  二、《晋绥日报》在土改宣传中的重大贡献 ………………… 040
  三、"贫雇农路线"的宣传问题 ……………………………… 044
  四、对待地主阶级的问题 ……………………………………… 050
  五、对待干部问题 ……………………………………………… 055
  六、《晋绥日报》的反"客里空"运动和编者按语 ………… 061
  七、《晋绥日报》"左"倾错误宣传的原因分析 …………… 065
  八、从迷茫到清醒 ……………………………………………… 069

九、结束语 ……………………………………………… 073
重温主席谈话，改进报纸作风 …………………………… 077
　　一、毛泽东和《晋绥日报》 …………………………… 077
　　二、办报必须真实，反对"客里空"作风 …………… 078
　　三、执行极左政策的教训 ……………………………… 079
　　四、要有一种好的作风 ………………………………… 080
悲喜交集的回忆
　　——记新华社晋绥总分社 ……………………………… 082
战火中的高级研究班 ……………………………………… 090
烽火中的晋绥十年 ………………………………………… 097
　　一、咽喉之地 …………………………………………… 098
　　二、"把敌人挤出去" ………………………………… 100
　　三、贺龙与续范亭 ……………………………………… 104
　　四、土改中的是非 ……………………………………… 109
　　五、晋绥的文化 ………………………………………… 113

中编　甘惜分晋绥时期的新闻作品 …………………… 119

防敌"扫荡"，保卫粮食，军民变工，加紧秋收 ……… 121
讨论春节"军民秧歌队"，座谈群众文娱活动经验 …… 123
　　一、军民同乐，官兵同乐 ……………………………… 123
　　二、自编自演，朴素实际 ……………………………… 124
　　三、职业剧团与业余剧团结合 ………………………… 124
军区政治部各单位订出今年学习计划 …………………… 126
伟大的胜利的捷报 ………………………………………… 127
军区政治部干部热烈学习《论联合政府》 ……………… 129
收复黄家堰的经验 ………………………………………… 130
大同——日本投降者的摇篮 ……………………………… 132
绥蒙区水利工作经验：走群众路线事半功倍，依赖公款、少数人

把持的都遭失败 ·· 134

蒋机炸毁大同修道大学院目击记 ································ 136

黑暗的大同城 ·· 138

大同当局虐待我被俘房人员，饥寒交迫中仍戴脚镣服苦役 ········ 139

阎锡山的军事机密掌握在日本人手里 ····························· 140

平社之战 ··· 141

绥蒙敌后纵横千里，我骑兵游击兵团活跃，傅顽兵力分散屡受重创
 ··· 142

领导上未弄通土地改革政策，左云土地问题多未解决，已解决土地
问题的村庄，果实处理不公不妥，地权亦未确定，群众觉悟未提高
 ··· 143

傅占区官匪不分，县长勾结土匪抢人 ····························· 145

左云县二区区长丁某等腐化堕落严重，县扩干会检讨，决议加强
区村干部教育 ·· 146

绥远傅占区官吏贪污动辄千万，小公务员穷患疯狂症 ············ 148

绥远傅占区赌窟酒馆生意好，催捐征粮逼死人 ··················· 149

绥蒙骑兵故事 ·· 150

　　一、六勇士开路前进 ··· 150

　　二、李八义追杀残敌 ··· 152

　　三、囮囮团战斗最紧张的一幕 ······························· 152

残忍、恐怖和反抗 ··· 154

感情上热爱贫苦群众，技术上掌握全套本领，这是执行土机技术
送上门的基本经验 ··· 156

军官悲观装病不肯到前方，汽车羊肉贿选"国大"代表，放下武器的
陈玉武谈西安印象 ··· 158

从晋中农村看阎匪暴政 ·· 160

　　一、一个农民的负担 ··· 161

　　二、抢劫与敲诈 ··· 161

三、苦役 …………………………………………………… 162
　　四、炮灰 …………………………………………………… 162
　　五、"自白转生"与杀人 …………………………………… 163
　　六、"满目凄凉荒芜象，遍地啼饥号寒人！" …………… 164
阎匪践踏过的汾阳城 …………………………………………… 165
掀开了黑暗的闸门 ……………………………………………… 167
阎匪垂死画一幅 ………………………………………………… 170
为什么要改写这篇稿子 ………………………………………… 172
人民的新临汾 …………………………………………………… 175
边区生产会议结束，确定今年农业生产计划，争取两三年内恢复
到抗战前农业生产水平 ………………………………………… 178
驰骋在绥蒙高原我军某团，文娱工作活跃士气高涨 ………… 181
尴尬的嘴脸 ……………………………………………………… 182
哭向群哥哥 ……………………………………………………… 184
　　附：纪念甘向群文章 …………………………………… 185

下编　从晋绥一路走向新时代 …………………………… 189

新闻与历史 ……………………………………………………… 191
新闻学与历史学 ………………………………………………… 195
　　一、新闻与历史 ………………………………………… 195
　　二、史学理论与新闻理论 ……………………………… 197
　　三、新闻记者与历史学家 ……………………………… 203
　　四、对新闻教育的几点建议 …………………………… 206
再论新闻学与历史学 …………………………………………… 209
　　一、问题的提出 ………………………………………… 209
　　二、新闻与历史 ………………………………………… 210
　　三、新闻学与历史学 …………………………………… 211
　　四、新闻工作者和历史知识 …………………………… 214

我在120师当政治教员
　　——访抗日老战士甘惜分 ……………………………… 216
甘惜分口述晋绥生涯 ………………………… 杨晓峰　常志刚 221
我信仰真正的马克思主义
　　——访中国人民大学教授甘惜分 ………………… 陈　娜 224
　　一、"不参加共产党就没有我这一生" ………………… 224
　　二、"认识真理是逐步的发展过程" …………………… 226
　　三、"我是一只在笼子里长大的鸟" …………………… 228
　　四、"最自豪的是我没有认错路" ……………………… 230
　　五、"为人民服务是个大问题" ………………………… 232
追思先贤　砥砺前行
　　——"甘惜分教授的晋绥新闻生涯及新闻舆论思想研究"专场
　　研讨综述 ………………………………… 程子豪　李秀丽 234
　　一、无惧无悔投身革命的十年晋绥生涯 ……………… 235
　　二、铮铮傲骨、追求真理的人格魅力 ………………… 236
　　三、呕心沥血、开拓创新的学术大家 ………………… 237
　　四、高瞻远瞩、探寻规律的学术思考 ………………… 239
　　五、潇洒淋漓、挥斥方遒的书艺境界 ………………… 240
后　记 ……………………………………………………………… 241

绪论
甘惜分的晋绥生涯及新闻观的发端

甘惜分（1916—2016），中华人民共和国首屈一指的马克思主义新闻学家。他以亲历中国革命及新闻工作的丰富经历、系统精深的马克思主义理论修养，以及一生对中国共产党、中华人民共和国新闻事业的满腔热忱，著书立说，教书育人，开辟了马克思主义道统的中国新闻学及其学科体系、学术体系和话语体系。中国新闻学不忘初心，就得如甘惜分所言"立足中国土，请教马克思"，其中包括继承发扬甘惜分、王中、康荫等中国共产党、中华人民共和国一代新闻学家的学术衣钵。因此，本书聚焦青年甘惜分的新闻人生，从中寻觅中国新闻学的思想火种，探寻中国新闻学的内在逻辑，为新时代新闻学提供借鉴。

——李彬

探寻甘惜分新闻思想的早期建构，需要回到甘惜分在晋绥时期的工作经历当中。从其晚年对十年晋绥生涯的回忆中不难发现，他在早期的新闻实践中，已初步形成了马克思主义的新闻业务和理论思想。他对报纸的作用与地位，对报纸党性、人民性的辩证统一，新闻真实性及正确的新闻舆论观等都已有了初步的正确判断。中国共产党自成为新民主主义革命的领导力量以来，就坚持用报纸来宣传党的方针政策，通过自己的党报党刊落实党的政策，推进党的工作。《晋绥日报》是中共晋绥分局的机关报，也是延安时期地方性党报中贯彻中央党报思想的典范。甘惜分在晋绥工作的十年间，从早期对马克思主义的学习与探索，到后期参与媒体的新闻实践，无论是作为新华社晋绥总分社记者还是编辑，都是其将马克思主义与具体新闻实践活动相结合的过程。甘惜分在改革开放以来的新闻理论探究，与其早期的新闻工作有着密切的逻辑联系。

甘惜分是晋绥新闻事业的亲历者，从《晋绥日报》创刊到见证毛泽东对《晋绥日报》编辑人员的谈话，积累了大量的经验，形成其早期的马克思主义新闻思想。他曾坦言："就像我这样的人，原来是新闻工作者，后来长期在学校工作，深感新闻工作联系实际之重要，也深感新闻学理论研究之重要。"[1] 甘

---

[1] 甘惜分：《论我国新闻工作中的"左"的倾向》，《甘惜分文集》（第二卷），人民日报出版社，2012，第188页。

惜分将自己的一生的新闻工作划分为两个阶段，新闻从业活动阶段和新闻理论探究阶段。两者相辅相成，没有年轻时的新闻从业活动积累经验，很难成就晚年的新闻理论科学研究。特别是甘惜分自己所做的晋绥新闻事业研究，验证和佐证了他对新闻与历史、新闻学与历史学关系的独特论述。笔者简述甘惜分的晋绥新闻从业经历及其对晋绥时期诸多问题的反思，进而管窥甘惜分新闻业务和理论思想的早期建构历程。

一、甘惜分的十年晋绥情缘

在革命战争年代的晋西北地区建立起来的革命根据地，处在大山环绕之间，日军、傅军、阎锡山使之三面受敌。因左倚黄河，使得抗日战争期间，陕甘宁边区成为晋绥边区的战略后方。在来来往往的游击战中，基本保障了晋绥地区的后方安全，敌人蚕食"扫荡"，我方游击迂回，依靠人民群众的支持，一步一步将敌人"挤出根据地"，使得晋西北地区始终掌握在人民手中。这一块相对巩固的根据地，成为抗战时期党中央与华北、华东的交通要道。许多党的领导人经过晋绥边区前往延安或去往各地。据甘惜分回忆，贺龙同志讲到晋绥根据地的重大意义时，经常说道："我们站在前线，保卫党中央，保卫毛大帅（贺龙同志喜欢用这个称呼），这是必不可少的交通枢纽，是咽喉之地，我们再困难，再穷，也要守住这块地方，绝不能让敌人占领。"[1]

正如甘惜分所言，晋绥边区的"土八路"，不仅是能征善战的雄师，而且是一支文化大军[2]。贺龙、林枫等领导人格外注重根据地军队的文化建设，文化人受到了贺龙、林枫等领导人的保护和培养，甘惜分到八路军120师报到时，就曾受到了部队党政军领导人的亲自接见，他们以贵宾之礼相待。因此，甘惜分曾回忆道："在几位首长看来，我们是从延安来的、受过党的高等教育的大知识分子，所以倍加重视，以礼相待，今后还要委重任于我们。"[3]除此之外，战斗剧社、晋绥平（京）剧院、七月剧社三大剧社名扬全国解放区；山药蛋派

---

[1] 甘惜分：《烽火中的晋绥十年》，《甘惜分文集》（第二卷），人民日报出版社，2012，第639页。

[2] 甘惜分：《烽火中的晋绥十年》，《甘惜分文集》（第二卷），人民日报出版社，2012，第652页。

[3] 甘惜分：《战火中的高级研究班》，《甘惜分文集》（第二卷），人民日报出版社，2012，第608页。

作家主要骨干成员马烽、西戎、胡正、李束为、孙谦等均是在晋绥边区成长起来的。根据晋绥革命根据地活跃的民兵的故事改写而成的长篇小说《吕梁英雄传》，也随着边区报纸的刊载，享誉全国；力群、苏光、李少言的木刻版画丰富了边区的艺术生活。在甘惜分看来，在贺龙和林枫等人的领导下，晋绥边区逐渐成为文化繁荣之地。

甘惜分一直将晋西北当作是自己的第二故乡[1]，在《忘记过去，就意味着背叛》一文中，他曾提到与他一起在晋绥边区从事新闻事业，后来因小说刘志丹案，被撤职下放的《工人日报》原总编辑高丽生。他认为："《晋绥日报》以及它的前身《抗战日报》在晋绥解放区的创建和革命斗争史上建立过巨大的功勋。""《晋绥日报》在《解放日报》的影响下，与其他兄弟报纸一起创立了解放区新闻工作的优良传统，这个优秀传统，用一句话说完，就是新闻工作的党性原则。——一切从人民利益出发，用马克思主义世界观观察一切。"[2]甘惜分将当时在山西出版的几份报纸称为《晋绥日报》的"友邻部队"。在他看来，《晋绥日报》在这批友邻部队当中处于先进行列。但他反对对于一个事物的评价持有"说好就是好，一切皆好""说坏就是坏，一切皆坏"这样一种态度。他曾不止一次地反思了由《晋绥日报》发起，影响波及整个解放区的"反客里空运动"。并坚持对其进行客观公正的评价，既不美化历史，也不丑化历史，而是辩证地分析《晋绥日报》的得与失。总体而言，甘惜分在晋绥边区完成了三重角色身份的转换。即从八路军120师的马克思主义理论课教员，到新华社晋绥总分社绥蒙分社记者，再到新华社晋绥总分社编辑。

（一）高级研究班的马克思主义教员

1939年初，甘惜分随抗日军政大学远征敌后，来到晋察冀边区。夏末秋初，他被组织上分配到刚从冀中平原回来的120师贺龙的部队报到，去承担高级研究班政治教员的任务。刚到部队时期，日本发动冬季"扫荡"，战斗频繁发生，研究班只能不断转移，在一天半天的休息间隙上课。1940年初，阎锡山在晋西北发动"晋西事变"，120师奉中央命令，挺进晋西北，消灭顽固势力，建立晋西北革命根据地。甘惜分随师部到达山西兴县后，立即恢复上课。一边战斗一

---

[1] 参见甘惜分：《忘记过去，就意味着背叛》，《战斗的号角——从〈抗战日报〉到〈晋绥日报〉的回忆》，山西人民出版社，1985，第188页。

[2] 甘惜分：《忘记过去，就意味着背叛》，《战斗的号角——从〈抗战日报〉到〈晋绥日报〉的回忆》，山西人民出版社，1985，第220页。

边学习，甘惜分主讲《苏联共党史简明教程》中的历史唯物主义部分，他善于结合实际通俗地把深奥的哲学原理解释清楚，120师干部认为这是其实践与理论融合的良机，"过去工作感到无办法，许多问题想不通，一旦得到理论的启示，使人感到愉快，信心百倍，在实际学习中造成高度热情，克服一切困难"[1]。一年多的时间，高级研究班一共办了三期，120师的高级干部，基本上轮训了一遍。

思想政治教育工作教员这一身份，让他较早地对马列主义有了较为充分的认识。在延安抗日军政大学毕业之后，他所学到的知识其主要的实践场所就是120师的临时讲坛。当然，这段时间的宝贵经历，为他后来在中国无产阶级新闻实践基础上，发展出马克思主义新闻学，进而建构中国特色社会主义新闻理论，起到至关重要的奠基作用。他的戎马生涯也使得他对毛泽东的"枪杆子"与"笔杆子"的理论有自己独特的认识。直到晚年他都念念不忘将自己学者的身份与战士的身份进行类比，并将自己定位为"战士战死沙场，学者倒毙书斋"。终其一生他都从未停止过战斗。在没有硝烟的战场上，在风云变幻的意识形态领域坚持着对真理的探索和追求。

甘惜分在晋绥时期所建构的基本精神底色，终其一生都在维持和深化，作为一个始终坚持用马克思主义观念指导新闻理论研究和新闻规律探索的新闻学者，甘惜分为我们树立了一个向往的目标和追寻的方向。

（二）新华社绥蒙分社记者

1943年，甘惜分奉命到塞北军区检查工作，不料遭日寇偷袭，不幸被捕。后来寻机出逃，回到晋绥边区。回归部队后他的党员身份被质疑，接受组织审查，甘惜分表示，审查了40年，使他成为一个没有恢复党籍的老共产党员。但这样更考验了一名优秀的马克思主义战士对党的忠贞。

由于政治审查的原因，甘惜分不便担任政治理论课教员，也因在军区政治部作为《晋绥日报》通讯员，他曾撰写过一些新闻报道，领导发现其文笔上佳，于是在1945年8月，日本投降后，甘惜分从政治教员的身份转变为新华社记者。开始从事新闻事业。事实上，早在进入新华社晋绥分社之前，他便作为通讯员，在工作之余，为《抗战日报》（《晋绥日报》前身）提供稿件，发表新闻报道。甘惜分后来回忆这段历史时写道："当记者是我很久远的一个愿望，以邹韬奋

---

[1] 甘惜分：《战火中的高级研究班》，《甘惜分文集》（第二卷），人民日报出版社，2012，第610页。

为首的进步报刊过去曾给过我很大鼓舞,我就想做邹韬奋式的人物,当个新闻记者,现在圆梦了。"[1]

是年冬,他奉命北上绥蒙前线,担任前线记者。至此,甘惜分便与《晋绥日报》结下不解之缘。1946年1月停战协议签订,甘惜分留在绥蒙地区,担任新华社晋绥总分社绥蒙分社记者。在此期间,他在绥蒙地区参与创办了《绥蒙日报》。

(三) 新华社晋绥总分社编辑

1947年秋,甘惜分从绥蒙分社调回晋绥边区首府兴县蔡家崖的新华社晋绥总分社工作。

新华总社和晋绥总分社是从属关系,各地总分社均属于新华社的派出分支机构,与当地的新闻报社单位在体制上相互独立,对新华社负责。晋绥总分社是新华社在抗日战争时期创办的众多分社之一,最初叫新华社晋西北分社,并不是一个组织部门,由《抗战日报》的编辑同志兼任,其主要的工作就是把《抗战日报》的重要消息发往延安新华总社,日本投降后,新华总社加强分社工作,在各大战略区根据地设立总分社这一级组织,而把原来分社下属的各新华支社升级为分社,由总分社统辖。这样,晋西北分社改为新华社晋绥总分社[2]。1947年3月,由于胡宗南进攻延安,党中央从延安撤离,《解放日报》被迫停刊,新华社成为抗日根据地对外发布新闻的唯一渠道。1947年秋,甘惜分从绥蒙地区调回晋绥边区首府,担任晋绥总分社编辑。在晋绥边区,虽说《晋绥日报》与晋绥总分社在名义上相互独立,但事实上两者难以分割开来,总社与报社居则同院,食则同锅,朝夕相处,欢乐同享,患难与共。[3] 各地支社也均由《晋绥日报》各地记者兼任,记者来稿,适合于《晋绥日报》需要者,由《晋绥日报》采用,适合于对外报道者,由总分社发往新华总社。

二、甘惜分早期新闻作品的写作特色

甘惜分在晋绥边区的从业经历可分为三个时期:(1) 担任陕甘宁晋绥联防

---

[1] 姚晓丹:《甘惜分:"我唯一的标准是学术标准"》,《光明日报》,2016年1月10日,第4版。

[2] 参见甘惜分:《悲喜交集的回忆——记新华社晋绥总分社》,《甘惜分文集》(第二卷),人民日报出版社,2012,第572页。

[3] 同上。

军政治部教师,兼任新华社和《晋绥日报》通讯员时期(1945年8月之前)。(2)担任新闻社晋绥总分社绥蒙分社记者时期(1945年8月—1947年5月)。(3)担任新华社晋绥总分社编辑、记者时期(1947年6月—1949年9月)。甘惜分在晋绥期间,公开发表在《晋绥日报》的作品共计32篇(见表1)。甘惜分对于新闻业务的研究,很大程度上受到了1946年由《晋绥日报》通讯科创办的《通讯研究》(1948年改名为《新闻战线》)这一内部刊物的影响。甘惜分在成为新华社绥蒙分社记者之前的早期新闻作品,也是以《晋绥日报》通讯员的身份发表的。

表1 《晋绥日报》甘惜分晋绥时期发表作品统计

标题	发表日期	合订本卷号/页码/版区	题材
防敌"扫荡",保卫粮食,军民变工,加紧秋收	1944-10-19	7/73/1	新闻通讯
伟大的胜利的捷报	1945-07-01	10/2/2	新闻消息
军区政治部干部热烈学习《论联合政府》	1945-07-03	10/10/2	新闻消息
收复黄家堰的经验	1945-07-25	10/102/2	新闻通讯
大同当局虐待我被俘房人员,饥寒交迫中仍戴脚镣服苦役	1946-04-23	12/233/1	新闻通讯
大同——日本投降者的乐园	1946-04-25	12/240/4	新闻通讯
绥蒙区水利工作经	1946-07-09	13/154/2	新闻通讯
蒋机炸毁大同修道大学院目击记	1946-08-27	13/350/2	新闻通讯
黑暗的大同城	1946-09-10	14/39/3	新闻通讯
阎锡山的军事机密掌握在日本人手中	1946-11-13	14/295/1	新闻消息
"平社之战"	1946-11-15	14/304/2	新闻消息
绥蒙敌后纵横千里,我骑兵游击兵团活跃	1947-01-14	15/169/1	新闻通讯
县扩干会议确定全力进行土地改革	1947-02-15	15/285/1	新闻通讯
傅占区官匪不分,县长勾结土匪抢人	1947-02-24	15/321/1	新闻通讯
左云县二区区长丁某等腐化堕落严重	1947-03-07	16/26/2	新闻通讯
绥远傅占区官员贪污动辄千百万,小公务员穷患疯狂症	1947-03-17	16/65/1	新闻通讯
赌窟酒馆生意好,催捐征粮逼死人	1947-03-21	16/81/1	新闻特写
绥蒙骑兵战斗故事(一)	1947-04-06	16/142/4	特写
绥蒙骑兵战斗故事(二)	1947-04-07	16/146/4	特写

续表

标题	发表日期	合订本卷号/页码/版区	题材
绥蒙骑兵战斗故事（三）	1947-04-08	16/150/4	特写
残忍、恐怖和反抗	1947-05-24	16/334/4	特写
执行土机技术送上门的基本经验	1947-07-30	17/234/2	新闻通讯
军官悲观装病不肯到前方，汽车羊肉贿选"国大"代表，放下武器的陈玉武谈西安印象	1948-04-29	20/239/3	特写
哭向群哥哥	1948-06-05	21/20/4	文艺作品
从晋中农村看阎匪暴政（一）	1948-06-29	21/116/4	特写
从晋中农村看阎匪暴政（二）	1948-06-30	21/120/4	特写
阎匪践踏过的汾阳城	1948-09-15	22/60/4	新闻通讯
掀开了黑暗的闸门	1948-09-22	22/88/4	新闻通讯
阎匪垂死画一幅	1948-10-12	22/168/4	新闻通讯
为什么要改写这篇稿子	1948-11-05	22/264/4	新闻业务
人民的新临汾	1948-12-23	23/92/4	特写
边区生产会议结束，确定今年农业生产计划，争取两三年内恢复到抗战前农业生产水平	1949-02-03	23/251/1	新闻通讯

早在20世纪60年代，甘惜分已经高度凝练出了自己关于新闻通讯写作的主导思想："高""新""实""广""动""真""情"，七字箴言。而诸如此类的关于新闻业务的思考，在其早年在晋绥边区的新闻业务实践中已经显现雏形。总体而言，甘惜分的新闻通讯作品有以下特色。

（一）"高"屋建瓴，脚踏"实"地

甘惜分曾经对新闻从业人员说："新闻记者不是文字匠，新闻记者是政治观察家和社会活动家。我国记者最大的缺点是他们不是政治观察家。我看很多外国记者的文章，人家比我们的记者写得好，他写一个小事反映了大局，也从一个小事来看中国。第一，要掌握大局，第二是要注意细节。有人说马列主义作为一种世界观、人生观，是正确的，但在具体问题上，不是没有缺点。几十年前、百年前的著作，今天看起来当然可能有不足的地方，但是它作为一种世界观是放之四海而皆准的理论，是一个很正确的立场和方法，所以我们新闻记

者也要认真研读唯物辩证法。"[1]

甘惜分认为,记者要有马克思主义的理论水平,要有较丰富的法制、社会和专业知识。否则很难引起受众的共鸣。1947年1月12日,民族英雄刘胡兰惨遭阎锡山军队杀害,新华社晋绥总分社吕梁分社记者李宏森事隔半个月之后,陪同陕甘宁边区俺的前线慰问团路过文水县时,采访了当时的亲历者,并将写成的新闻稿件发回总社,此时,甘惜分担任新华社晋绥总分社编辑,两年多新闻记者生涯的历练,训练了甘惜分极其敏锐的政治嗅觉,他意识到刘胡兰是反抗强权,坚持真理,视死如归的英雄的典型。于是,他对该稿件删繁就简,进行少许文字调整后发往总社,后此事为毛主席获知,题词"生的伟大,死的光荣",刘胡兰的事迹至此为全国人民所熟知。

"我是新闻记者出身,我的职业习惯是写真实的事物,我笔下的人物是通过他们的语言和动作以表达他们的内心世界,我从不铺张扬厉,描龙画凤,不夸张我没有见过的事情,搞什么'合理想象'。"[2]

在1948年10月23日的《尴尬的嘴脸》[3]一文中,甘惜分用问答式的写作方式,再现了采访国民党所谓的"流亡县长"的具体情境,通讯稿读来犹如电影放映一般真切,颇有蒙太奇的味道。

(二)文风泼辣,生"动"感人

1946年1月,停战协议签字,甘惜分留在绥蒙地区,转为新华社绥蒙分社记者。作为《绥蒙日报》的创建者之一,甘惜分还为该报题写了报头。同年4月,甘惜分的一篇文章石破天惊,引起了国内外华人的极大愤慨,同声斥责蒋介石政府。

> 大同居住着许多许多日本人,他们穿着薪新的黄呢军装,鲜红的领章,宽皮带,长靴子,挺着胸膛,摇摆着手,三三两两地从大街上走过。如果一位艺术家把这些脸白红润的大和民族的武士们和阎锡山的疲弱的士兵写入一张画面上,那无疑将成为一幅绝妙的讽刺画。日本投降者在大同如此无忧的生活,大同周围的许多车站、村镇的碉堡之中,日本士兵仍执着武器和阎军共同驻在一起,不时向各村屠杀,抢掠中国人民。[4]

---

[1] 甘惜分:《中年时代邓小平的风采》,《人民论坛》,1992(11-12):71-72。
[2] 甘惜分:《中年时代邓小平的风采》,《人民论坛》,1992(11-12):71-72。
[3] 甘惜分:《尴尬的嘴脸》,《甘惜分文集》(第三卷),人民日报出版社,2012,第2页。
[4] 甘惜分:《大同——日本投降者的摇篮》,《晋绥日报》,1946年4月25日。

国共内战再次拉开序幕,大同成了人间地狱。全国各地人民纷纷发起游行活动,抗议蒋政府残忍暴行。

> 八月十五日起,美制轰炸机与战斗机配合大同阎伪军之地上大炮,开始在这一带猛炸,十五日一日内,院内落炮弹二百余枚;十七日蒋机不断轰炸、扫射,前楼着火,我军立即出动抢救,幸未成灾;十八日投弹,最后房屋多处被震塌,五株树背拦腰截断,两头骡子炸成肉泥,不见尸体;十九日蒋机来袭六次,中午对准教堂投下燃烧弹七枚,继之以燃烧性机炮弹扫射,顷刻之间,黑烟腾空而起,大火从北面那座大楼上延烧起来。[1]

甘惜分认为,文章要生动具体、鞭辟入里:"不要把文章写得像一串糖葫芦,一个主题串几个例子便完事,这样主题深刻不了,人物站不起来。要把文章写成中国式的大院,要引人入胜。走进大院,要看了前院,看中院,再看后院,写成'五进'大院更好。如果站在大门口,一眼看到后院厕所,就索然无味了。现实生活中是充满矛盾的,你抓住了人们关心的热点问题——问题的起因,问题的解决,问题解决后事物又是怎样发展变化的,读者就爱看。当然,文章也要讲究语法修辞,如用排比句、对比的方法、衬托的方法;讲究标点符号,使语势跌宕,给文章增加生动感。"[2]

在一篇题为《黑暗的大同城》的新闻通讯中,甘惜分通过访问阎军俘虏和难民后获悉:

> 大同已成黑暗城市,入夜全城漆黑,居民都紧闭大门,钻进地洞,以防阎伪军趁火打劫。市内白昼行劫之风普遍发生,每个士兵回营,总可以搞一口袋粮食,或弄来几个手镯、金戒指。阎伪强征壮丁入伍,平均每间三人,全城计六百间,共可征兵一千八百名。此外从监狱选出大批罪犯,强迫当兵,三十四岁的王界承于今年四月曾因为偷了日本人的东西,而被大同地方法院逮捕入狱,最近已押入晋北学院营帐内保安十一间当兵;去年以来,雁门各地阎伪军逮捕之我区群众及工作人员,一部被编为三十八师新兵连,但未发给武器。为加强大同各街道的碉堡和壕沟,居民每户每天得派出一人服役,其中许多被骗进营房之后,就失掉了行动自由,被迫当了兵。国民党飞机在大同上空投掷弹药物资降落伞

---

[1] 甘惜分:《蒋机炸毁大同修道大学院目击记》,《晋绥日报》,1946年8月27日。
[2] 马蛟龙:《甘惜分先生的"新闻箴言"》,《西安日报》,2016年5月22日第10版。

落地时，曾打塌民房多间，居民死伤者达百余人，俘虏张俊德（三十八师二团通信兵）说，他亲眼看见大同街上一个小孩，被降落下来的东西打得脑浆迸出。大同物价极为惊人，白面每斤已至三千余元，粗劣之高粱面亦售价近二千元。大同东五里沙岭村之阎伪三百余被歼后，我军发现士兵每人所带之干粮，为一口袋煮熟的黑豆，可见其食粮之穷况。

文章寥寥数语言，将阎锡山军队的窘迫之态与不得民心描写得淋漓尽致。

（三）增见"广"闻，日日维"新"

在甘惜分看来，记者要有广阔的知识面和丰富的生活经验，这样才能使所写的通讯作品内容深广。他非常推崇范长江的《中国的西北角》，认为在范长江笔下的上层人物或百姓的思想、生活都非常真实，穿插了许多当地的历史背景，深刻地揭示了当时社会黑暗、吏治腐败、民族矛盾等问题。

1947年秋天，甘惜分奉命调回晋绥地区首府兴县，担任新华通讯社晋绥总分社编辑[1]，负责每日向总社发稿。题材丰富多样，包含抗战游击队胜利成果，政治扩干会议；生产变工；土地改革试点；揭露贪污腐败现象；军民鱼水一家亲等。扩大了报道对象，报道内容，对晋绥地区培养新闻人才起到了榜样的作用。

正如甘惜分所言："我们办报纸，办广播，办通讯社，发展电视事业，无非是为了把党的政策和主张传达到人民中间去，为了争取更多的朋友，为了反映人民的呼声与要求，为了对人民进行启发和教育，以便把人民团结起来，为了崇高的共产主义理想而奋斗。"[2]

在甘惜分看来，通讯的内容一定要新，角度也要新，写的是干部和群众需要的新经验、新知识、新人物、新思想，只有新的东西才能抓住读者。作为响应"大家办，大家看"，"做什么，写什么"的"全党办报"路线的通讯员中的一员，甘惜分在晋绥边区的新闻工作在很大程度上是对发生在群众中的新事物的亲切深刻，具体生动的描述。

---

[1] 参见甘惜分：《悲喜交集的回忆——记新华社晋绥总分社》，《甘惜分文集》（第二卷），人民日报出版社，2012，第572页。

[2] 甘惜分：《论新闻与政治》，《甘惜分文集》（第二卷），人民日报出版社，2012，第400页。

（四）求质求"真"，以"情"动人

真，新闻的真实性是新闻存在的基础和前提。这是一个本质要素，新闻来不得半点虚假。

在甘惜分的早期战地新闻报道中，最有代表性是《平社之战》一文：

（新华社同蒲北线十二日电）八路军某部于五日晚，以闪电之势，突然出现于庄磨、平社之前，庄磨阎伪闻风逃窜入平社。六日天色微明，平社之敌爬上铁路东侧山地，企图顽抗，我军白日进军，其神速完全出敌意外，二十分钟即登至山顶。某连两个班，在班长狄连厅、张宛明率领之下，一马当先，手榴弹一响，阎伪军即狼狈向南退却。我后继部队乘胜推进，一气占领五个山顶，控制第一条山梁，并继续向第二条山梁扩展，此时敌机嗡嗡而来，惟浓雾漫天，我军大胆进击，前面是汾阳岭的主峰，峰峦起伏，山头一个比一个高，地势一处比一处险，溃败之敌，就据守在这条山梁上，我军过沟越岭，传来大黑山上第一个山头被占领的号音，全军喝彩，勇士们高呼："冲上敌人指挥部呀！"我炮兵弹无虚发，震动山谷，阎伪团长下令死守，但士兵四散奔走，二营营长被枪击，亦无法挽回颓势，我军以席卷之势，迅速冲上最后一个山头的敌人指挥部里，团长乃张皇逃命，此时天色黄昏，战士们说："敌人跑得太快了，打了一天，俘虏不多，心里很不痛快！"我指挥员笑答："不要着急，好消息马上就来。"少顷隔山枪声大作，捷报传来向忻县退逃之敌：刚出沟口，即遭我某部伏击全部落网。

整篇报道语言洗练精致，不足五百字的通讯绘声绘色地描述了八路军英勇杀敌的情景，甘惜分非常擅长用简洁的直接引语报道具体的细节。在另一篇题为《阎锡山的军事机密掌握在日本人手里》的短消息中，甘惜分用确凿的证据揭露了阎锡山与日本人共享军事情报的事实。

（新华社同蒲北线十日电）在晋北忻县汾阳岭战斗中，被我俘获之日人四名，系驻忻县保安第二大队之电务人员，记通讯排长高木（改名司马义），通信士长冈宽的（改名张宽政）与报务员田中武（改名管仲武）真岛明（改名为杨明秀），共带电台一部，阎四十师师部与第三旅之间的电讯联络，均经彼等四人之手，忻县之日人保安第二大队与四十师师部及旅部间电讯，亦由他们转发，由此可见阎锡山的军事机密，对于日本人是公开的。

甘惜分的新闻报道非常善于运用数据和直接引语，用不足两百字的短消息，言简意赅地揭示如此重大的事件，堪称新闻写作的经典之作。

在1944年撰写的《收复黄家堰的经验》[1]一文中，甘惜分总结了收复黄家堰的三个重要条件：首先，对该村进行了艰巨的群众工作。其次，善于孤立敌人的要害，遏制敌人的弱点。最后，坚持围困的战略方针。严格意义上说，这样的文章并不具备明显的新闻属性，但正如他所言："党报，应该代表党和人民的利益，代表国家和民族的利益。无论中央和地方传媒，都要紧紧地围绕党的路线、方针、政策去宣传。要宣传地方的好经验、好思想，既要有全国意义的好人好事，正面宣传为主，同时也要有批评报道。"[2]

在1946年7月发表的《绥蒙水利工作经验》一文中，甘惜分分析了晋绥边区绥蒙地区的水利工作中的成功与失败的典型案例，并总结出重要的经验："以上说明水利事业中群众路线的重要性，凡发动群众者则大有创造，事半功倍，凡把持包办，依赖政府贷款者必事倍功半，以至塌台。"[3]

1947年7月甘惜分在《晋绥日报》上发表了《执行土机技术送上门的基本经验》一文，文章中指出，为了尽可能解决贫雇农的穿衣困难问题，边区推行土机纺织技术送上门的政策，在采访了相关负责人之后，甘惜分总结道："第一，纺织教师必须与贫苦群众情感交融，必须'爱穷人'，耐心教育。第二，教师自己的纺织技术还须大大提高，克服看轻土机技术的思想从而才能教好纺妇。还有一点，在教纺织的时候，必须教会全套本领，教会一个顶一个用。"[4]

这种对工作经验的总结作为党报，尤其是解放前的边区党报的基本特征，经常出现在《晋绥日报》上。这在一定程度上可以看作对1942年毛泽东延安整风运动的一种回应。

三、甘惜分的早期编辑实践与编辑理念

在甘惜分担任晋绥总分社编辑时期，面临着分社传回的大量的新闻稿件，仔细辨读、筛选、编辑、改写、发往总社，供稿播送全国。前文所提到的关于刘胡兰的报道可以充分体现，青年甘惜分的编辑理念和编辑思想。从1945年抗

---

[1] 甘惜分：《收复黄家堰的经验》，《晋绥日报》，1945年7月25日。
[2] 马蛟龙：《甘惜分先生的"新闻箴言"》，《西安日报》2016年05月22日第10版。
[3] 甘惜分：《绥蒙水利工作经验》，《晋绥日报》，1946年7月9日。
[4] 甘惜分：《执行土机技术送上门的基本经验》，《晋绥日报》，1947年7月30日。

日战争结束到1947年回到新华社晋绥总分社任编辑的两年多时间里，新闻实践练就的记者所独具的新闻敏感，成就了一篇在中国新闻史上值得书写一笔的新闻佳作，同时也使得刘胡兰的英雄形象家喻户晓[1]，新闻稿在《晋绥日报》发表时原文如下：

向人民的英雄致敬　十七岁的女共产党员刘胡兰慷慨赴义

（《晋绥日报》1947年2月6日第一版）

宏　森

（新华社吕梁四日电）文水阎匪军于一月十二日屠杀我云周西村居民时（见五日本报）十七岁的本村女共产党员刘胡兰同志，威武不屈，慷慨就义，表现了崇高的无产阶级品质。阎匪军将我刘胡兰同志等逮捕后，当众审讯，问刘胡兰是否共产党员？她答："是！""你为什么要参加共产党？""共产党是为老百姓的！""今后是否还给共产党做事？""只要活着当然办到底。"穷极卑鄙之阎匪，想以酷刑威迫她投降，当着她的面，用切草铡刀铡死七十多岁的老人——我县区长的伯伯陈柱天及石世辉等，阎匪以为这样就可以使刘胡兰同志屈服，当即对她施以诱骗："只要今后不给八路军做事，就不杀你。"我们的这位女青年同志坚决回答敌人："那是办不到的事！""你真的愿意死？""死有什么可怕！"刚毅的刘胡兰同志从容地躺在切草刀下，大声说："来吧！要杀由你们吧！我再活十七岁，也是这个样子。"在场的全村父老，对阎匪暴行怀着深沉的愤恨，痛悼这位人民女英雄的英勇赴义。为表示对这位中国人民最勇敢的女儿的崇敬，全村决定为她立碑永远纪念。

甘惜分与时任新华社晋绥总分社社长的高丽生决定，将原稿件标题从《晋绥日报》上登载时的，《向人民的英雄致敬　十七岁的女共产党员刘胡兰慷慨赴义》改为《只要有一口气活着，就要为人民干到底！女共产党员刘胡兰慷慨就义》。将"赴义"改为"就义"，虽只有一字之差，反动派的残暴无道，草菅人命的嘴脸已经跃然纸上。标题上使用直接引语，也增加了文章的可读性和赋予文本特有的气势。

---

[1] 参见甘惜分：《悲喜交集的回忆——记新华社晋绥总分社》，《甘惜分文集》（第二卷），人民日报出版社，2012，第572页。

只要有一口气活着，就要为人民干到底！
女共产党员刘胡兰慷慨就义
(《解放日报》1947年2月10日第一版)

（新华社晋绥七日电）文水县云周西村十七岁的妇女共产党员刘胡兰，在上月十二日被阎军逮捕，当众审讯。阎军问她是不是共产党员，她答"是"。又问"为什么参加共产党？""共产党为老百姓做事。""今后是否还给共产党办事？""只要有一口气活着，就要为人民干到底。"至此，阎军便抬出铡刀，在她面前铡死了七十多岁的老人杨桂子等人，又对她说："只要今后不给八路军办事，就不杀你。"这位青年女英雄坚决回答："那是办不到的事！"阎军又说："你真的愿意死？""死有什么可怕！"刚毅的刘胡兰从容地躺在切草刀下大声说："要杀由你吧，我再活十七岁也是这个样子。"她慷慨就义了。全村父老怀着血海般的深恨，为痛悼这位人民女英雄，决定立碑永远纪念。

从上文所引两篇报道当中不难看出，作为新闻编辑的甘惜分在面对新闻记者的稿件时，具有较强的把关人意识，标题的修改在更加体现新闻性的同时，也明显地展示着编辑对新闻文本的理解和把握。

在晋绥时期，甘惜分撰写的唯一一篇新闻业务类的文章便是探讨一篇新闻稿的修改。记者来稿原文如下：

（绥蒙十七日电）集宁车站铁路员工三百余人，于九月二十九日傅匪三十五军等部逼近集宁时，积极勇敢抢出机车三台、守车铁甲车、客货车多列，还抢运出大批物资弹药，成绩卓著。人民解放军华北三兵团政治委员李井泉同志，曾亲临工人宿舍慰问，并向工人讲解形势等问题，十月八日，又奖发员工每人胶皮棉鞋一对。

在甘惜分看来，这篇短消息存在许多缺点：首先，报道事实过程模糊，情节不清。其次，"一般说，每条新闻都应当把最有政治意义的，当前最重要的最有宣传作用和教育作用的内容放在新闻开头，使读者一开始就从这里得到启示"[1]。可见，关于新闻与政治的关系一直是青年甘惜分非常关注的话题。基于此，他将稿件改写如下：

（新华社绥蒙电）绥蒙前线记者报道：中共晋绥分局书记现任华北人民解放军第三兵团政治委员李井泉同志亲临前方嘉奖集宁铁路工人。当上月二十九日傅匪三十五军再陷集宁时，解放仅两日的三百名铁路员工，

---

[1] 甘惜分：《为什么要改写这篇稿件》，《晋绥日报》，1948年11月5日，第4版。

勇敢动员将机车三台、铁甲车及客车多列，开出集宁车站，车内并载有大量弹药及物资，三百名员工亦全部撤出该城。工人以英勇行为对残暴傅匪进行抵抗。李井泉同志与员工撤出后，特赴工人宿舍向英勇的工人慰问，并向工人讲话。按该城铁路员工与解放军有深厚感情，一九四六年该城解放时期，曾给解放军许多帮助。现解放军再克该城，铁路员工已全部返城复工。

在后来的回忆中，甘惜分指出，十年晋绥生涯，担任记者的时间很短，自己采写的稿子很少，大部分时间都是在从事总分社的编辑工作，在这段看稿、改稿、发稿的时间里，他每天研究新事物，研究新华社，也研究地方实际，很快便从新闻外行转为新闻内行，真正地将马克思主义与新闻工作紧密结合在一起。

四、晋绥边区的新闻从业经历对甘惜分新闻观念的早期建构

甘惜分晋绥时期的新闻从业经历，对其后期的学术研究带来诸多启发，然而，研究者不宜以全知视角对研究对象进行过度诠释，更不能以当下的眼光研判和推断研究对象的过往。所以笔者仅从甘惜分对"群众路线与报纸的作用"、"党性与人民性的关系"以及"新闻与历史的关系"等三个面向，管窥甘惜分的早期新闻从业经历对其新闻观念建构的影响。

表2　甘惜分对晋绥研究的文献统计

甘惜分的晋绥记忆与研究文献	体裁	首刊书名/刊名	首刊时间
《忘记过去，就意味着背叛》	文学性随笔	《战斗的号角：从〈抗战日报〉到〈晋绥日报〉的回忆》	1984年9月
《战友今日又相会》	文学性随笔	《战斗的号角：从抗战日报到晋绥日报的回忆》	1984年9月
《历史机缘识广播》	学术性随笔	《中国人民广播回忆录》	1986年
《重温主席谈话，改进报纸作风》	学术论文	《山西发展导报》	1988年3月
《四十年前功与过——对〈晋绥日报〉土地改革宣传的反思》	学术性随笔	《新闻学论集》	1990年1月
《悲喜交集的回忆——记新华社晋绥总分社》	学术性随笔	《新闻业务》	1991年1月
《战火中的高级研究班》	学术性随笔	《贺龙育才史话》	1991年1月
《烽火中的晋绥十年》	学术性随笔	《山西文史资料》	1992年第5辑

（一）群众路线与报纸的作用

劳动人民是新闻事业的主人。报纸上刊登的多是对社会主义事业做出贡献的工人、农民、战士和知识分子。在甘惜分早期的新闻作品中，有许多这样的文章，在《检讨春节"军民秧歌队"座谈群众文娱活动经验》[1]一文中，甘惜分这样写道："这次闹秧歌的最大特点是发动了群众，在机关部队的帮助之下，各驻村的英雄及许多村干部、变工组员、儿童、妇女、甚至六十几岁的老汉。"可见在晋绥时期文娱活动中群众的参与度很高。解放区的报纸生活在群众之中，报社住的是老百姓的房子，同群众比邻而居，群众的欢乐与疾苦，报社成员有切身感受。所以报纸能较好地反映群众的情绪和心声。《收复黄家堰的经验》一文中，甘惜分总结出了收复黄家堰的条件：首先在于该村发动了群众。其次，孤立敌人的要害，遏制敌人的弱点。最后，坚持包围的战略方针。[2]毛泽东在讲到领导方法问题时，反复强调从群众中来，到群众中去，新闻工作正是把群众中的经验和意见集中起来，经过马克思主义的分析，去伪存真，去粗取精，然后通过报纸再回到群众中去，作为群众进行自我教育的好材料。

改革开放以来，甘惜分对报纸的作用重新定义，他认为报纸不仅仅是阶级斗争的工具，更是调节人民内部矛盾和阶级矛盾的工具，还是教化育民的传播载体[3]。报纸的作用和力量不仅在于它能传达政策，还在于它能够反映和引导群众的舆论，形成一股巨大的舆论力量，以推动新闻事业的发展。毛泽东同志在1957年第一次明确提出"报纸是阶级斗争的工具"，而且说"在存在阶级区分的时候，报纸总是阶级斗争的工具"。在甘惜分看来，这个对报纸的作用的定性是新闻思想向"左"的方向发展的标志之一。该观点在"文革"时期被"四人帮"大肆利用，鼓动阶级阶级斗争为纲，对社会造成十分显著的危害。[4]准确的报纸定位，正确的舆论宣传导向，无疑是推动社会发展的强大动力。甘惜分认为，毛泽东在1948年谈话中指出的"报纸的作用和力量，就在于它能使党的政策最迅速同群众见面"这个思想是正确的，但并不全面，它还是人民的喉

---

[1] 甘惜分：《检讨春节"军民秧歌队"座谈群众文娱活动经验》，《晋绥日报》，1945年3月2日，第1版。

[2] 参见甘惜分：《收复黄家堰的经验》，《晋绥日报》，1945年7月25日，第2版。

[3] 参见杨晓峰、常志刚：《甘惜分口述晋绥生涯》，2015年4月20日。

[4] 甘惜分：《论我国新闻工作中的"左"的倾向》，《新闻论争三十年》，新华出版社，1988，第173页。

舌，把人民的声音形成一股巨大的舆论力量，对党、对国家、对社会，产生监督作用。[1]党的新闻事业要坚持党的政治路线，最迅速最准确地把党的纲领、路线、方针、政策等等传达到群众中去，并且通过新闻事业的组织作用使党的这一系列政策思想在群众中得以贯彻执行，把党的政策变成群众的行动。这就是党的新闻事业的一件意义重大的事情。更重要的是新闻事业所传播所贯彻的必须有利于人民的政策，而不是错误的政策。[2]

（二）党性与人民性的辩证统一

报纸是属于人民的，党报同时也是人民的报纸，应当充满了人民的声音，应当关心他们的疾苦，反映他们的喜怒哀乐，我们要为办好一张人民的报纸而努力奋斗。[3]我们的新闻事业是党的，也是人民的，对党负责，也为人民负责，甘惜分看来，坚持党性人民性的相统一的报纸，绝不能重返封建官报的老路："新闻事业的分歧，最根本的是对待人民的态度的分歧。是密切联系群众，还是脱离群众？是爱护人民，还是仇视人民？是依靠人民，还是高踞人民之上？"

报纸坚持党性原则，能够在混乱的时代，提出掷地有声的见解，反映正确的舆论导向，推动社会的发展。1942年的整风运动，党中央提出反对主观主义以整顿学风、反对宗派主义以整顿党风、反对党八股以整顿文风的任务，从而真正树立起党报思想。土地革命运动时期，《晋绥日报》上每天大量的新闻宣传，对地主阶级、封建土地制度大加鞭挞，社论、小评、丰富的编者按语鼓舞着农民向地主的发起最后冲锋的激情。毛泽东在1944年对晋绥边区党政机关报《抗战日报》的指示中表示："报纸不是给新华社办报，而是给晋绥边区人民办报，应根据当地人民的需要（联系群众，为群众服务），否则便是脱离群众，失掉地方性的指导意义。"[4]这实际上也是对党报人民性的强调。

坚持新闻事业的人民性是无产阶级新闻事业最重要的标志之一，坚持新闻事业的人民性，依靠群众，服务群众。代表广大人民利益的新闻事业，是彻底地为人民的利益工作。人民群众是新闻事业赖以生存的基础。无产阶级的新闻事业是

---

[1] 参见甘惜分：《党报是属于人民的》，《甘惜分文集》（第二卷），人民日报出版社，2012，第65页。

[2] 参见甘惜分：《新闻理论基础》，中国人民大学出版社，1982。

[3] 参见甘惜分：《党报是属于人民的》，《甘惜分文集》（第二卷），人民日报出版社，2012，第65页。

[4] 毛泽东：《怎样办地方报纸》，《毛泽东新闻工作文选》，新华出版社，1983，第120页。

真正来自人民的新闻事业。在战争时期，人民不惜失去生命保卫印刷厂，为把报纸送到敌占区，冒着生命危险，阅读党报，这都是因为新闻事业是属于人民的。

要办好人民的新闻事业，新闻机构要关心人民的疾苦、人民的利益，反映人民的要求和想法，为人民说话。要与人民同呼吸共命运。在《大同当局虐待我被俘房人员，饥寒交迫中仍戴脚镣服苦役》这篇文章中，甘惜分这样写道："他们面黄肌瘦，衣服破烂，脚上戴脚链，艰难的拉着大车，室内无铺无盖，地气潮湿，因而多生疥疮。他们争相敞开破烂衣服示记者，但见血肉斑斑，多有溃烂，全身无一完处。当询及饭食时，众人泪眼相看。并从怀中掏出一小高粱窝窝说：每天六个，无菜无汤，极难下咽，都快要饿死了。他们要求记者转达中共代表前往监狱实地考察，并迅即设法援救。"[1]无论是作为新闻记者还是作为新闻学者，甘惜分从始至终都有强烈的人民情怀。

在甘惜分开来，党性和人民性的天平不能偏倚任何一方，否则会出现严重的错误。《晋绥日报》在土地革命运动中，孤立地提出"群众要怎样办就怎样办"，过度强调人民性，忽略了党性原则，导致整个运动失去党的领导，后期深陷"贫雇农路线"的泥沼中不能自拔，造成严重的后果。只有将报纸的人民性和党性原则辩证统一，反映最广大人民群众的根本利益、根本需求。才能最大限度地反映人民的生活和斗争，最大限度地反映人民的呼吸和感情、思想和行动。[2]

（三）新闻与历史的同一关系

无论是在早年的新闻从业阶段，还使后期的学术研究时期，他都注重将马克思主义的历史唯物主义和辩证唯物主义作为自己新闻理论研究的重要指导观念。在其晚年他曾撰写了多篇以晋绥边区为研究对象的文章。以一个曾经的新闻记者，彼时的新闻学者，一个秉持"新闻与历史同一论"的"历史学家"的方式，阐释他青年时期在晋绥边区的生活经历和人生感悟。同时也在宏阔的视域中，从专业角度探究晋绥边区在解放战争时期所进行的土改运动的利弊得失。

甘惜分格外重视研究新闻与历史之间的关系。在他看来，历史与新闻的关系很简单："一切新闻都是历史，一切历史都是新闻，新闻是现在的历史，历

---

[1] 甘惜分：《大同当局虐待我被俘房人员，饥寒交迫中仍戴脚镣服苦役》，《晋绥日报》，1946年9月12日，第4版。

[2] 参见李冉：《党性和人民性相统一的历史逻辑》，《人民日报》，2016年6月19日，第5版。

史是过去的新闻。"[1] 遵循这一逻辑,他认为,凡是当前正在发生的事实,它已经在历史上记录下来了,它就是历史。一切现在的新闻都是今天的历史。[2]

在其晚年的多篇学术性随笔中,甘惜分似乎在回顾历史,但常用新闻写作或非虚构写作的方式,客观而全面地对事实进行陈述,在回顾历史事件的同时,深刻揭示历史规律。真正做到理论与实践的结合,历史与逻辑的统一。

在他看来,新闻记者应该用历史学家的眼光看待现在的新闻,新闻记者应当像历史学家研究历史那样认真地、仔细地、客观而全面地描述当前的现实。写新闻、办报刊、广播、电视,要像历史学家一样认真、谨慎,经得住历史的考验。当代的新闻记者就是当代的历史学家,要学习历史学的思想观念和治学方法。他勉励新闻学子,要学习"河东河西两司马"(指司马光和司马迁),要有社会责任感,有秉笔直书的勇气,用丰富的学识和文采,记录下真实的历史。[3]

他提倡新闻记者用历史学家的眼光看待生活,真实地记录生活。甘惜分教授在一次采访中谈道:"这是我的观点,人类的今天都是从昨天过来的,不懂历史,这个人的学问就很浅薄。"新闻记者要当一个历史学家,要读多种多样的书,尤其要多读历史书籍。研究历史,懂点历史,会加重下笔的深度,会促使我们考虑很多原先没有考虑过的问题,会开阔眼界和思路,会联想到眼前的许多问题还要深入下去。[4]

如他所言:"我们研究任何历史问题的基本态度是实事求是,还它历史真面目。研究《晋绥日报》的历史,也当作如是观。"[5] 为了总结晋绥解放区土改工作中及《晋绥日报》在土改报道时的经验与教训,甘惜分亲自前往山西日报社翻阅《晋绥日报》,全部复印下来带回研究,甘惜分的《四十年前功与过——

---

[1] 甘惜分:《新闻与历史》,《甘惜分文集》(第二卷),人民日报出版社,2012,第714页。

[2] 参见刘建明:《牢记责任以"三个统一"推进新闻舆论工作》,《新闻爱好者》,1998年第8期,第16-17页。

[3] 参见马海燕:《中国新闻学泰斗甘惜分去世,一生只招十个博士》,中国新闻网,2016年1月9日。

[4] 参见刘建明:《牢记责任以"三个统一"推进新闻舆论工作》《新闻爱好者》,1998年第8期,第16-17页。

[5] 甘惜分:《四十年前功与过——对〈晋绥日报〉土地改革宣传的反思》,《甘惜分文集》(第二卷),人民日报出版社,2012,第505页。

对〈晋绥日报〉土地改革宣传的反思》[1]一文，用三万四千余字，将晋绥边区解放战争时期的土地革命运动的前因后果详细分析，分别从土改宣传中的重要贡献；"贫雇农路线"的宣传问题；对待地主阶级的问题；对待干部问题；"反客里空运动"和编者按语；"左"倾错误宣传的原因分析及从迷茫到清醒等七个方面来剖析土改运动中《晋绥日报》宣传工作的得失。[2]

当然，甘先生认为"反客里空运动"时期是《晋绥日报》编辑水平的巅峰时期，这一论断失之偏颇。纵观9年多的《晋绥日报》，我们不难发现，抗日战争时期的《晋绥日报》的整体编辑质量要高于解放战争时期的编辑水平，之所以有上述论断，这与甘先生是在抗日战争结束之后才转行进入新闻界有关，也与方汉奇先生等老一辈新闻史研究者对"反客里空运动"在中国新闻史中的特有地位的建构有关。作为一份地方性党报，发起某种现象级的"文化运动"，并在短时间内面向全国推广，掀起了一股全国竞相学习的热潮，这在中国新闻史上也是较为罕见的。事实上，这份报纸在抗日战争时期便受到陕甘宁-晋绥联防区党政军领导的特别关注[3]，尤其是在毛泽东的多次耳提面命中，始终贯彻和执行党中央新闻政策和宣传纲领的基础上，是具有自己原创性的采编和创作理念的一份报刊。

甘惜分将土改运动详细阐述，根据新闻报道来还原历史，从新闻报道的转变来反映土地革命运动的态度转变，有史有论，史论结合，运用客观的语言将整个运动呈现出来。甘惜分始终认为，新闻记者和历史学者有共同之处，新闻从业人员要有丰厚的历史知识和坚实的理论修养，新闻工作者应该同时代一起

---

[1] 参见刘建明：《甘惜分教授对〈晋绥日报〉土改宣传功过的解读——〈毛泽东对晋绥日报编辑人员的谈话〉一文的历史回眸》，《青年记者》2018（12）：41-43。刘建明：《毛泽东对〈晋绥日报〉编辑人员谈话的历史追述》《新闻爱好者》2018（06）：21-24。

[2] 参见列宁在分析马克思的学说时指出：马克思以前的社会学和历史学，至多是积累了片段收集来的未加分析的事实，描述了历史过程的个别方面。马克思主义则指出了对各种社会经济形态的产生、发展和衰落过程进行全面而周密的研究的途径，因为他考察一切矛盾的趋向的总和，并把这种趋向归结为可以确切判明的社会各阶级的生活和生产条件，排除了人们选择某一"主导"思想或解释这个思想时所抱的主观主义和武断态度，揭示了物质生产力的状况是所有一切思想和各种趋向的根源。参见《中共中央马克思恩格斯列宁斯大林著作编译局：马克思恩格斯选集》（第一卷），人民出版社，1972，第11页。

[3] 参见，郑保卫：《毛泽东对〈晋绥日报〉编辑人员谈话的背景、价值及意义——写在谈话发表70周年之际》，《青年记者》2018年3月。

成熟，应该以历史学家的眼光研究过去、现在和未来。

五、结语

1940年至1949年，甘惜分在晋绥边区，以马克思主义政治教员的身份接触无产阶级的新闻思想，从不懂新闻工作的一般规律，到将马克思主义思想同实际紧密结合，不断研究已发布的新闻报道，研究外国通讯社的电讯，基本上掌握了新闻工作的一般规律，慢慢形成了早期的马克思主义新闻思想，其对群众路线、实事求是、党性原则等观念逐渐有了初步的认识。晚年时期，甘惜分通过回忆晋绥的历史，将新闻与历史有机结合，形成其独特的新闻史观。

一如习近平所言，青春理想，青春活力，青春奋斗，是中国精神和中国力量的生命所在。甘惜分的十年青春时光在晋绥边区度过，晋绥边区的政治教育和新闻业务经历都使他学会运用马克思主义的立场、观点、方法观察世界。作为新闻界马克思主义的模范践行者，甘惜分付出了毕生的精力。

甘惜分的晋绥新闻生涯一如其他晋绥新闻人一般，都在他们一生的事业发展中留下了浓墨重彩的一笔。一定程度上说，甘惜分1982年出版的《新闻理论基础》一书，是解放区新闻工作者集体智慧的结晶。与其说甘惜分是中国党报理论的开创者，不如更准确地说，甘惜分是第一位将延安时期边区新闻工作者的经验，结合自身的新闻实践，加以提炼、概括、总结后，进行理论化、系统化表达的新闻学者。倘若将施拉姆看作是美国实用主义范式的传播学的集大成者，那么甘惜分堪称中国马克思主义新闻学道统的集大成者。是他最先开创了对这一领域的系统化研究，并形成了自己独特的理论架构和话语体系。他是新中国马克思主义新闻学的奠基人。当然，我们不能忘记毛泽东、陆定一、胡乔木、范长江等主管宣传思想战线的政府官员；博古、常芝青、穆欣、纪希晨、杨效农等陕甘宁和晋绥边区新闻事业的直接参与者，对甘惜分新闻舆论思想的形成所带来的巨大影响。

甘惜分的新闻从业经历及其对晋绥的记忆与研究表明，一个真正的思想家要将自身理论体系建立在对现实世界的深刻体察之上。甘惜分的一生是知行合一、以行求知、以知促行的一生。

诚如甘惜分先生所言，忘记过去，就意味着背叛。我们探求甘惜分的晋绥新闻生涯，正是为了不忘初心，砥砺前行，用甘惜分为代表的晋绥新闻人始终恪守和遵循的马克思主义新闻观，继续为当今时代人民的美好生活和中华民族伟大复兴的中国梦，做出自己专业领域内力所能及的贡献。

上编
甘惜分的晋绥记忆与晋绥研究

忘记过去，就意味着背叛[1]

什么是故乡？不用说，人们总是把自己的祖籍或出生地当作故乡。可是，每个人在自己的一生中，有时也把在其中生活的时期比较长、对一生的影响比较大的地方——不管这地方是富裕，还是贫穷——当作自己的故乡。我就是这样，我是把晋西北当作我的第二故乡的。晋西北，尤其是兴县、蔚汾河（多美的名字）两岸的山山水水，那些大大小小的村庄，李家湾、蔡家崖、北坡、石岭子、高家村、赵家川口、碧村、黑峪口……那些疏疏落落的人家，那些弯弯曲曲的小路，我对它们是多么熟悉，几乎闭着眼睛也可以通行无阻。一个南方青年人，从数千里之外来到北国黄河之滨的山区，一待就是十年，从抗日战争到解放战争，到全国革命胜利，从青年到壮年，从嘴上没毛到胡子巴差，把自己的青春时代献给了这里的土地和人民，这在我是引以为荣的。这里难道不是我的故乡吗？故乡就是母亲，晋西北就是我的第二个母亲。

1949年告别了晋西北，十年过去了，二十多年过去了，我多么怀念她，怀念我的第二故乡。我多么盼望有一天能故地重游，亲一亲那养我育我，我也为之流过汗水的故土。这种思念之情有时近乎一种病态，一种怀乡病，一想到她就入了神。在北京，有时也听到传说，说晋西北还是那样贫困，人民生活还是那样艰难，说是临县（我们过去把它叫作晋西北的乌克兰——粮仓）的人口大量外流。听到母亲遭难，为人子者岂不伤心！我不敢相信，我越是想要亲自去看一看。

1976年9月下旬，这个愿望终于实现了。这个时机很不吉祥。我先在西安，适逢毛泽东同志去世。在延安，我参加了举国同哀的追悼会。最后到了晋西北，还到处可见挽联和花圈。不过这也好，促使我回忆过去，看看现在，想想将来。

---

[1] 原载《战斗的号角：从〈抗战日报〉到〈晋绥日报〉的回忆》，山西人民出版社，1984，第181-187页。

感谢老朋友苏光同志,他是《晋绥日报》的老战友,他和他的儿子同我一同前往。

吉普车在公路上奔驰,忻县、静乐、岚县,一站一站地过去,在岚县,我察看了我的胞兄向群[1]同志的墓地(他1948年在土地改革中牺牲在那里),然后向兴县前进。"近乡情更怯,不敢问来人",正是我此时此地的心情。过了界河口,已是兴县境界,一幕幕往事涌上心头。

我想起了高家村,那是晋绥日报社的所在地,党的政策和主张从这里传播到各县各区,传播到广大干部和群众中去。人民的情绪和要求也往往集中到这里来,又变成印刷品传到各地去。我多么熟悉它。我记得河边的乱石,我记得村边的枣树林,我记得村口那个猪圈,我记得村里的小街道,我记得村中的那个戏台,我记得有一年降了一次暴雨,冲坏了多少窑洞,我住的窑洞也满炕泥水,被褥也泡在泥沙中。我记得临村的农民白金栋,三四十岁还没有娶妻。如今呢?他变了模样吗?变成什么样子呢?我想起了高丽生同志,我同他朝夕相处,同住一间窑洞,睡在一条炕上达数年之久。他一口广东话,小小的个子,却很结实,我同他共同种植一畦西红柿,到河边挑水总是他自愿承担,可以看出他从小养成的劳动习惯。他性格坚强而又好斗,我同他既能协同工作,又时不时发生争论,争论得面红耳赤,过后却又照常协同工作,好像不曾有过争论似的,这就是高丽生的性格。他精力过人,从不午睡,他利用午休时间,干了好多工作,效率惊人。可惜这样一个难得的人才,20世纪60年代却被康生陷害,在北京工人日报社工作时期,因为小说《刘志丹》一案被撤职下放,于1974年含冤去世。在八宝山革命烈士公墓,高丽生同志的生前战友们聚集一堂。向他脱帽志哀,内心都有难言之隐。《晋绥日报》的战友,现在散居南北各地,十年浩劫,十有八九遭难,但像高丽生同志那样被迫害致死者幸而还不多。

我还想起了那些日夜战斗的岁月。高家村这个普通的山村,由于晋绥日报社在此安营扎寨而平添了无限生气。"没有星期天,只有礼拜天",是玩笑,也是一种自我陶醉,大家都不计报酬地工作,无所谓"加班加点",都是自觉地习惯于日夜奔忙。大多数同志都是单身汉,了无家室之累,只有报国之心。从春到冬,从黎明到漏夜更残,高家村充满了紧张的战斗生活。一到夜间,各个窑洞灯火通明,有时还听到大声争论,直到报纸印出,发往各地,编辑同志才熄灯就寝。而这时,隔壁的老乡们却又即将开始新的一天的劳动了。

我想起了其乐融融的物质生活。衣是粗衣,食是淡饭,住是窑洞,行是步

---

[1] 参见本书《哭向群哥哥》一文以及附录文章。

行,"物质享受"这几个字谁也不去想。一种共同的政治信念,一种对前途充满阳光的理想,使大家对当前的艰难困苦甘之如饴。谁得了微薄的稿费(那稿费是按小米几斗几升来计算的,按小米价折成边区纸币发给,这在今天的作家们看来大概只能算是笑谈),买几斤肉,或几包花生红枣,大家灯下共享,欢声笑语,不知夜空中斗转星移。

在汽车的颠簸中,我的思想驰骋得无边无际,忽然,兴县城到了。它变了,昔日南关外的商业区,成了景况萧疏、门可罗雀的居民点。幸而东关外盖起了一幢幢楼房,总算有点兴旺发达气象。驱车直奔高家村而去。我盼望已久的故土!你是何等模样?是苍老衰落,还是风华正茂?你别回过脸去,让我仔细端详。

我心里一沉。我看到的高家村,与从前的高家村并没有显著的区别。还是那些石头砌的窑,石头垒的墙,墙上堆放着枣刺,还是旧时那样简陋的厕所,还是那样零乱的宅边小路,还是那样树木寥落,尘土飞扬。晋绥日报社同志们住过的那些院内,过去是打通了的,现在却一一隔开,独门独户。我住的那间窑,如今成了羊圈,羊群不在,只剩下遍地的羊粪。老乡们聚起来了,几十年不见,老者逝去少辈出,面孔多已生疏,但问长问短,还是昔日交情。我为他们在墙边照相,衣裤鞋帽,不异从前。我脑中思忖:地球绕太阳运转二十多圈,在宇宙间,不过一瞬,但在人世间,二十多年也不算短。人民建立了自己的政权,可是这个政权到底为人民解决了多少困难?对他们的生活水平提高了多少?这个问题难道不值得我们想想。可是,在那个年月(1976年)痛苦只能往肚子里咽,这样的想法从不曾与别人说起。告别了,老乡们拿出一口袋红枣,我们哪里能收受?只拣了几个,深表谢意,别了,乡亲们,但愿下次相见,能见到你们的幸福生活。

一路访古寻旧,我们又到了蔡家崖,在我的印象中,这里是蔚汾河两岸最富裕的村庄,其标志是这个村里有一户远近闻名的大地主的庄院,贺龙同志的司令部就曾在这个大院落中。我对这个大院很熟悉,20世纪40年代我常来。我第一次拜访续范亭将军,也就在这个院里。院里有院,那正北一排整齐的石窑,的确是气派非凡。院西为一排厢房,却是抗战后新建的。如今,我走进这个花木成荫的大宅第,景物如旧,触目的却是一排排哀悼的花圈。毛泽东同志逝世不到二十天,这些花圈如新。游故地,思旧情,令人百感交集。仿佛回到了1948年4月2日上午,我们晋绥日报社和新华社晋绥总分社的工作人员,大约二十来人吧,坐在西厢房最南那间平房里静候。十时许,毛泽东主席从北向南沿屋檐下缓步走来,进入室内,我们起立鼓掌欢迎。他向我们一一握手,一一问过姓名，然后缓缓地纵古论今，谈到办报的系列方针，这就是载入《毛泽东选集》的《对晋绥日报编辑人员的谈话》。

历史流转快三十年，而今我环顾四周，毛主席的谈话还在耳边回响。我伫立在花圈面前，眼前变幻莫测的政治风云向我的脑际冲激，现实向我提问：《晋绥日报》谈话的精神，而今安在？毛泽东同志谆谆告诫：要反"左"，"左"是冒险主义。当然反"左"也要防右。《晋绥日报》对晋绥解放区的工作是做过重大贡献的，但它也反复宣传过"群众要怎样办就怎样办""贫农打江山坐江山"。《晋绥日报》的编者按语调子越来越高，动不动就质问干部："你们这些老爷们！""左"得可爱，效果如何？在晋绥解放区工作过的同志当能记得，那时晋绥边区生产下降，手工业停产，学校关闭，干部挨整，人心浮动。这当然不是，而且主要不是《晋绥日报》编辑部的问题，而是当时晋绥地区党的领导工作中的问题。毛泽东同志1947年冬到1948年初在陕北戎马倥偬中停骖思索，注意到《晋绥日报》的思想倾向性，发出了"锋芒毕露，盛气凌人"的警告，继而又以路过晋绥地区之便，对晋绥干部会议讲话，要求掌握党的总路线和总政策，对《晋绥日报》的同志们耳提面命，要我们注意掌握党的政策，不要左右摇摆。

所有解放区的报纸中，独有《晋绥日报》的编辑人员有这样一次特殊的时机，亲聆毛泽东同志畅论办报方针。这是难得的。当然，毛主席的论述适合于一切党报，他是在对所有党报发出指示。言犹在耳。毛主席讲话的基本出发点是办好党报，党报要宣传党的政策，要团结人民，要得到人民支持，要坚持真理，要坚持真理又需要尖锐泼辣的文风。可是，现实生活中的姚文元、梁效、罗思鼎、江天、初澜、唐晓文之流，你们办的是什么报纸？是党的报纸吗？是人民的报纸吗？都不是。你们宣传的是什么政策？你们对谁尖锐泼辣？你们得到几人的支持？在天安门事件中，你们为什么诬陷千百万人民是反革命？请问《晋绥日报》的谈话精神，你在哪里？

我站在花圈下，在那间毛主席接见我们的屋内外徘徊流连，想得很多很多。想得十分朦胧、十分混乱。当时我还不知道"四人帮"这个名词，更不知道当时政治风云的全部内幕。但凭着《晋绥日报》的经验，依靠毛主席那次讲话的观点，我以之作为思想武器观察、思索。我觉得毛泽东同志对《晋绥日报》谈话的精神已经被某些人扭歪了。

我那时心情又兴奋，又沮丧。兴奋的是终于实现了多年的愿望，回到了第二故乡，看望了母亲的面容，亲了亲母亲的怀抱。沮丧的是这块故土依然贫穷，母亲衣单食薄。沮丧的是《晋绥日报》的好传统被糟蹋了，毛泽东同志谈话的精神在他尚健在之时已经被抛弃了。

我怀着这样的心情于1976年9月30日回到北京。刚过国庆节，一声惊雷，震天动地，炸开了笼罩十年之久的阴霾，天气露出了万道霞光。来个拨乱反正，一切是非都要来到审判台前，接受实践先生的检验。现在来看《晋绥日报》的历史经验就会看得更加清楚，更加准确了。《晋绥日报》以及它的前身《抗战日报》在晋绥解放区的创建和革命斗争史上建立过巨大的功勋，在所有各解放区的报纸中，它引起毛泽东同志的关注，绝非偶然。它在土改后期逐渐脱离了党中央的正确路线，发生"左"倾错误，但在毛泽东同志谈话前后，错误已迅速得以纠正。《晋绥日报》在党中央机关报《解放日报》的影响下，与其他兄弟报纸一起共同创造了解放区新闻工作的优秀传统，这个优秀传统用一句话说完，就是新闻工作的党性，一切从人民利益出发，用马克思主义世界观观察一切，坚持真理，与一切错误的和反动的倾向进行斗争。

这个极其可贵的党性传统，林彪、江青这两个反革命集团所控制的报刊，虽然为了装点门面，也喊得震天价响，但实际上被他们抛到了九霄云外。只有粉碎了"四人帮"之后，最近这几年，经过党中央和全体新闻工作者的努力，这个传统才逐渐得以恢复，但破坏这一传统的言行还时起时伏，还要进行反复的斗争。我们都知道，毁坏一个家业是何等容易，而创建一个家业、恢复一个家业，又是何等艰难！我们这些历史的过来人，饱尝酸甜苦辣，历经风云跌宕，对创业与守成的甘苦是深有体会的。忘记过去，就意味着背叛。

战友今日又相会[1]

《晋绥日报》报史座谈会结束了。这是一次难得的、具有历史意义的盛会。

《晋绥日报》（连同它的前身《抗战日报》）存在九年，而它停刊至今已三十五年。那九年，战火纷飞，风雨如晦，报纸在战火中与党同甘苦，与人民共患难，历尽艰难困苦，阅尽人间沧桑，坚持每日出版，加强党群联系，是卓有功勋的。它在全国解放大局已定之际宣布停刊，完成了它的历史任务，报社人员奔赴大城市肩负新的重任，从此一别，时光流逝三十五年了。

《晋绥日报》的编辑、记者全是来自五湖四海的革命青年，就其文化程度而论，大多是中学生，少数是小学生，只是个别人上过大学的，办过报的更是少数。它所用的机器是从沦陷日寇之手的城市里"抢"出来的老式平板机，它的纸张是农村手工业的草纸。就是在这样的人和物的条件下，中共中央晋绥分局领导大家团结奋战，认真学习，不断钻研，居然办出了一家颇具影响的报纸。在黄河两岸的沟壑山村里，这家近代新闻舆论工具冲破穷山恶水，把党和人民的声音播向远近各方，这真是一个奇迹。这样的奇迹在今天大城市的人们看来是难以想象的。当然，创造奇迹的不止《晋绥日报》一家，我们还有很多"友邻部队"。向东过了同蒲铁路这条封锁线，就可以看到《晋察冀日报》。向东南方走去，到了晋东南，就可以看到《新华日报（华北版）》。向西过了黄河，到了陕北党中央的所在地，那里有党中央机关报《解放日报》——那是全党报纸的中枢。此外还有敌后各解放区的报纸。这一大批"友邻部队"组成了共产党在农村办报以影响全国的奇观。那时，城市是黑暗的、落后的，而共产党控制的农村才是光明的、先进的。论起文化来，农村军民的民族化的文化，与城市的、殖民地的、封建的文化不可同日而语。

《晋绥日报》在这一大批友邻部队中处于先进行列，因此它得到毛泽东主

---

[1] 原载《战斗的号角——从〈抗战日报〉到〈晋绥日报〉的回忆》，山西人民出版社，1984，第276-289页。

席的特别关注。毛主席把一个地方党报的编辑人员召集起来谆谆教诲（1948年4月2日），这在党报历史上是绝无仅有的。

三十五年过去了。今天被邀请到太原迎泽宾馆的八十多位老同志（不是《晋绥日报》工作人员的全部），当时都是三十来岁的年轻人，血气方刚，精力旺盛。如今却都已进入老年，"途中一留滞，双鬓飒然苍"，时光不待人，大家都是上了年纪的人了。但是人们一定会留意到，这些"老头子"碰到了一起，却似乎恢复了逝去的青春，互相逗笑、打闹，完全不像一群年过花甲甚至年近古稀的老人。从前战争时期，一次战役下来，死的死，伤的伤，健在的朋友一见面，就互相搂着："你这家伙还没有死啊！"这是嘲谑，是对死神的诅咒，也是最亲切的祝福。今天，1984年在太原，八十多位老战友重新来相聚举杯，这次是空前的聚会，但愿不是最后的一次，但也许是绝后的一次。对于我们中间的每一个人来说，今后可还有机会与大家再次举杯！假如有人明天或明年死去，这次相聚就是"绝后"。来，举起这最后的一杯，与大家欢聚。

可不是吗？我们原先那支队伍的人数是越来越少了，已有不少人在征途中倒下。不算不知道，一算吓一跳。原来粗略估计，在《晋绥日报》存在的九年间，因积劳成疾而致死者，不过数人。《晋绥日报》停刊以来的三十五年间，与大家永别者亦不过数人。但这次发动大家屈指一算，四十多年来因公殉难与积劳致死者竟有四十多人。他们是党的新闻事业中的前驱者，值得人们永远怀念。我们这些幸存者是踏着他们的步伐前进的。

尤其值得庆幸的，是我们这些幸存者，在三十多年的凯歌声中和风风雨雨之中，是磨炼得更加成熟了，分别在祖国的东西南北和国外，在新闻战线、文化战线、教育战线、外交战线、科技战线、经济战线上，都大显身手，做出了不小的成绩，许多同志都是独当一面的栋梁之材，有些同志担负了党和国家的重任。在十年动乱之中，这些散居在祖国南北的战友们，也都基本上顶住了林彪、江青之流的淫威，他们只有挨斗、进牛棚的权利，而没有出现一个"三种人"。说起来，大家都感到高兴，说明在战争年代党的教育、党性的教育，为我们一生的思想打下了牢固的基础。这并不是说，《晋绥日报》的一切都是好的。谁要说《晋绥日报》一切皆好这个话，他就是一个不清醒的革命者。不要忘记，今日在座的都是久经考验的老干部，他们不但要掌握现在，而且也会认识过去。我们有很多好东西，我们同所有各解放区的党报工作者一起，建立了党报的优良传统，这些好传统直到今天也仍然具有生命力。但是谁也知道，我们的报纸工作也犯过许多错误。不但犯过众所周知的土地改革宣传中的"左"倾错误，而且即使一直到现在还被人们肯定的，在当时是很热烈的反"客里空"运动中,今天看起来,这个运动本身就有某些错误。反对"客里空"是完全必要的,当时的某些揭露也是必要的。反映事实真相和杜绝虚假报道是我们的新闻事业所遵循的根本原则之一,也是党性的一个方面。但是1947年《晋绥日报》那次反"客里空"运动,"左"倾思潮已开始露头,对抗日时期的干部存有过多的否定倾向,特别在后期,对某些干部做了错误的处理,伤害了一些同志的积极性,这个历史教训是深刻的。由此得出结论,对我们的传统,不能肯定一切,也不能否定一切。对《晋绥日报》的历史也应作如是观。把它说得一切都好,这不是实事求是,而是美化历史。好的就是好的,把自己的历史说得一无是处,也是不对的,我们这支队伍里还没有这种丑化自己的人。这种对《晋绥日报》的历史观点,是许多同志的共同看法。让我再说一句,被邀参加这次《晋绥日报》报史座谈会的同志们,都不是青年人了,都是成熟的老年人了。我曾口占一联云:"暮春年华红似火,万物静观冷如冰。"在座的这些暮春年华而不失赤子之心的战友们,看待过去的历史还是颇为冷静的,因而也是中肯的。别了,战友们,再一次告别。三十五年前我们告别于黄河之滨。我私下改了一句古诗:"风萧萧兮河水寒,壮士一去兮得胜还!"我们没有辜负党的委托,回到太原,向山西人民汇报,向培育我们的三晋人民汇报。须发苍苍,壮志未酬,从今以后,一定会"落红不是无情物,化作春泥更护花"。但愿有机会再会。最后以小诗一首作结:

    黄河滔滔一为别,
    风霜不减赤子心。
    今日难逢并州会,
    切切叮咛惜黄昏!

历史机缘识广播[1]

我从来没有在广播电台工作过,但作为一个战争年代的新华社记者,也曾与党的广播工作发生过某些机缘。至今想来,颇有回味。

1946年我在丰镇,此地现属内蒙古自治区,在当时是绥远省的东南隅,地处京包铁路线上,在大同以北约50公里,是我绥蒙野战军指挥部所在地。国共和谈时,有一位中央社记者驻于此。有一天他告诉我:"我听你们的广播说,你们有几位领导人乘坐的飞机失事了。"我一时惶然,还以为他是造谣惑众。很快,他说的消息得到了证实,王若飞、叶挺、秦邦宪、邓发等同志4月8日在晋西北黑茶山遇难。我由此想到一个新闻工作者身边多么需要有一部无线电收音机啊。但在当时,也只能是想想而已。

1947年,我回到新华社绥蒙分社,分社在绥蒙军区司令部和中共绥蒙区党委所在的雁北左云县以西的一个小村中。这里远离城市,很难看到我们的报纸,即使看到也很慢,于是无线电收音机的迫切性又提出来了。

我们分社有一部手摇发电机,作为与新华社晋绥总分社电报联系之用。当每天电讯联络之后,我们的报务员利用耳机收听延安的口语广播。后来延安被蒋军侵占,电台改称"陕北新华广播电台",其实广播电台已不在陕北。那时事业草创,陕北台声音微小,要把耳机紧贴着耳朵,用手压紧,才能听到丝丝之音。报务员让我听听,我大为振奋,认为有了一条了解国内外大局的门路。从此,我每天按时收听。每当我听到"XNCR"的呼号时,心情是多么激动啊!

但是我一人收听作用有限,我想向大家传播陕北广播的消息。那时没有高音喇叭,即使有也不可能把丝丝之音变成金声玉振。我于是改用另一个办法:把口语广播抄录下来,把每条新闻加标题,第二天早晨自己刻蜡版或与别人合作,编印出一张八开小报,把口语广播变成了书面传播。这张小报取名曰《今日新闻》,印制几十份,分送中共绥蒙区党委和绥蒙军区负责同志以及各部门,

---

[1] 原载《甘惜分文集》(第二卷),人民出版社,2012,第425页。

还在村中显要处张贴一些。从此,这一张根据来自党中央的口语广播编印的油印小报便传扬开来,成为广大干部每天不可缺少的精神食粮,有时出报迟了,就有人来打听。军区司令员姚喆同志、区党委的负责同志甚至等不得第二天看报,每天深夜跑到电台那间土窑里来,打听情况,先听为快。

只有亲身感受到当时时局的脉搏的人们,才能体会出为什么人们如此迫切地需要新闻。今天人们爱读"信息",那时的信息才真正是身价百倍的。当时的内战形势,重点在山东和陕北。局部服从全局,我晋绥地区的野战军大都已渡过黄河投入陕北之战,我绥蒙地区无主力兵团,战局较为沉寂。但是任何地区的我军捷报,都是我们共同的胜利。兄弟友邻部队的胜利,同样给我们带来极大的欢乐。这就是我们的一张小小的广播小报受到欢迎的原因。

1947年春夏之际,我奉调到新华社晋绥总分社工作。从此每天都能及时看到总社发出的大量电讯稿,从中选出一部分供《晋绥日报》采用,与外界不通信息的问题解决了。

但在这里我又同口语广播发生了另一种关系,事情是这样的:我晋绥解放区与陕北只有一条黄河之隔,汹涌的黄河从北向南直泻而下,把这块黄土高原劈为两半,河东是山西,河西是陕西。那时我西北野战军主动放弃延安,与国民党军胡宗南部周旋于陕北高原的山岭与沟壑间,寻找时机对敌展开围歼战,敌军整师整旅地被消灭。这一系列的胜利带来了一个新的问题,即如何处理大量战俘。士兵好办,愿去者遣送,愿留者补充到我军中,这些"解放战士"曾发挥过很大的作用。但战俘中的高级军官比较难办,这些人受反动教育较深,思想相当顽固,有的对共产党抱有成见。对这些人必须采取另一套办法:以礼相待,组织他们学习中共政策文件,使他们自觉自愿地逐步转变思想,重新树立对国共两党的看法。

做这件工作必须有一个安定的后方,不受前线战局的干扰。正好,晋绥解放区是陕北战场的后方,于是一批一批的国民党军高级将领被送过黄河,来到了晋绥解放区的首府——兴县,我在县城西边的小山村里经常见到这些人,这个深山小村叫"千尺崖"。

他们之中有国民党的高级军官廖昂、刘子奇、李昆岗等人。他们的态度开始很傲慢,但很快在真理和事实面前逐渐低头了。他们在人格上受到尊重,生活上受到宽待,却普遍患有怀乡病。这些人听到国民党造谣说他们已战死在沙场,都担心亲属们悲痛欲绝,无法生活下去。这种怀乡病在这些国民党将领中互相传染,有的竟在夜深人静之际抽泣不已。

我们的宣传从来是既有原则性又有灵活性的,在当时的有利形势下,我们采取了一种崭新的宣传方式——发动国民党将领给他们的亲属写信,这种信当然是无法邮递出去的,但如果由广播电台加以广播,那么它既是一封封信件,又会是一颗颗十分厉害的"政治炸弹"。

我们从这些高级将领中了解到一个有趣的情况:这些将领平时对下属人员绝对禁止收听共产党的广播,以免影响军心。但是这些人自己却经常偷听我们的广播,他们听了之后不对下属传达,只在至亲好友中议论罢了。据他们说,共产党的广播真实可靠,胜就是胜,败就是败,丢了地方就说丢了,占领某城就必有其事,不像国民党广播那样整天造谣,叫人无法相信。

我们的广播就利用这种有利形势对敌区展开了持续很长时期的广播宣传,这是新华总社布置的任务,我们是执行者。那时新华社和广播电台是一家,广播电台的稿件大都来自新华社,只是经过改编使之口语化,便于收听。

为了组织高级战俘写家信,我曾多次前往他们所在的管理处,这个管理处有个称呼,叫"交际处"。交际处处长是金城同志,他是从延安到晋绥来的,对组织口播信件一事大力支持。考虑到国民党这些高级人员的复杂状况,必须尊重他们的意愿,愿写家信或不写家信一切听便。信的内容,不谈政治,不在信中捧共产党,也不骂国民党,只谈家常,报平安,信要简短,便于口播。

许多人乐于与我们合作,信写得很好,亲切而自然,对老父老母或妻子儿女都有所问候,有所叮咛,一看便知是在外游子对家属的怀念。

这些信件由我们全文发往新华总社,一经口语广播之后,在国民党统治区和国民党军官兵中引起了强烈反响。总社来电表扬。这些信件之所以重要,我想就在于:

一是它传递了最真实可靠的信息。这些信件告诉人们:他们家庭的住址,家属中每个人的具体情况。信中所说的每个细节,都是那么熟悉。可见这种信是别人捏造不出来的。因此这种信对家属来说是个大喜讯,亲友之间奔走相告,他们的儿子、丈夫或亲友已"为国殉难""壮烈牺牲"的鬼话全破产了,对共产党的宽大政策有了切身的认识。

二是这些家信不谈政治,只谈家事。此类口播信件无一字涉及当时政治。如果在信中说共产党好而大骂国民党,甚至暗示国民党失败,等等,必然会使收听者感到这是在某种压力下写成的,会大大降低可信性和合理性。因为这些偷听共产党广播的亲友们深知,他们的这位在国民党军中当大官的丈夫、父亲或儿子,在被俘之前并无此种思想,突然转变,绝非自愿。所以我们劝信件的作者在信中回避政治词句,他们之中有人愿意使用此种词句以示自己的进步,我们仍劝他们不必如此。因为此种词句不仅可能降低信件的可信性,而且可能给他们的家属带来麻烦——国民党当局会因为这种信件不利于他们的统治而加紧迫害这些家属。我们从全局来考虑，始终坚持口播家书只谈家事的方针。

但是，一切懂得政治斗争的人们都知道，这种"不谈政治，只谈家事"，恰恰是一种最锋利无比的"政治武器"。这种信件，有利于争取这些高级战俘本人转向于人民方面；有利于安定其家属，有利于瓦解国民党军政人员的斗志。所以，归根到底，这些书信一封封都如一支支射向国民党统治区的利箭。看起来无所为，实则大有所为。《老子》说："夫唯不争，故天下莫能与之争。"当时我还没悟出这个道理，近年来深悟此中之道，我们一切宣传工作者对这个哲理是值得深加体会的。看起来似乎平常的口播信件，其隐含着的实际价值大大高于它的表面价值。我为中国人民广播事业做过的这点小小的工作，加深了我对"宣传"二字的认识。

四十年前功与过

——对《晋绥日报》土地改革宣传的反思[1]

一、前言

我们研究任何历史问题的基本态度都是实事求是，还它历史真面目。研究《晋绥日报》的历史，也当作如是观。

40年前，我们这些在《晋绥日报》工作的同志身在历史旋涡之中，激流冲刷，难于自持，当时是很难认识那段历史的是非功过的，只有经过了历史长流的冲击，经历了40年来的风云翻滚，雷雨震荡，我们才能更清醒地认识这段历史。"不识庐山真面目，只缘身在此山中"，而一旦走下山来，"蓦然回首，那人却在灯火阑珊处"。

今天研究《晋绥日报》的历史，我们这些过来人已远非当年二三十岁的青年，不是以当时的思想水平来研究《晋绥日报》，而是以一个既备尝胜利的欢乐，又饱经国家民族的忧患的历史学家的眼光来重新认识以往的。

所以我们这里所写的，不是历史过程的简单的复述，而是对历史过程的评价。我们对历史的褒贬对事不对人，个人在历史上的作用必须放到历史事实中加以考察。

40年，时间不算很短，但也不算很长。历史资料保存如新，报纸的影印本和合订本为我们提供了最完整的研究根据。在档案资料中钩沉剔抉，为我们的研究给予了很大的方便。

人所共知，《晋绥日报》是中共中央晋绥分局的机关报，它在山西省西北部（通称晋西北）黄土高原上的一个极其穷困的山村里办报达10年之久，它是抗日战争时期和解放战争时期在中国共产党领导下的众多的革命根据地报纸中的一家。但是由于它有一次特殊的机遇而使它扬名整个解放区，以至扬名全国，

---

[1] 原载《甘惜分文集》（第二卷），人民出版社，2012，第554页。

那就是毛泽东在1948年4月2日曾同这家报纸编辑部的人员进行过一次重要的谈话。毛泽东接见一家报纸编辑部人员，这是他一生中唯一的一次，这种殊荣恰为《晋绥日报》所获得。此外还要指出，1947年9月1日新华社在同一天内发出两篇文章（一篇是社论，一篇是编辑部文章），表扬《晋绥日报》的"反客里空运动"，这也是我党党报史上前所未有的，这也大大地增强了《晋绥日报》在我国新闻界的知名度。

本文所评述的并不是《晋绥日报》的全部历史，而只是那10年中的一瞬间——1947年下半年，特别是那年的9月到那年年底这几个月的历史。这几个月，在《晋绥日报》历史中占有特别重要的地位。《晋绥日报》之所以名扬四海，主要地就是在这几个月之内它以惊人之笔描述了土地改革运动的发展过程。它10年历史中的最大成就集中在这几个月之内，它10年历史中的最大错误也集中在这几个月之内。100多天的是非功过，都有着淋漓酣畅的表现。《晋绥日报》的经验和教训，对今天的新闻工作者来说，仍然是很有意义的。

二、《晋绥日报》在土改宣传中的重大贡献

1946年5月4日中共中央发布《关于清算减租及土地问题的指示》（简称"五四指示"）之后，中国新民主主义革命的土地政策迈入了一个新阶段，即由抗日战争时期的减租减息跨入彻底消灭封建剥削制度的新阶段。

1927年大革命失败后，中国共产党曾经在农村发动过彻底的土地革命。这是对中国几千年封建制度的第一次猛烈打击。以毛泽东为代表的领导者们坚持了这场革命，在南方革命根据地解决了土地问题，后来抗日军兴，我们主动放弃了消灭地主阶级的政策，将彻底消灭封建土地制度改为减租减息削弱封建制度的政策，以利于团结各阶级共同抗日。1946年，国内战争重新爆发。地主阶级就成了国民党反动派赖以生存的社会基础，于是很自然地燃起了解放区广大农民群众要求彻底解决土地问题的烈火，彻底的土地革命再次提到了革命日程上，要求彻底埋葬封建土地制度。事实上不进行土地制度的彻底改革，要打败蒋介石也是不可能的。持续将近四年的人民解放战争，粮食来自农民，兵源来自农民，前线支援来自农民，——没有亿万农民的支持，就不可能有人民解放战争的彻底胜利。农民获得了土地，获得了政治上的权利，摆脱了奴隶的命运，享有了人的尊严，他们成了自己土地的主人，因此他们从自己的土地上一跃而起，勇敢地投入了保卫自己的土地、保卫自己的政权的伟大斗争。我们的力量增强了，而蒋介石的社会根基动摇了，我们胜利了。

《晋绥日报》在国土地改革运动中的重大功勋，就在于报纸编辑部以满腔热血，以最高的热忱站在土地改革的第一线，以排山倒海之势，雷霆万钧之力，代表贫苦农民向地主阶级和封建制度猛烈开火。报纸每天发表的大量新闻报道以及社论、小评和编者按语，绝大部分是对农民向地主讨还土地这一斗争的热情洋溢的鼓动和支持。如果说那时国民党统治区所有的反动派报纸都把解放区的土地改革视为一场毁家伤财的灾难而加以诅咒，那么《晋绥日报》以及所有解放区报纸一无例外地对这场轰轰烈烈的群众运动都表示欢呼。

《晋绥日报》1947年12月17日刊登了一个作者的农村印象，写到他回到土改后的村庄，他的一个贫农朋友"穿的新夹袄、新棉裤，头上戴一顶新军帽，个子也显得高了许多。身上挂了一条红带，上写新畦贫雇农大会，依靠自己，解放自己，就像忽然变了一个样子了"。这位作者得出结论："斗争地主阶级给我们解决了土地和政治权利问题，给了我们无限的信心和力量，我们去进行我们祖先就期待的在自己的土地上的劳动。"

这位作者的观点表达了《晋绥日报》的立场，报纸是全力支持农民的翻身运动的。在赞颂农民获得土地和争得政治权利上，《晋绥日报》立场坚定，态度十分鲜明。

其次，《晋绥日报》在土地改革中的重大贡献，还在于它实际上领导了一次晋绥地区的整党运动。在这方面，《晋绥日报》有十分严重的错误，我们将在下面另有论述。但是绝不能因为它的错误而抹杀了它在推动整党运动中的功绩。

晋绥解放区是在抗日战争时期建立起来的革命根据地。1937年贺龙将军的部队席卷河朔，征服晋北，把同蒲铁路以西、黄河东岸的大片国土从日寇手中夺取回来，在这里建党、建军、建立各级政权，建立各种群众团体，兴办学校和文化事业，促使这片十分落后的农村地区，呈现出兴旺发达的景象，正是这种革命形势的发展，使本地干部快速成长，地方党组织的大量发展。除了少数老党员、老干部从外地回来闹革命之外，许多新党员和新干部由于革命军队到了自己家门口而卷进了这股革命洪流。他们对马克思列宁主义理论以及对中国革命的艰苦性和长期性是准备不足的，他们的文化水平一般都不高，在当地条件下稍微读书识字的青年大多是出身于地主富农家庭。他们大多与当地地主富农有着千丝万缕的联系，当他们成长为共产党员和干部时，难免不同程度地存在着组织不纯和作风不纯的问题。在抗日战争时期，这些同志同党的矛盾，同群众的矛盾尚不明显。而一旦革命航船由抗日转变为国内阶级斗争这一急剧转折关头，一部分地方党员和地方干部就有一些落下水去。觉醒了的农民群众对他们表示有些不信任情绪。在农民向地主阶级作政治和经济清算时，不可避免地会清算到这些党员和干部的头上。

在这里，还要指出山西有一种复杂的历史环境。山西土皇帝阎锡山统治山西几十年，上上下下培植了一批爪牙。这些地痞、流氓、恶霸、恶棍，在阎锡山得势时，可以大摇大摆，为非作歹。而阎锡山失势时，这些被遗留下来的阎锡山分子则可能乔装打扮，装出可怜而且无害的样子，混进革命阵营，与某些政治觉悟不高的党员干部相亲近，甚至被提拔为我们的干部。这就大大加剧了我们晋绥地区党和干部的组织不纯和作风不纯。1939年底到1940年初的"晋西事变"，阎锡山的武装部队全被赶出了晋西北地区，但阎锡山遗留下来的某些人员却造成了我们在土地改革中整党审干的复杂态势。不能说他们之中所有人员全都没有任何政治进步，抗日战争中，八路军的英勇善战，中共党员和人民政府干部的清廉正直，广大农村人民的生活较旧社会有了一定改善，这些都可能促使那些旧人员的思想转变，转到人民方面来。但是总有那么一些死硬分子，外似柔顺而心藏奸诈，这才是最可怕的。这就是晋绥土改中整党所面临的复杂性和艰巨性。

《晋绥日报》在中共中央晋绥分局直接领导下勇敢地挑起了这付推动整党运动的重担。其实，这副重担并不是任何人在事前就十分清醒，土地改革运动一开始指明的任务是解决农村土地问题，实行"耕者有其田"，不但地主的土地要拿出来与无地少地的贫雇农平分，富农的土地也同样要按全行政村人口平均计算，多余的土地也要拿出来平分。这是一场翻天覆地的大革命。这一平分土地的政策不能不触动上文中提到的出身于地主富农家庭的那些党员和干部，他们是坚定地执行党的政策，站在贫雇农方面赞助土地改革呢，还是站在地主富农立场上抗拒这一伟大的革命运动呢？这是摆在他们面前的重大考验。有的人是经得起考验的，对家事不予过问，一任人民处置，自己坚定地站在党和人民方面。有的人却经不起狂风暴雨的猛击而纷纷落水。

群众一旦发动起来，其势不可阻挡。任何人想要站在群众运动的对立面，阻挡历史潮流的前进，就只能遭受灭顶之灾。

《晋绥日报》站在这一群众潮流的最前列，1947年几乎每天都发表农民群众审查党员和干部的报道，报纸编辑部并且用短评和编者按语的形式加以评论。

交城县米家庄有这样一个"抗联主任"，在日寇占领时期曾担任过伪职，解放后旧习不改，披着共产党干部的外衣，欺压群众，贪污钱财，奸淫妇女。土地改革运动中农民群众定他为"恶霸"，并且排除了某些干部仍把他作为干部问题处理的错误观点。如果不是彻底的土地改革运动,像这样的所谓"干部"是不可能清洗出去的。《晋绥日报》对此连续发表了几篇新闻报道和小评,坚决主张把干部和隐藏在干部队伍中的坏分子区别开来,支持了贫苦农民的正义行动。这件事引起了普遍的反响,农民说:"报纸又把咱们心里的话说出来了。"[1]

发动群众审查党和政府的干部,进行严格的批评和自我批评,直至进行组织处理,这只有在共产党领导的革命根据地才有可能。在国民党统治区,所有的官员,他们只能是官官相护,上下其手,对人民实行血腥统治。他们的报纸不敢放手发动一次运动,让群众来揭发这些官员的丑行。而共产党的报纸则大不相同,干部对人民犯了罪,报纸则动员舆论鸣鼓而攻之,直至其得到合理的处理而后止。这就是共产党报纸同一切反动报纸的不同之处。

在1947年的土改和整党中,《晋绥日报》对干部进行的批评与自我批评运动,声势浩大,势如暴风狂雨,这里不可能一一列举。

《晋绥日报》在我党的新闻工作历史上,特别是在1947年下半年这段时间中,应当承认它是相当泼辣尖锐的舆论阵地,它在我们党已经执掌政权的根据地内,为了帮助农民求得政治上和经济上的解放,这张报纸敢于以极大的革命胆略推动了一场新的革命——土地制度的革命和党的生活的一场革命。它那所向披靡的姿态在党报史上是罕见的,甚至是空前的。如果说延安的党中央机关报《解放日报》在1942年的整风运动中也曾以摧枯拉朽之势向教条主义开火,对全党发出了晨钟巨响的作用,但那次舆论攻势仍属于人民内部的和党内部的矛盾,报纸的整个语调还是比较温和的。《晋绥日报》作为地方的党机关报,在一个地区之内,又处于消灭地主阶级的激烈阶级斗争的形势下,它的语调就远不是温和的,而是激烈的。从这个意义上看,《晋绥日报》确也具有一定的创造性,它担负起报纸在阶级斗争中冲锋陷阵的角色,它创造了一家地方党报竟能影响全党——甚至是影响各革命根据地党报的巨大作用。今日回顾以往这段历史,几乎是令人难以设想的。

要是《晋绥日报》能够始终如一地运用自己的创造性,始终正确地掌握和运用党的政策,把那场土地改革运动始终如一地纳入正确的轨道,那么它在中国当代新闻史上将立下巨大的功勋。不幸的是,《晋绥日报》没有始终如一地坚持正确的航向,在巨浪翻滚之中,它没有掌握好航舵,在阶级斗争正处于最高潮之时,它缺乏清醒的头脑,在不少问题上发生了思想上、政治上的"左"

---

[1]《晋绥日报》,1947年10月21日。

倾错误。由于它处于中共中央晋绥分局机关报的特殊地住，它的错误使土改运动遭受了不应有的损失，其教训是十分深刻的。下面我们就来论述这方面的若干教训，这些教训的总的思想就是冒险主义。

三、"贫雇农路线"的宣传问题

《晋绥日报》的问题，无论就其成就来说，或就其错误来说，都与中共中央晋绥分局的领导密切相关。分局是掌舵者，而报纸是党的喉舌。我们不可能离开晋绥分局而单独品评《晋绥日报》。但为了阐明问题的方便起见，还是让我们先从《晋绥日报》的版面作为观察问题的开始。

公正地说，《晋绥日报》的土改宣传在1947年9月以前基本上是正确的。从1946年党中央发表"五四指示"以后，《晋绥日报》关于土地改革的宣传逐渐进入角色，具有代表性的是1947年4月5日社论：《坚持平均的公平合理的分配土地》。此文提出斗争地主时，要反对地主路线，反对向地主妥协投降。而在分配土地时，必须反对富农路线，即劳动力多的多分，干部多分，勇敢分子多分，这样就不可能满足一切无地少地的贫雇农的需要。社论指出，真正实现"耕者有其田"，就是把地主的土地加上一切应当重新分配的土地以及缺地少地的农民土地加以平均计算，使无地少地的农民能够得到他应得的一份土地。可以说，此文的观点是基本正确的，缺点是没有提到中农的土地可以基本不动，此文没有涉及中农问题。

同年5月1日报纸社论《坚决联合中农，防止错定成分，反对地主假冒中农》这是一篇极为重要的社论。这篇社论提出划分阶级成分不但要看剥削关系，而且要"从历史上去研究"，为后来错定阶级成分，追查历史到三代，起了不好的影响。但在对待中农问题上，这篇社论是基本正确的。社论指出："彻底消灭封建，坚决联合中农，拥护贫雇农利益，满足贫雇农要求，这就是土地改革明确的阶级路线。"社论说：在旧社会，中农是一切苛捐杂税的主要负担者，是投机商人、高利贷者、官僚资本剥削的主要对象。在解放区，中农又是生产和参军的主力，是支持自卫战争为人力、物力的主要来源，中农是基本群众。土地改革必须坚决吸收中农参加，在满足贫雇农要求的条件下，使中农也获得利益，必须取得全体中农真正的同情与拥护，才能彻底消灭地主阶级，实现耕者有其田。社论以坚定的口吻指出：中农的土地，原则上不动。个别村庄土地实在困难，而个别中农又无力耕种其土地时，才可公平购买其土地。但对于中农的地权、财权及一切政治权利，不能有任何侵犯，对于缺地的中农，应同样分得足够的土地。社论又说:"每一个工作人员,必须坚决肃清政治上歧视中农的态度与倾向,农会的大门要大大地向中农打开,纠正过去排斥中农的错误做法,以贫雇农为骨干,把广大的中农团结起来。……被侵犯的中农土地和财物,必须一律退还。"这篇社论把团结中农问题提到了路线的高度,认为在土地改革中,有"左"和"右"的两条路线,即对地主阶级的妥协倾向以及分配斗争果实中的富农路线,这是右倾。侵犯中农利益则是"左"的倾向;《晋绥日报》认为要大力宣传,"贫雇农是骨头,中农是肉""天下农民是一家"的思想。

这篇社论是《晋绥日报》在土改宣传中执行正确路线的高峰。以如此准确的语言,解释党的土地改革,在那段时期的《晋绥日报》上是很难见到的。而从9月以后,《晋绥日报》急转直下,离正确的土地改革路线越来越远,与5月1日社论完全背离,直到滑入冒险主义的泥淖之中。

《晋绥日报》9月24日发表《晋绥边区农会临时委员会告农民书》,突然指出:"群众要怎样办就怎样办。"这是晋绥地区土改运动走向邪路的开始。但《告农民书》还没有提出"贫雇农路线",还没有明显排斥中农的倾向。而这一倾向的最明显表露是在10月27日对兴县高家村(即《晋绥日报》所在地)土改工作团的批评一稿中。这篇稿件批评工作团团长因"怕脱离中农",怕"为某些能说会道的中农所陶醉",而"不给贫雇农撑腰","不走贫雇农路线","没有贫雇农的思想感情"。这篇批评稿叙述了一件事情:贫雇农正在开会,一位中农成分的农民走了进来,贫雇农们说:"我们开贫雇农会,你走吧。"这时一位工作团员说:"这个人并不坏,可以参加。"这样一件小事,报纸无限夸大说是"标志了工作团思想上组织上抛弃贫雇农路线的开始,中农思想统治了工作团"。报纸对该村工作团的整个评价是"中农思想严重","是立场问题"而"依靠中农,实质上就是富农路线"。其实呢,这个工作团并无打击贫雇农的事实,无非是按党的政策办事。对中农没有采取排斥态度,于是引起了报纸编辑部的批评。把这篇短评同5月1日的社论比较一下,可以明显看出《晋绥日报》在对待中农问题上来了一个急转弯。

这是一个新的信号,表明《晋绥日报》加速奉行了一种新的政策,即所谓"贫雇农路线"。

"贫雇农路线"是晋绥地区使用的一个新语言。以往党从来不曾单独把"依靠贫雇农"作为一种路线,总是全面地把"依靠贫雇农,团结中农,消灭封建制度"作为土地改革的路线,党从来是把中农作为重要的革命力量依靠的。因此,《晋绥日报》孤立地提出"贫雇农路线",是对党的农村政策的严重歪曲。

应当说这时《晋绥日报》在主观愿望上是坚定地站在贫雇农立场上，表明了满足贫雇农的土地要求的决心。无产阶级政党的机关报，如不能从政治上、经济上推动解放农民的斗争，那还算什么马克思主义者呢？《晋绥日报》为贫雇农的利益而呐喊，应该说是完全正确的。贫雇农是农村阶级的最底层，受压迫最深、生活最苦，是反对地主统治最坚决的力量，只有依靠他们，才能战胜封建剥削制度。这一切都是历史的定论。我们今天来回顾40年前的功过，绝不是要否定《晋绥日报》为贫雇农说话和依靠贫雇农而作的巨大努力。谁否认这一点，就是背离了马克思主义的基本原理。

问题在于，我们的农村政策，依靠贫雇农和团结中农是一个事物的两个方面，丢掉任何一方都可能犯历史的大错误。

在农村，中农占人口的多数，他们也不同程度地受地主阶级的剥削和封建政权的压迫。在解放区，中农又是发展农业生产的主要力量。正如《晋绥日报》5月1日社论说的那样，贫雇农与中农的关系是血肉关系，必须团结起来，才能形成农村人口的大多数，才能彻底消灭地主阶级。

为什么《晋绥日报》在1947年9月以后，忽然一反常态，把团结中农的政策称作"富农路线"了？这是很值得探讨的一个问题。

也许，《晋绥日报》编辑部会这样回答：我们从来不主张排斥中农，我们是主张先把贫雇农组织起来，然后由贫雇农自己去团结中农，而不是由工作团去团结中农。

让我们来看一看1947年9月以后《晋绥日报》在怎样对待中农问题上的言论：

"团结中农的工作是贫雇农去做，而不是要工作团去做。"[1]"贫雇农大会是必须经过的第一关，如果不先开贫雇农大会，就去开农会大会，必然不能发挥贫雇农的核心领导作用"。"如果贫雇农不能起领导作用，就有被中农占了领导权的可能。"[2]（本文作者按：在错定阶级成分的情况之下，有些贫农也划为中农，已在排斥之列。）

《晋绥日报》描述了一次批判中农的农村会议："只听多数的意见，全村八十多户，只有十六户贫雇农，其余大多为中农，所以多数意见的结果，就跟上中农跑了。""贫农小组不纯，中农掌权、里应外合、打击分化贫雇农，窃取果实。""过去是中农掌握了贫雇农，今天咱们要掌握他们，要他们跟上咱们

---

[1]《晋绥日报》，1947年10月27日，第1版。

[2]《晋绥日报》，1947年10月3日，第1版。

走。"[1]

"贫雇农是领导者、中农是被领导者、中农要跟贫雇农走。……只有这样才能克服中农夺取领导权的一切企图与倾向。"[2]

"两条路线——贫雇农路线与富农路线的斗争,这是一个严重的斗争。……土地改革彻底与否、群众起来与否的标志,就是要看贫雇农是否形成了力量,是否形成领导核心,是否掌握了领导权,绝不是先看中农起来没有及其他。……要把贫雇农路线贯串到一切工作中去,贫雇农是领导者,中农是被领导者,中农必须跟贫雇农走。贫雇农是农村中的无产阶级与半无产阶级,中农是小资产阶级。……团结中农,是要贫雇农形成力量以后,由贫雇农自己去团结,而不是工作团或什么人去团结。……贫雇农没有形成力量,而说团结中农,这完全是空谈,或者是富农路线的借口而已。"[3]

在引用了上述这一系列材料之后,可以看出,《晋绥日报》对待中农的态度已很少有团结的意思了,而是把中农看作与贫雇农争夺领导权的敌对力量,为了使问题带有更大的鲜明性,下面再引用一件典型事例。

保德(老区)化树塔村一个贫农单身汉张××服毒自杀,幸而得救。张××是什么人呢?据《晋绥日报》连续报道,他父亲本来有30多垧的地(晋西北土地1垧等于3亩),死了妻子,再娶,生子女5人,生活渐困难,卖了土地,张××21岁时,已无地可种,到阎锡山部队当兵十二三年,1937年回到家乡,"戴的礼帽、穿的袍子、嘴上吊的萧、手握电筒、摆搭着回来了"。人民政权分给他土地和粮食,但他不善劳动,粮食很快吃光,地里庄稼收成很少,比别人差得远,只等吃救济粮。在一次农会上,几个农民对他温和地批评了几句,说他"不好好动弹,过日子不细致"。后来几位中农成分的农民也批评了他,他很生气,回家服毒,幸而发现得早,抢救过来了。此事后来得出的教训是:贫农批评张××已经过重,中农也插上了嘴,他们人多,看张××眼红,这就是张××寻死的原因。

《晋绥日报》把这全过程当作一件大事,刊登了几个整版。要点是,不能一般地反对批评与自我批评,但要看情况对象,对于土改狂风暴雨中的贫农这颗"嫩苗苗"是只能扶植而不能批评的,最多只能在贫农会上批评。这真是一种奇怪的逻辑,对一个好吃懒做的贫农是不能批评的,尤其不能让中农批评,

---

[1]《晋绥日报》,1947年11月23日,第1版。
[2]《晋绥日报》,1947年12月1日,第1版。
[3]《晋绥日报》,1947年12月2日,第1版。

挨了一点细微的批评就自杀，反过来还责怪批评者，这就是《晋绥日报》所鼓吹的"贫雇农路线"。

《晋绥日报》提出"贫雇农路线"，把它与"中农路线"相对立，非此即彼、非彼即此。这是见于1947年9月以后的多次报纸版面上的。这种把贫雇农与中农对立起来的思潮首先是由于对晋绥地区的土地状况缺乏具体分析。这种对土地问题的具体分析材料，在当时并不是没有，而是在"左"的思想下被遗忘了，甚至把这种珍贵的统计当作右倾错误而被抛弃了。请看1948年4月中共中央晋绥分局调查研究室的《农村土地及阶级变化材料——根据老区9县20个村调查》。这个材料指明，晋绥地区老区1939年中农人口占34%，占有土地27.7%，贫农人口占35.4%，占有土地11%，雇农人口占5.5%，占有土地0.5%，到了1945年，中农人口已上升为64.5%，占有土地70%，贫农人口已下降至24.3%，占有土地12.4%，雇农人口仅有0.5%，占有土地0.2%。

这个统计资料表明，晋绥地区的农村经过抗战时期的减租减息和各项政策，阶级关系已发生深刻变化。中农增加了一倍以上，贫农减少了1/3，雇农则减少到只占原先的1/10。晋绥地区经济落后，富农经济极不发达，雇农原本就很少，抗战末期几乎近于消灭。因此所谓贫雇农，主要是占有土地较少的贫农，即半无产者，而不是完全雇佣劳动的农村无产者。

晋绥老区中农之所以猛升，道理十分简单，一批地主下降为中农。大批贫雇农已获得土地，上升为中农，这就是所谓的"新中农"，中农这一阶级除一部分老中农外，大批新中农刚从贫农脱身出来，他们的阶级地位和思想立场同贫农是没有多少区别的。

《晋绥日报》却完全不顾革命根据地阶级关系的这一变化，眼睛只盯住那占人口不到1/5的贫农，为他们的物质利益而奋斗（这是完全必要的），却不怕脱离那人口和土地都占农村大多数的中农和新中农——那些同样是我们的基本群众。周恩来后来对此指出："中农已占多数的情况下，如果也要人为地组织贫农团去领导一切，势必脱离多数，孤立自己。"[1]

上述数字还不是问题的全部。上述统计资料止于1945年，从那时以后，特别是1946年中共中央"五四指示"以后，解放区又展开了大规模的土地改革运动，肯定又有一批贫雇农向中农转化（可惜我们手头没有这个统计数字），中农成分继续增加，贫农成分继续减少。加上在晋绥1947年的土改中又有一些贫雇农被错划为中农（甚至地富），因此，坚持"反中农路线"这样的政策到底

---

[1]《周恩来选集》（上卷），第293页。

孤立了谁、打击了谁，是十分清楚的。

《晋绥日报》无数次地强调土地改革运动必须是由贫雇农来领导中农，要防止中农夺取领导权的企图。这种在贫雇农与中农之间建立森严壁垒，甚至可以说是分裂这两个劳动阶级之间的关系的观点，是十分可疑的。

马克思主义者从来没有把贫农看作民主革命的领导力量，而只是看作民主革命的依靠力量。在马克思主义者看来，贫农是小生产者，也是小私有者，他们本身不能成为革命的领导力量。这个问题在马克思主义经典著作中曾多次阐述过，马克思曾指出贫农"除了工人，他们还能指望谁来拯救自己呢？"[1] 贫农只有在工人阶级领导之下才可能得到解放，他们自己是不可能解放自己的。

毛泽东是对中国农民做过最深入研究的革命家，他对贫农是怎样估价的呢？他写道："贫农是没有土地或土地不足的广大的农民群众，是农村中的半无产阶级，是中国革命的广大的动力，是无产阶级的天然的和最可靠的同盟者，是中国革命队伍的主力军，贫农和中农都只有在无产阶级的领导之下，才能得到解放。"[2]

由此可见，马克思主义者从来没有把贫农看作民主革命的领导阶级，而只是把他们看作工人阶级在民主革命中最可靠的同盟者。只有在中国工人阶级先锋队——中国共产党领导之下，贫农和中农才能取得土地改革的胜利，从封建制度的压迫下解放出来。

晋绥地区的土改运动本来也是按照我们党的马克思主义思想作指导的，各级党委派出党员骨干组成土改工作团前往各地领导土改运动，就足以说明要把土改运动紧紧掌握在党的领导之下。但是到了1947年下半年，特别是9月以后，事情逐渐起变化。在《晋绥日报》看来，贫雇农是最可靠、最坚定的革命领导者，党的工作团也靠不住，工作团也要受贫雇农的审查。所以毫不奇怪，中农——即使是刚由贫雇农翻了身的新中农——也不能作为依靠的力量，依靠中农就是中农路线，而中农路线就是富农路线。农村中唯一的革命力量就只有贫雇农，这就是贯穿于1947年下半年《晋绥日报》的指导思想的一条线。正如马克思主义革命导师们所经常指出的，农民——即使是贫农具有小生产者和小私有者的性质，他们投入土地革命，是满足他们自己的需要。由于小生产的狭隘性，他们不可能成为民主革命的领导者，贫农中的优秀分子在无产阶级政党长期教育下，可能成为卓越的革命者，但作为一个阶级，贫农不可能领导一次成

---

[1]《马克思恩格斯全集》（第16卷），第453页。

[2]《毛泽东选集》（竖排本），第638页。

功的革命运动。相反，农民的自私性和狭隘性很可能在革命运动中暴露出某些冒险行为和个人报复行为。晋绥地区土改后期种种违反党的政策的严重事件的发生，很显然是适应了农民的自发性。对于农民的自发性所产生的破坏作用，《晋绥日报》作为党的机关报，是不应当放松警惕性的。但实际上《晋绥日报》在那几个月之内是拜倒在农民的自发行为之下了。马克思主义革命导师们是怎样痛切地批判过群众运动的"自发性"，《晋绥日报》似乎早就遗忘了。

在这里附带提一件事也并非多余：《晋绥日报》对贫雇农形成一股崇拜热，不但表现于它每天的版面上，而且也表现于报社内部的组织上。在《晋绥日报》内部也效仿农村土改的榜样，组织了一个贫农团，编辑部的一般知识分子们当然没有资格参加这个组织，于是在饲养员和炊事员中找到了几个够格的成员，这个贫农团却又受报纸总编辑的领导。结果出现了一种奇怪的现象，按照《晋绥日报》所说"要把贫雇农路线贯彻到一切工作中去"[1]，而报社内部的贫农团却不可能对报纸的编辑方针产生任何影响，因为他们大多不识字。这个贫农团后来不得已自生自灭了。如果《晋绥日报》认真把"贫雇农路线"贯彻到底，报纸的编辑方针都要请示"贫农团"，由"贫农团"来领导新闻工作，把党和人民的舆论阵地交由"贫农团"来掌握，其结果会怎样呢？那是可想而知的。

四、对待地主阶级的问题

一说到土地革命，人们立刻会想到毛泽东的《湖南农民运动考察报告》。"将地主打翻在地，再踏上一只脚。""革命不是请客吃饭，不是做文章，不是绘画绣花，不能那样雅致，那样从容不迫，文质彬彬，那样温良恭俭让。"在1947年，毛泽东这篇文章还没有普遍传播开来，还不为人们所熟知（《毛泽东选集》是20世纪50年代才出版的）。但是晋绥地区的土改运动中对地主的斗争，却远远超过了1927年毛泽东对湖南农村景象的上述描述。

无可否认，农村阶级斗争是残酷的。几千年的封建地主统治天下，农民的日子是血泪斑斑的。地主势力的猖狂，是因为地主阶级上层人物掌握了政权。现在在共产党领导下农民从地狱里站立起来，向地主阶级讨还旧债，其阶级斗争的激烈程度，无可避免。晋绥地区在日本投降后从敌占区和阎锡山统治区解放了大片土地，这些地区阶级状况同毛泽东1927年所描述的湖南农村基本相同。我们党在1947年发动这些新解放区的农民起来同那里的地主阶级进行一场

---

[1]《晋绥日报》，1947年12月2日小评《群众起来的标志》。

你死我活的战斗，以彻底打垮地主恶霸势力，这是无产阶级政党对农民弟兄的阶级支持。《晋绥日报》在这方面做了许多可歌可泣的报道和评论，这是应当肯定的。《晋绥日报》可以毫无愧色地被称作一张人民的报纸。

但是对地主阶级的同仇敌忾的阶级义愤如果不加具体分析地到处喷发，也必然导致革命根据地的新动乱。

《晋绥日报》1947年下半年关于土地改革的报道，绝大多数都是发生于老抗日根据地的事情。这些地区经过抗日战争的烽烟，经过减租减息和多次运动的冲击，地主势力早已由逐渐削弱而趋于瓦解。上文曾引述过中共中央晋绥分局调查研究室《农村土地及阶级变化材料——根据老区9县20个村的调查》中关于中农与贫农的变化情况。现在让我们再看同一材料中关于地主富农的变化情况吧。调查材料指明，1939年地主人口占7.8%，占有土地37.7%。到1945年，地主人口只占2.4%，仅占有土地5.5%。在同一时期内富农人口从13.5%下降为6.6%，占有土地从22.8%下降为11.4%。

这就无可辩驳地证明，地主富农经济已大为削弱。他们人口的减少并不是由于死亡、外逃或外迁，而是经济状况已下降为中农（这一时期中农人口从34%上升为64.5%，大都从地主和贫农转化而来）。他们的土地减少并不是土地从地球消失，而是转移到中农或随自身阶级成分的变化而转入中农项下。有的地主甚至已下降为贫农。这就是说，经过抗日战争之后，抗日根据地的减租减息政策的实施，晋绥抗日根据地的阶级关系已发生了深刻的变化，大批地主已丧失剥削手段——土地，他们自己已逐渐参加农业劳动，转化为农民。本书作者曾在晋绥地区工作多年，并曾参加过农村调查，写过一本农村报告，发现昔日的地主除了住房和占有平地略优于农民外，政治威风已一扫而光，衣着饮食水平与农民已无差别。现在在电影上常见的地主的高屋大厦、深宅大院和锦衣玉食的华贵景象，在解放战争时期的晋绥地区是没有的。许多农民，一经打听，过去是地主，但查现状，却是农民。

但是对于这样重要的阶级变化，《晋绥日报》编辑部未引起注意，更未认真研究，在1947年下半年的报纸版面上没有作过认真的阶级分析，既未发表已有的阶级调查，也未发表新的阶级调查，却全力以赴地宣传"彻底打垮地主阶级"，这就不能不造成政策上的失误。

最重大的失误是把一批已转化为农民的昔日地主仍旧当作地主成分而加以无情斗争，把死老虎当作活老虎而加以痛打。9月24日《晋绥日报》发表的《晋绥边区农会临时委员会告农民书》明确指出："不论大小地主、男女地主、本村外村地主以及隐藏了财产装穷的地主，化装成商人、化装成农民的地主，大家都可以清算。"

这里非常值得注意的是：

第一，已不从事剥削转化为农民的地主仍要作为地主对待；

第二，改而从事工商业的地主仍是地主；

第三，不但着眼于土地，而要深挖地主的"浮财"（衣物等）和"底财"（埋在地下的财物）。

这样，已下降为中农、贫农的地主和经营商业和手工作坊的旧地主都在被斗争之列。《晋绥日报》常用"化形地主"一词。这个词具有丰富的内涵，也造成了阶级政策的极大混乱。据查这个"化形地主"的发明者是康生。此人当时正在晋绥的临县郝家坡村领导土改试点，名曰"试点"，由于康生是中央大员，实则在暗地指挥晋绥的土改运动，许多坏主意出自他之手。《晋绥日报》的许多错误宣传也都与他有关。查地主"查三代"，而不看他现在的剥削关系，这就康生的一大"创造"。

据《晋绥日报》载，五寨县东秀庄在土改中改定阶级成分，地主从1改定成19户，富农从2户改定成10户，中农则从75户下降成36户，这样地主富农户数由原来的3%上升为25%，中农减少了一半；显然是把一半中农划到地主富农范围中去了。这样就大大扩大了打击面，侵犯了中农利益。[1]

中共中央晋绥分局所在地的蔡家崖行政村，共552户，土改中重订成分地主富农占22.46%。[2]

据张稼夫同志的回忆《后木栏干村调查报告》，重定成分时除了要查三代之外，还要"看铺滩滩"（即财物）和"看政治态度"这都是康生的"指示"，在全村52户中地主从2户猛升到21户，占总户数40%以上。[3]

地主比例如此之高，一部分来自中农的人也都作为清算斗争对象，这只能造成一片混乱。《晋绥日报》虽从来没有公开提倡乱打乱杀，在报纸版面上找不到鼓励贫雇农对地主富农的斗争必须乱打乱杀的词句，而只是鼓励"狠斗""彻底的斗"，"挖底财"，等等。如果党报公开提倡恐怖行为，则晋绥地区的土地后果将更不堪设想。但是，值得注意的是，《晋绥日报》也同样没有有力地制止过乱打乱杀的恐怖行动。对于发生在各地农村日益普遍起来的打杀行为，报纸或者是轻描淡写，或者是避而不谈。这也许是由于编辑部已认识到这

---

[1]《晋绥日报》，1947年7月5日，第6版。

[2] 任弼时：《土地改革中的几个问题》，《中共党史参考资料》（六）第334页。

[3] 张稼夫：《庚申忆逝》，第109页。

种恐怖主义已远离了党的政策,但又不敢批评群众,怕给群众泼冷水的缘故。这种拜倒在群众的自发运动之前的尴尬处境,事实上助长了小生产者、小私有者的贫困农民的个人报复行为。晋绥地区的农村恐怖,同《晋绥日报》放弃原则不予制止乱打乱杀,是紧密相关的。

在如何对待地主阶级中的开明绅士这一问题上,《晋绥日报》的"左"倾错误更为明显,也更为严重。

在晋绥工作过多年的人们,是没有不知道刘少白和牛友兰这两个名字的。他们二人都是晋绥解放区的首府——兴县的著名大地主,又都曾为中国革命做出过不同的贡献。刘少白早在"五四"时期就同情和参加了学生运动,他的大女儿刘亚雄是大革命时期的中共党员,为党的事业做出过重大贡献,直到1988年逝世,其他亲属也有不少是革命者。刘少白本人从大革命失败后就利用他的社会关系和名望,掩护共产党人,从事秘密工作。他奔走于太原、北平、天津、大连、青岛、大同等地,北平的住家成了中共河北省委的地下联络点。为营救王若飞出狱,刘少白竭尽全力。抗战初期,他参加了中国共产党,回到晋西北开设银行,活跃经济,发展生产,支援八路军,成为晋西北开明人士的一面旗帜。他三访延安,与毛泽东等中共领导人亲切交谈,诗文赠答,并被选为晋绥边区临时参议会副议长。1946年土改运动前夕,刘少白把土地、树木、住房全部献给政府,《晋绥日报》曾为此大加表彰。

牛友兰的声望不如刘少白,但他在青年时代即从京师大学堂回到家乡,同情革命,倡导新学。他的儿子牛荫冠是中共党员,晋绥边区行署副主任和贸易总局局长。牛友兰从抗战开始协助刘少白做繁荣边区经济、支援抗日前线的工作,一次就捐助银圆2.3万元和粮食150石,以后在历次运动中他又多有捐献,他被聘为晋绥边区参议会参议员,他把一座在晋绥地区可称作第一流的一排石窑大院也献给晋绥军区司令部,贺龙将军曾多年驻扎于此。

这两位著名的地主阶级开明士绅,前者家住黄河之滨的黑峪口村,后者家住蔚汾河畔的蔡家岩村,在土改运动的滚滚浪涛中,他们差不多同时陷入灭顶之灾,被农民揪出来进行了清算斗争。前者《晋绥日报》曾在报版头条大肆宣扬为土改运动的巨大胜利。这次斗争大会是1947年9月21日在刘少白的家乡黑峪口举行的,集中了8个村的2000多人参加,从《晋绥日报》的报道来看,农民的控诉大都是针对刘少白的弟弟刘象坤的一些问题,群众却把这一切都算在刘少白账上,当场宣布撤销刘少白的边区参议会副议长的职务。[1]《晋绥日报》

---

[1]《晋绥日报》,1947年10月1日。

没有报道刘少白是否受到拷打，这一年他64岁，据后来人们的回忆，刘少白在会后被捆绑关押了一个多月。[1]

如果说刘少白是比较幸运的，牛友兰的遭遇可就悲惨得多了。清算刘少白的大会开过5天之后，9月26日，在牛友兰的本村（也是中共中央晋绥分局所在地）蔡家崖召开了5000多人参加的"斗牛大会"（这是在会场主席台赫然写着的四个黑色大字），牛友兰两手反绑押到台上，他的儿子——边区行署副主任牛荫冠和他的亲属也陪斗。群众命他们跪下，然后拳打脚踢，要牛友兰交出"底财"，牛友兰说他的财物早已捐献给人民政府了。几个人跳到台上用一根铁丝穿进牛友兰的鼻孔。尽管这时有人出来制止这种非人道行为，但群众却强迫牛荫冠牵着穿在他父亲鼻子上那根铁丝游街。"牛"穿鼻子，儿子牵"牛"，这似乎很合乎一些人的心愿。一个农民把一把烧红的铁锹烫到牛友兰的背上，牛友兰疼痛得晕了过去，跌倒了。8天之后，牛友兰死去。

这整个"斗牛大会"过程，晋绥分局的工作团的人员都在台上，他们目睹了这一场原始的酷刑表演，这一切，都发生在早已从国民党和日寇统治下解放出来的抗日根据地内，这是很难令人理解的。

关于"斗牛大会"，《晋绥日报》没有公开报道，既未歌颂，也未批评，好像根本不曾发生这件事。这可能是由于此举是与人道主义背道而驰的，公开宣传有损于党和人民政府的形象。但报纸不公开严厉制止这种行为，事实上助长了这种作风的发展。晋绥地区在土改中的乱打乱杀是无法统计的、伤害了大批人命，也就是伤害了社会劳动力。

直到1948年3月5日《晋绥日报》才发表为刘少白平反的消息，回复其边区参议会副议长的职务。据后来传出，毛泽东在陕北前线看到《晋绥日报》刊登清算刘少白消息，大为震惊。他批评晋绥分局的主要领导人说："过去，我还愿意看《晋绥日报》，因为它有时还揭露一些问题，现在看了你们批斗刘少白的报道，我再也不看你们的报了，像刘少白这样的人都被你们斗了，以后还有谁敢和我们合作呢？"[2]

最后还要指出一点，晋绥土改中的新解放区有一些地主分子是在日寇沦陷时的"两面政权"人物。他们白天应付日寇，夜间支援我军，这是在敌我犬牙交错的游击区这一特殊历史条件下的特殊人物。他们对我军有一些功劳，但对当地人民显然有不同的剥削。对这样的地主分子本应进行具体分析和具体对

---

[1] 刘尊祺、樊润德：《从开明绅士到共产党员——刘少白生平》，《党史文汇》，1987年第3期。

[2] 同上。

待,而不能完全"过河拆桥"。一切对我党我军多少有功的人员,"过河拆桥",弃而不顾,这不是无产阶级的政策。可是我们对这些对革命多少做过一些工作的人们,却都采取无情镇压的政策,未免太过头了。我们对刘少白、牛友兰这样的开明士绅,事实上也是采取了"过河拆桥"的政策,大大损伤了党的威望。

五、对待干部问题

随着土改运动的深入,随着对地主阶级的清算斗争,清理党和干部队伍的问题,很自然地提到了日程上。

晋绥地区的党组织,在抗日战争以前,只有个别党员。抗战之初,八路军120师解放了晋西北大片土地,革命之神敲响了每一家居民的房门,一些比较进步的并胸怀热血的青年一批批地涌入革命队伍或地方政府。在晋绥特定的历史条件下,这样的进步青年中,地主富农出身的不在少数,因为只有他们在抗战前才有可能上学读书,才能接受某些新知识和新文化,他们的涌入革命就组成了晋绥地区土生土长的一批干部队伍。其中大多数经过革命烈火的锻炼和思想改造,成了共产党员或优秀干部,但也有少数进步甚微,组织内甚至混进了个别投机分子,有的竟是长期隐匿的恶霸。

由抗日战争转入土地改革,虽然新民主主义革命性质未变,但革命的具体任务变了,在农村对待地主阶级由减租减息转为土地制度的彻底改革,这是一个急剧的转折。革命坚定者继续前进,少数人却日渐暴露出抗拒革命、与人民为敌的本来面目。

《晋绥日报》在1947年下半年发表了许多揭发干部严重问题的报道,为人民伸张了正义,打击了邪恶。报纸以尖锐泼辣的笔触痛切陈词、诉诸舆论,受广大读者的欢迎。

在极端激烈的阶级斗争中,农村中的许多矛盾交织在一起,酿成互相仇杀事件,解放不久的汾西县霍家坪贫农郭四颗被杀一事曾在《晋绥日报》掀起了一场大波,从9月到12月曾多次报道,而其核心是土改工作团的一个组长张祝三的阶级立场问题,于是问题集中到对张祝三如何处理。张祝三支持地主恶霸向郭四颗采取报复行动,他本人且与地主恶霸势力素有勾结。《晋绥日报》坚持革命立场,不但主张对恶霸集团应坚决镇压,而且提出对张祝三这种人不能以"干部"看待,而应作为阶级敌人处理。报纸的评论提出"土地改革是一场你死我活"的斗争,对张祝三这样的坏蛋"是绝无任何理由加以宽大原谅的"。这种义正词严的言论,引起很大的社会震动。在这中间,报纸言论也有过火之处，但报纸清理干部队伍严肃干部风纪的决心是坚决的。

但真理与谬误相差只有半步。《晋绥日报》在干部问题上敢说敢言的可贵品格——再向前跨过一步，就成了对党的干部的普遍性的怀疑和打击，形成打击一大片。

这里有必要分析一番《晋绥日报》的一篇重要社论《为纯洁党的组织而斗争》。[1]《晋绥日报》在整个土改期间发表社论是极为罕见的。此文发表之后三天，中共中央晋绥分局特在《晋绥日报》发表通知，指出此文对改造党和建党"提供了新的明确的指导方针"，规定此文为干部必读文件之一。这就可见此文完全表达了晋绥分局的意见，甚至就是分局的文件，无非以报纸社论形式发表出来。

这篇社论的出版日期已是1947年11月底，过去一年的土改运动暴露出干部中的组织不纯在此文中充分反映出来了（文中还未提出作风不纯，只提了组织不纯），这是应当肯定的。文中提出要整顿组织，审查干部，这也是正确的。但是这篇社论对晋绥地区党的组织不纯的描述却令人毛发悚然，社论写道：

"一年以来，本报不断登载的各种各样惊人的事实，充分证明这边区党、政、军、民各种组织中的严重的不纯状态，区以上领导成分，地主富农成分占绝对多数，支部则许多是统一战线组织，虽有贫雇农，但不起领导作用，而且不少地区则完全是地主富农奸伪人员的集团。"

对晋绥党组织的这种估计，把晋绥地区的党政干部描绘成一团漆黑，这种估计是彻底否定了党在抗日战争中的作用，因为这样漆黑一团的党组织是不可能领导抗日战争到胜利的。而所以作这样的估计，显然是从"贫雇农路线"，从贫雇农是领导核心，中农是不可靠的，是同贫雇农争夺领导权的阶级，从地主阶级是永远不可转化的死敌，抗战中地主丝毫没有变化这样一系列的政治观点出发的。所以毫不奇怪，晋绥土改中解散了不少县和县以下的基层党组织。

请看事实：

兴县小善村农会宣布：旧机构解散，旧干部听候审查，各村工作由农民自办。[2]

兴县六区蔡家会行政村五百人集会，将全区区公所工作人员排成一排，宣布撤职查办，撤职或留职查看，区公所宣布解散。[3]

---

[1] 参见《晋绥日报》，1947年11月27日，第1版，第2版。

[2] 参见《晋绥日报》，1947年11月21日。

[3] 参见《晋绥日报》，1947年11月2日。

五寨四区由群众审查所有干部,所有行政村的八个党支部书记,一个处决,一个自杀,六人被斗争撤职。[1]

神池县中共县委和县政府经农会宣布为清一色"地主专政",予以解散,23人被扣押,宣布实行清一色贫雇农统治。[2]

以上不过举出几个实例,类似的解散党和政府组织,对党员开除党籍,对干部撤职查办的事例,报纸上时有所见。

难怪在土改运动中,《晋绥日报》几乎没有表扬过一个优秀干部,至少是没有在标题上、在显著版面上表扬过一个好干部。尽管在《为纯洁当的组织而斗争》社论中也提到,"今天我们党还有许多好的骨干,党的上层骨干基本上是纯洁的,在下层也有不少好的骨干和党员",但实际上却看不到光明的东西,报纸上除了连篇累牍歌颂贫雇农之外,对干部是怀疑一切、打倒一切的。对那些被认为没有走好贫雇农路线的所有干部,竭尽挖苦讽刺之能事。

我们的报纸从来是表扬与批评并举,而以表扬为主的。《晋绥日报》为什么忘掉了这个传统呢?难道我们的干部真是没有一个好的吗?难道我们的干部通通变质蜕化了吗?对此只能有一个回答:当《晋绥日报》一心一意要"走贫雇农路线",反对"走中农路线",提倡"群众要怎样办就怎样办",把干部交由贫雇农去审查,对地主的斗争采取那种非人道的残酷方式的时候,一切正直的干部都不能不心生疑惧与观望。《晋绥日报》对干部骂得越凶,干部中的人人自危的情绪就越是增长,因此《晋绥日报》就难于找到一个被认为是优秀的干部来加以表扬了。

赵林同志是晋绥边区农会临时委员会的主任委员,这是公开见于报端的通告中的。[3] 这个临时委员会理应是边区农会的最高权力机关,但是作为边区农会主任的赵林在《晋绥日报》上唯一的一次露面却是批评他的右倾。赵林从临县向中共中央晋绥分局写信报告"临县普遍群众运动中的几个问题"。这封信发表于《晋绥日报》1947年11月3日第1、2、3版。这封信虽已有"贫雇农路线"和排斥中农的某些倾向,但基本上还比较实事求是。晋绥分局却在同一天的《晋绥日报》上以分局的名义公开答复赵林,认为许多问题"该信未涉及,另一些问题还有不妥的地方"。信里指示赵林要"查阶级定成分","成分要评得彻底"(本文作者按:实际上就是要把已转化为农民的地主重新还原为地主)。

---

[1] 参见《晋绥日报》,1947年12月11日。

[2] 参见《晋绥日报》,1947年12月17日。

[3] 参见《晋绥日报》,1947年9月2日。

要先形成贫雇农核心,然后才去团结中农,不能让"中农的意见占了上风","不能被中农占了领导权",等等,这些都是中共晋绥分局和《晋绥日报》经常的宣传纲领。值得注意的不是这些思想本身,因为这些思想在那几个月的报纸上几乎无日无之。值得注意的是这封信所采取的形式,它明明白白告诉读者,尽管赵林是全边区的农会主任,但赵林不是土地改革的可信任的领导者。这实际上是撤了赵林的职务,说明边区农会这个最高权力机关仅仅是一块牌子。这就是问题的实质。这就是那时晋绥土改中干部问题的一个缩影:赵林这样的领导干部尚且不能信任,其他各级干部还有好的吗?像张稼夫同志那样二十年代入党久经考验的老党员,又是中共中央晋绥分局的副书记,也都在不信任之列,被调离领导岗位,被康生"带上"到农村土改中当个"见习生"了。张稼夫、赵林等人尚且如此,其他干部更无论矣!从抗日时期就已在晋绥这块土地上与人民同生共死的干部,到了解放战争土地改革时期新领导的眼中,都成了不可靠的人。"旧干部""旧党员""旧政权",这些字眼经常出现于《晋绥日报》上。所谓"旧政权"应当是指旧社会,即阎锡山统治时期的政权。抗日开始在我党领导下建立的政权,就是"新政权",是我们自己的政权。即使少数干部染上尘垢,这个政权也不能称为"旧政权",这是对抗战时间晋绥工作的根本评价问题。企图一脚踢开这些干部而称之曰"旧",这是指导思想的一个严重错误。这一点很难令人不联想到后来"文化大革命"中的"踢开党委闹革命"。

　　《晋绥日报》对党员和干部的不信任,最后竟连土地改革工作团的成员也未能幸免。工作团是中共中央晋绥分局党和各级党委特地派到各地发动群众和掌握政策而组织起来的临时组织,应该是最可信赖的组织了。但是消息不断传来,工作团与当地贫雇农经常发生思想冲突,贫雇农一旦被鼓动起来,要求"群众要怎样办就怎样办",而工作团员们往往从党的政策考虑,制约着贫雇农们的行动。官司打到报纸编辑部,编辑部的来信来稿堆积如山。按照中共中央晋绥分局所奉行的新政策,编辑部当然是支持"群众要怎样办就怎样办"的,于是不断地批评工作团,"纠正"他们的思想和行动,甚至怀疑工作团里是不是混进了地主阶级的狗腿子和阶级异己分子,而要把工作团交由贫雇农去审查。

　　例如,崞县前沙城分配斗争果实(财物),由于敌情紧张(当时阎锡山势力还控制着大中城市和城郊),工作无经验,有些贫雇农分得的财物并不是自己所需要的,还有偏多偏少的问题。经发现缺点后,当地土改工作团正考虑重新分配。但《晋绥日报》却抓住这一点大做文章,质问工作团:"你们对于贫雇农抱什么态度呢?""这是抛开贫雇农的必然结果,可见你们的分配人员是些什么人了","也就是说根本没有贫雇农立场。要这样的人依靠贫雇农走群众路线，是根本不可能的"。报纸认为这个工作团和小组长"应该交由该村贫雇农进行严格的审查"[1]。

又如，平鲁县土改工作团总结工作经验，主动检查缺点，这本来是值得鼓励的，但报纸编辑部却对工作团追根究底，当工作团检讨他们没有以贫雇农为骨干再去团结中农，而是号召"贫雇中农大团结"（本文作者按：这本来并没有错误），"没有踢开旧干部圈子"（本文作者按：可见工作团的"左"倾思想已经不少），这时编辑部指出，这不是别的原因，应从工作团人员的成分思想、立场上检查。凡工作团检查提到"群众"二字时，报纸就指出应当明确指"贫雇农"[2]。从这些可以看出，《晋绥日报》对工作团的不信任到了何等地步。

可以提出这样一个问题：在土地改革中，到底应当是党的工作团在领导贫雇农和中农呢？还是贫雇农来领导工作团呢？对这一个问题，《晋绥日报》还从不曾这样尖锐地提出过，但是广大读者从每日报纸上的字里行间已可隐隐地感到《晋绥日报》编辑部的倾向的。它们既然如此夸大贫雇农的革命性和公正性，而又不断贬斥工作团丧失贫雇农立场，要追查工作团人员的成分和立场，那就很明白，工作团是不可靠的，只有贫雇农组织是可靠的。

这就是说，不能靠党领导农民，而是要靠贫雇农来领导党。高级党组织这派下去的土改工作团已不可靠，报纸上经常出现"你们这些老爷们"这样的字眼，可见对党派下去的工作团已不信任，从《晋绥日报》几个月的报道思想，只能得出这样的结论。

这种隐隐约约没有表达出来的思想，是典型的群众运动自发论。马克思主义者是坚决反对自发论的。在新民主主义革命中，没有党领导的运动，是不会有胜利的结果的。

不能踢开工作团，由贫雇农自己闹革命。而应当在工作团领导下，依靠贫雇农并团结中农共同革命。这才是正确的工作路线。

在任何情况下，党报对党派出的工作团都不能采取打击、抛弃的态度，而应当采取保护、爱护的态度。即使发生错误，也只能进行批评和适当的处理。

在任何情况下，对党的干部却应当进行具体分析，不能打击一大片。对党员干部问题上的冒险主义政策，将会动摇党的根基。

这里必须联系说到"三查""三整"运动。"三查"（查阶级、查思想、查作风）"三整"（整顿组织、整顿思想、整顿作风）是1947年土改运动高潮中党

---

[1] 参见《晋绥日报》，1947年10月10日。

[2] 参见《晋绥日报》，1947年2月9日，第1版。

中央的指示。这个运动在农村土改中已与土改相结合，在土改中同时审查了农村党员和干部。这个运动在晋绥地区发生了一些过火行动，《晋绥日报》在这个问题上的"左"倾宣传，已如上述。此外在党政领导机关内部也在同时进行"三查""三整"，此事报纸上则很少宣传（仅有一两次简单报道）。可能事涉领导机关内部问题，不便向群众公开。但是这一运动中的过火行为，也是令人吃惊的。即在《晋绥日报》内部也发生过极其严重事件。

杨效农同志，是《晋绥日报》国际国内要闻版负责人，共产党员，是编辑部的主要骨干。工作极其负责，政治水平也较高，但由于他的地主家庭出身，就陷入了群众斗争的大火中。实际他本人从小在外上学，并未参加对农民的剥削。抗日以后，他的家乡临县是晋绥老根据地，他家对农民的剥削已不存在。但《晋绥日报》内部一部分人对杨效农夫妇及其老母实行了非人道的对待，直至吊起来拷打。一切正直的人都为之寒心。

康舒新同志是《晋绥日报》编辑，其父是兴县大地主，他本人早在抗战时参加革命工作。土改运动中由于它遗失了一篇稿件，此事成为导火线，群众运动烈火中说他有意隐藏揭露地主的来稿，是地主阶级的孝子贤孙，被揪出来批判斗争。把他的财物举行了一个展览会。由于他是本地干部，家庭又较富有，各种衣物用具比起外来干部当然较多一些。外来干部是从国民党和日寇统治区远道投奔革命，除了公家发给的极少衣物书籍之外，几乎一无所有，比较起来，康舒新成了"大财主"，斗争之后，开除党籍公职。晋绥分局主要领导人且在群众大会上公开点了康舒新的名，在新闻界人人皆知。

以上二位同志受到不公正处理之后，并未心灰意冷，仍在为革命工作，解放后在北京担负了重要的职务。

这里叙述往事，无非是说明，《晋绥日报》在土地改革中对党员和干部问题上对外对内都执行了一条"左"的路线。

如果说1943年整风运动后期康生发动了一次"抢救运动"，主要是整了外来干部，那次运动残酷斗争了不少同志，伤害了党的威望和同志间的感情。1947年这一次"三查三整"运动，在晋绥地区的机关内部来说，主要整了本地干部中地富家庭出身的干部，他们不是外地人，而是土生土长，受家庭问题的牵连，所以称为被整的对象。但结果证明也是被整过头了，伤害了一些好人，或虽有缺点错误而仍不失其为好人、好干部。我国从内战到抗战又到内战，党内政治运动屡蹶屡起，干部伤亡枕藉，代价实在太大了。

晋绥地区的土改中，流行着一种议论，认为抗日战争时期执行了一条右倾路线，农村阶级路线右了，对待地主的政策右了，干部政策右了，总之一无是处。这是极"左"思潮的典型表现。从"左"的眼光看问题，党的正确政策也成了右倾政策。抗日战争时期与解放战争时期虽同属于新民主主义革命性质，但革命具体任务有所不同。从全局看，抗日战争时期各革命根据地的政策，不存在右倾路线的问题。如果以今视昔，责备前一时期的正确政策为右倾，这是反历史主义的错误观点。以为现在的领导一定比以往高明而推翻以往的一切，这势必造成一场思想混乱和行动混乱。

六、《晋绥日报》的反"客里空"运动和编者按语

《晋绥日报》在解放区所有报纸群之中，有一个惊人之举，就是在土地改革的群众运动之中不但号召群众起来审查边区所有的党员和干部，而且把自己的报纸也作为被审查的对象，让群众来审查报纸，检举它的虚假报道。

事情在最初也并不是有意搞一个运动，而是收到不少读者来信，揭发过去几年报纸的新闻报道的不实之处。材料积累多了，编辑部决定公开见报，听取批评。1947年4月25日，《晋绥日报》以《不真实新闻与"客里空"之揭露》为题发编辑部公布的材料。从此时起又连续发表过多次揭露材料。从这些材料来看，有些确是十分严重的。例如，把一个行为不端的妇女写成游击队长，作者仅道听途说，便当作英雄业绩来写，发表之后，群众对报纸产生极为恶劣印象。又如报纸上曾连续表扬过一个武工队的人民英雄，但不到一个月，报上又发表此人是日寇特务，追寻其原因大多是作风粗野，对此人当众处决。诸如此类报道都严重损害报纸的威信，也损害了党的威信。这些报纸编辑部勇敢地把自己置身于群众监督之下，主动公布自己的缺点和错误，这在中国新闻史上实为创举。国民党无数次造谣，前后矛盾，言不顾行，却从不检讨，群众也不予检举，因为不胜其检举。而人民群众热情揭露我们报纸上的错误，可见我们的报纸同人民之间的血肉关系，人民关心和热爱报纸。所以报纸进行自我批评乃是报纸有自信心的表现。

《晋绥日报》的自我批评很快引起党中央的注意，予以高度重视。1947年9月1日，新华社（那时的新华社总社迁往太行山区，不在陕北，但电讯仍用陕北电）就乘"九一记者节"（这是当时的一个节日）的时机，发表社论《学习晋绥日报的自我批评》和新华总社编辑部文章《锻炼我们的立场与作风》两文。新华社不但向全国播发以上两文，还把《晋绥日报》的自我批评作了很高的评价，认为对全国各解放区的报纸都具有重大意义。于是各解放区报纸也相继开展了检查"客里空"的自我批评运动。一个地方报纸而推动全国，这是很少见

的，《晋绥日报》这一举措影响之巨大，是始料所不及的。

但是从今天看来，新华总社表扬《晋绥日报》，也是受了当时"左"倾思潮的影响不小。《晋绥日报》批判"客里空"，上纲到记者和作者的阶级立场问题。积压了一篇稿件，是轻视贫雇农利益，是阶级立场问题。改错了一篇稿件，是立场问题。对一个贫农的死亡未引起足够的重视，是阶级立场问题。这种把一切错误和疏忽都归罪于阶级立场的思潮，当时十分流行。新华总社重视到这一点，在文中一直强调要编辑记者要注意阶级立场的改造，要学习《晋绥日报》在土改中的坚定立场。这样新华社又反过来推动了解放区新闻界"左"倾的思潮的发展。[1]

这里要特地提到"艾柏事件"。艾柏曾是晋绥临县的通讯干事，后来当记者。1946年他投给《晋绥日报》的稿件，据查把一个地主女儿写成了劳动模范，是因为记者爱上了她。此事未经查证准确，仅凭读者揭发就见了报，作为一个丧失阶级立场的典型予以揭露，又经中共中央晋绥分局主要领导人李井泉在"九一记者节"晚会上公开点名。于是艾柏之名远播全国，给他后半生的名声造成很坏的影响。晋绥分局主要领导人的讲话认为客里空到处都有（客里空是苏联戏剧《前线》中的胡言乱语的记者形象），受客里空吹捧的戈尔洛夫也到处都有，各个部门都有，二者互相勾结，使许多地方的工作都受到影响。这种对问题的估计也是过分的，不是实事求是的，是"左"的思潮的反流。

由此可见对《晋绥日报》的"反客里空运动"要作两方面的评价：一方面要承认它在中国新闻史上的贡献，开辟了报纸进行自我批评的纪录。另一方面又要看到这次运动从一开始就受着"左"的思想的影响，过多地追究个人责任，不实事求是地在阶级立场个找原因，甚至只凭来信揭发而不查实证据，就公之于众，这给积极写稿的记者以极大压力。这种不查证准确就公开揭露记者，这本身就是客里空作风。这些都是可以当作教训的。

反"客里空"主要是揭露了写稿和改稿中的一些问题。但是《晋绥日报》编辑部在受到新华总社发了两篇文章表扬之后因胜利冲昏了头脑而逐渐滋长起来的审判官式的"反客里空运动"倒成了更可怕的危险。之所以"更可怕"，是为记者通信员写稿失实只不过暴露了写稿者自己的问题，而无碍于全局，而报纸编辑部以最革命的判官自居的"编者按语"，动不动指挥全局，使社会发生震动，就会把土地改革运动引到邪路上去。

---

[1] 新华社上述两篇文章，在新编的《中国共产党新闻工作文件汇编》（新华出版社）中已被删除。

"编者按语"是这几个月思想斗争的厉害武器,夹在文中,三言两语,针锋相对,短兵相按,有时比一篇长篇社论还要锋利百倍。按语的发明权最早属于谁,尚可考据,而延安《解放日报》的编者按语常有妙文。这里引用一点材料。这是我军缴获1946年12月30日蒋介石内战文件,《解放日报》特加以公布,加以按语(括号内为《解放日报》按语)。

"本年一年之剿匪军事(按:公开称中共,内部称匪;公开说政治解决,内部说军事解决。反动派头子蒋介石往往如此),全由我各级领导指挥(按:各级领导又由蒋介石指挥)有方,官兵忠勇奋发(按:内战内行,外战外行),为主义(按:法西斯主义,卖国主义)牺牲,为革命(按:十足的反革命)奋斗多能,完成艰巨任务(按:七月到年底送掉四十四个旅)奠基统一(按:武力统一)基础,足以安慰国家(按:蒋家)及阵亡将士(按:日寇及汪逆的反共阵亡将士,绝非抗战阵亡之将士)之灵,亦足以没洗雪我党(按:汪党蒋党)国(按:四大家族之国)无穷之耻。惟将士死伤之惨(按:蒋介石逼他们当内战炮灰),以及冰天雪地之苦(按:也是蒋介石的内战之赐),不禁为之梦魂不安(按:猫哭老鼠)。"

"……九月晋南第一旅旅长之被俘,在此第二十主师之失败,及其李师长之被俘,与此次编六十九师在苏北之失败,戴师长之自杀殉节(按:蒋军将级军官被俘的九十八个,自杀的只此一个,占九十分之一)。"

"此固为我革命精神(按:法西斯洋奴精神)与气节(按:蒋家走狗的气节)之发扬,临难不苟,死得其所,理所当然(按:忠实走狗死了一条,伤心哉,伤心哉)。而以一人一时之疏失(按:不会逃走,该死,该死)。以致整个战局竟受莫大之影响,言念及此,不仅悲痛难忘,而且后悔无及,能不为之深切警惕(按:逃将军万岁!)……"[1]

请看延安《解放日报》是何等善于战斗,何等善于以子之矛,攻子之盾,善于在敌人的字里行间寻找弱点,像在战场上一样,出其不意予以致命的一击!这些斗争艺术都是我们应当认真研究的。

当然"编者按语"这种形式既可用于对敌斗争,也可用于人民内部。对于人民内部的问题,有时也可以运用这一形式从事思想政治战斗的。当然对象不同了,使用的语调和词句也应有所不同。

《晋绥日报》使用编者按语形式也是逼出来的。编辑看着来稿,觉得意犹未尽,希望在字里行间有益补充之,于是勾画于文章之内,涉足于词句之间,

---

[1]《解放日报》,1947年2月24日。

以完善来稿的内容。最初的编者按语语调比较温和，与人为善，不为过激之词。但随着农村阶级斗争的激化，随着"贫雇农路线"的坚决贯彻执行，随着"左"的思潮的不断冲击，编辑部的同志们也逐渐忘乎所以，以为天下真理尽在我手，有时竟信口开河，不顾情况，不分敌友，信手拈来，把被批评者骂个痛快，这就难免搅乱了我们自己的阵线。

例如，1947年11月30日《晋绥日报》发表汾西县一贫雇农被打死的消息，汾西县长表示要查清事实进行处理，在情况尚未弄清的情况下，编辑部急不可耐，在编者按语中就断言这位县长"到底是腐朽透顶的官僚主义呢？还是你也是站在奸伪反革命地主恶霸立场上呢？"这篇编者按语火气十足地使用了"请看这些老爷们"的词句，并且说："这是谁的工作团：应马上停止工作，应当由群众严格地审查。""这位王县长，究竟是谁的县长，像这样的县长，我们认为这不是对他们承认不承认的问题，是应该由贫雇农严格审查他的问题。"这种语调完全不是报纸编辑者应当有的，倒像是法院的判词，后来事实查清，那为王县长并不是像报纸编辑设想那样坏，事实真相也不是报纸编辑者想得那样简单。[1]

在土地改革进程中，人们的认识是逐渐深化的。有一些同志从减租减息到平分土地的政变转变，有一些原来被认为不坏的干部到他被揭发出是坏分子甚至是敌对分子这一个转折，我们都应当让人们有一个认识过程。《晋绥日报》编辑部在这历史的转折关头不容忍干部的思想反复，对于稍有徘徊犹豫的同志就加以斥责，这往往会铸成大错。前面已引用米家庄处决披着干部外衣的敌伪分子，从揭发到最终处理有一个多月之久，这中间有的干部对此议论很多，犹疑很多。《晋绥日报》编者按语说："请问这些先生们，你们哪里有一点革命者的味道，如果你们在组织上是共产党员，那对党是一个莫大讽刺啊！"

当干部被处分以后，有人认为处理偏高，编者按语又说："这些个别同志，是如何伤心惋惜的啊：先生们你们的心里是多么不舒服啊！我要来明白告诉你，党是群众的党，群众是党的群众（本文作者按：此句不妥）群众的力量不可侮，你的意志也是可变的，你不转变——如果你还能够转变的话——你将永远失望，你将随着中国社会的垃圾堆一同死亡。"[2]

像这样的例子还可举出很多。

可以看出，《晋绥日报》在揭露党内组织的激变之中，丧失了清醒的头脑，

---

[1] 参见《晋绥日报》，1947年9月1日。

[2]《晋绥日报》，1947年10月22日。

对同志不从团结的愿望出发，而是宁"左"毋右，乱打棍子。不但伤害了不少受害者，而且也使人人自危，增长了人心之浮动。

这里的一个重要问题是报纸怎样使用批评和自我批评这个武器。对党的政府的监督大体上可分为纪律监督和舆论监督两个方面，纪律监督是党、政府，法律机关指定、指示、决议、法律判决等具有行政强制性的监督。这种监督作用是报纸等舆论工具所没有也不可能有的。报纸是社会舆论工具，它的优势在于动员社会舆论以推动社会进步或批评某些阻碍社会进步的事物，为社会进步扫除阻碍，但它对任何人或对任何一级组织都没有强制力，它无权以编辑记者的名义对任何人做出政治上的宣判。它的责任是报道事实真相，让广大读者自己作出判断。报纸是不可能没有政治倾向的，但这种倾向是含蓄于对客观事物的报道和评述之中，而不是由编辑记者在那里指手画脚，颐指气使，发号施令，以一个法官似的架子做出这样那样的宣判。我们新闻工作者要善于发扬自己的优势，形成一股巨大的舆论威力，这个威力是其他任何形式都不可及的，我们要扬长避短，不避长趋短，去做我们做不到的事情。对人或事要做出组织结论和宣判组织处理不是我们的工作权限，要勉强去做，越俎代庖，乱下指令，其结果是没有不出毛病的。

何况即使是代表党发言，也没有理由用那种盛气凌人的、动不动就用"老爷们""先生们"之类的词句刺激别人。在情况未弄清之前，就把自己人当作敌人对待。即使是对敌人，我们也无权强制他们，我们也要讲究斗争策略，善于攻心，争取他的转变。

《晋绥日报》在1947年后期天天使用"编者按语"这种形式，这是一种厉害的武器，使用不当，也定然伤害自己人，这个教训是深刻的。回到前面的一段话，编辑部在揭露记者编辑的"客里空"的时候，编辑部何不也仔细观察自己笔下的更可怕的"客里空"呢？

七、《晋绥日报》"左"倾错误宣传的原因分析

《晋绥日报》有大功于土改运动，也有大过于土改运动，功过相较，应该说是过大于功。这个估计可能得不到所有人的同意，但为了深求真理，姑妄言之。

论其功，就是为彻底消灭地主阶级，为贫雇农民获得了土地，为消除干部队伍中少数坏分子进行了有益的宣传鼓动，伸张了正义，为人民说了话。

论其过，就是片面宣传贫雇农路线，扩大了打击面，伤害了中农，对地富

采取过火斗争，对开明绅士不给予保护，对干部怀疑一切，打倒一切。总之执行了一条极"左"路线，孤立了自己，孤立了党。

但是要把这一切错误全归之于《晋绥日报》却是很不公正的。《晋绥日报》有《晋绥日报》的责任，主观上认为自己党性强，最革命，认为"左"比右好，思想偏激，不用辩证法的逻辑力量，在受到新华社表扬之后，更是放言高论，忘乎所以。但是所有这一切责任，又都和中共中央晋绥分局的领导有关，甚至与党中央的某些失误有关（当时党中央毛、周在陕北指挥全解放战争，只在河北西柏坡设立中央工作委员会指导全国工作）。

1946年党中央发布"五四指示"提出"耕者有其田"，这是完全正确的。在国民党政府掀起全面内战的形势下，要争取解放战争的胜利，就必须彻底消灭国民党的阶级基础——地主阶级，就必须把土地归还农民，这样解放战争才无后顾之忧，农民才能全力支持解放战争。"五四指示"提出"五不怕"："不要害怕普遍的变更解放区的土地关系，不要害怕农民获得大量土地而地主则丧失了土地，不要害怕消灭农村的封建剥削，不要害怕地主的叫嚣和诬蔑，不要害怕中间派暂时的不安和动摇。"[1] 所有这些也都是正确的，表现了党中央在伟大战略转折关头的伟大气魄。

但是"五四指示"却忽略了一个非常重要的实际情况，这就是没有对老解放区的土地关系进行具体分析，而是一般地、普遍地号召消灭封建、解决土地问题。似乎在我军所到之处，不存在老解放区、半老解放区和新解放区的区别，应该在这三种不同的解放区进行不同的土地政策。因为一切在老解放区长期工作的同志都很清楚，且不说抗日战争以前即已实行土地改革的最老区（如陕北）即以抗日战争以后即被我军解放建立了民主政权，并且相对稳定的老解放区而论，也因多次减租减息和各种增加地主负担，减少农民负担的政策，地主势力已大为削弱，地主已参加农业劳动变为中农甚至贫农，个别经营工商业。农民中中农大量增加，贫农减少。在这样的老区，再来一次彻底的挖根封建势力，势必对于相对稳定的老区社会秩序重新掀起一场动乱，这对支持解放战争是不利的。因此在这样的老区只有根据具体情况，对土地适当抽肥补瘦，填平补平，基本上做到平分土地，既满足了贫雇农的土地要求，而又不致侵犯中农利益，不至于再发生社会动乱。例如，晋绥的兴县、临县、河曲、保德、方山、岚县、岢岚等县，抗日以来就建立了民主政权，日寇多次"扫荡"，"扫荡"之后，政权还在人民手中。还有与这些巩固的老根据地比邻的区是为离石、汾阳、交城、

---

[1]《中共党史参政资料》（六），第128页。

静乐、武寨、神池、偏关、平鲁等县,除县城及郊外,也早已基本上在我人民政权控制之下,对这样的地区,本可区别对待,不再普遍重新分配土地。要是"五四指示"早规定这样的具体政策,报纸的"左"的宣传本来是可以避免的,或可以大为减少的。

但当时的毛泽东同志为首的党中央,集中注意于全国解放战争,对土改运动的领导实际上难以兼顾,以至在1947年9月在河北平山通过的《中国土地法大纲》中对"左"的思想不但没有防止,反而有所发展。这时,解放区土改已进行一年,经验也好,教训也好,已可见端倪,"左"的思想已经露头。但《中国土地法大纲》却认为"五四指示"的"实行耕者有其田"还不够彻底,而改为"彻底平分土地",所谓"彻底平分土地"就是以全村人口除全村土地得出平均数,多者退出,少者补足。这样的彻底平均,当然可以得到缺地少地的贫雇农的拥护,但不可避免地会侵犯到某些的利益。尽管在《中国土地法大纲》通过时刘少奇同志在结论中提出"一定要团结中农"[1],但既然是彻底平分,分配中农土地就在所难免,老区的再次动乱也就在所难免了。

1987年出版的《中共党史大事年表》对《中国土地法大纲》有一段评价:"……会议一则没有形成区别性总结,没有同时制发相应的划分阶级文件;

"二则对前一阶段土改中已经出现的'左'的倾向注意不够,对某些地区土改不够彻底和党内思想不纯,组织不纯的情况估计过于严重。因此,会议虽然推动土改运动以空前规模进行,然而'左'倾错误也进一步得到发展。"[2]

以上这些情况说明,党中央关于解放区土改运动的指导思想上是有欠缺的,最主要的是缺乏对老区土地关系的具体分析,而只发出一般的平分土地的普遍性号召。结果导致已经基本上解决了土地问题的老区也同所有老区和新区一样发动了一场翻天覆地的风暴。为同俗语的"烤烧饼",烤熟了再加猛火,结果只能烧成焦炭。如果党中央的文件从"五四指示"到《中国土地法大纲》多作一些具体分析,区别对待,"左"的冒险主义就会少发生一些,那么《晋绥日报》所犯"左"倾错误说就会少得多了。

但是,《晋绥日报》是中共中央晋绥分局的机关报,晋绥分局是报纸编辑部的直接上级,如果晋绥分局能够比较正确地掌握航向,能够随时端正《晋绥日报》编辑部的办报思想,那么情况就会大不相同。不幸的是,中共中央晋绥分局对于直接掌握在手中的机关报不但没有纠正它的"左"倾错误,而且应当

---

[1]《刘少奇选集》,第388页。
[2] 中共中央党史研究室:《中共党史大革命表》,第197页。

说，晋绥分局对所有"左"倾错误应负主要责任。

让我们看事实：

当党中央9月13日通过《中国土地法大纲》之后，中共中央晋绥分局就以"晋绥边区农会临时委员会"的名义发表《告农民书》。这个文告除了照搬《中国土地法大纲》的基本精神之外，又进一步提出了更"左"的思想。

第一，对晋绥情况不作任何具体分析。晋绥民主政权建立近十年，晋绥领导同志对地方情况十分熟悉，对老区理应区别对待，但《告农民书》对此不着一字。

第二，不承认地主阶级的变化，把地主的种种正常的转化一律称为"化形地主"，一切打倒，一切消灭，进行残酷斗争。

第三，提出"群众要怎么办就怎么办"的错误口号，则会等于在自发性面前顶礼膜拜，严重助长了土改中的混乱局面。

第四，对干部问题提出"大家要拿出去怎样斗就怎样斗，要怎样惩办，就可以怎样惩办"。完全忽视了党中央历来告诫的对干部问题要分清哪些应由其本人负责，哪些也应由上级领导负一部分责任（刘少奇同志1947年7月25日给晋绥同志的信曾反复重申此点，不知何故被晋绥分局领导不理）这样不加具体分析地对待干部导致严重后果。

第五，提出以前的运动之后又纠正错误是不对的，从此以后决再不"纠正"。这种提法更给那些"勇敢分子"乱打乱杀以借口。

所以，从总的来看，《告农民书》虽然提出"打垮地主阶级，彻底消灭封建，实行耕者有其田"的正确号召，为人民利益而大声呐喊，但这个文告的错误部分其性质是严重的，它为晋绥土改的最后几个月的"左"倾错误树起了一面旗帜。《晋绥日报》的"左"倾宣传从此时起而愈演愈烈。

《告农民书》还没有片面提出"贫雇农路线"这个概念，但不久之后这个概念也通过《晋绥日报》而传播全边区。

到11月27日，晋绥分局通过《晋绥日报》发表《为纯洁党的组织而斗争》这一社论，对党内的组织不纯更做出了系统的错误的估计，把已经混乱的局面推向更加混乱。

所以《晋绥日报》的"左"倾宣传完全是听从晋绥分局指挥棒的指挥，报纸在前台歌唱，导演则在幕后，错误宣传的主要根源来自晋绥分局。至于康生、陈伯达之流在晋绥土改中虽然也起了不少坏作用，但他们的坏主意都是通过晋绥分局的，何况晋绥分局是晋绥的主人，对这种问题都有自己的责任。

这里再补充一句：《晋绥日报》多次提出"贫雇农打江山，坐江山"，这个口号是极端错误的,是模仿古代农民起义的口号。难道我们共产党是贫雇农党吗?我党在1945年七大提出的建国理想是革命阶级的联合专政,是工人阶级、农民阶级和民族资产阶级的联合政府。《晋绥日报》和中共晋绥分局把这样严肃的政治问题都篡改了。

八、从迷茫到清醒

到1947年底,晋绥地区的土改运动可以说已走到了尽头,抗日战争的胜利带来的喜悦心情已经过去,相当安定的社会秩序又趋于动乱,一年的阶级斗争使农业生产受到影响,工商业几乎消灭了,原来从敌伪占领区可以进来的日用百货因工商业被没收而买不到了,手工作坊倒闭了,各级学校不得不因经费缺少而关门,路上的行人很少,各级干部人心浮动,不知道这块虽然穷困却和睦相处的革命根据地为何落得这般模样。(1948年春夏之交,贺龙同志从陕北回到晋绥来,召开文化界同志座谈会,大家痛哭失声的情景,至今记忆犹新)。

1947年底到1948年二月,党中央在陕北米脂县的杨家沟小住三个月,召开了多次会议,清理了一年来前线和后方的各项工作,对许多政策性的重大问题,发出了一系列的文件,以纠正在根据地工作中日益严重的"左"倾错误。晋绥分局的主要负责人也参加了这些会议。

晋绥与陕北比邻而居,得风气之先。早在1947年,党中央就派了任弼时同志来到晋绥选择了中共中央晋绥分局所在地的蒋家崖村作为土改典型进行调查研究。除了肯定土地改革是伟大的人民运动,不能有任何动摇和畏缩之外,还对划分阶级成分、团结全体农民,如何与地富斗争、工商业政策、开明绅士和知识分子问题以及打人杀人问题等重大问题指出了晋绥地区(包括各解放区)发生的"左"的倾向。任弼时同志1948年1月中旬在陕北作了《土地改革中的几个问题》的报告,引起了强烈震动。晋绥地区几个月来如醉如痴、如狂如梦孜孜以求的目标,被这个报告打得粉碎。原来以为是最革命、最正确的政策无非是一场噩梦。当局者迷,晋绥的同志们对身边每天每时发生的事物,不觉其非,还固执己见,却被远道而来的任弼时一眼看穿,一语破的。

毛泽东同志对晋绥分局负责人作了严肃的批评,对《晋绥日报》也进行了严肃的批评。

毛泽东同志在米脂杨家沟那短暂的几个月内,认真研究了解放区的土改问题之后发出的党内指示,对中共中央晋绥分局和《晋绥日报》来说无疑是当头棒喝,打中痛处:

贫雇农的"带头作用即是团结中农和自己一道行动，而不是抛弃中农由贫雇农包办一切"[1]这和《晋绥日报》所反复提倡的"贫雇农同中农争夺领导权"是根本对立的。

不能"孤立地宣传贫雇农路线"[2]。

"错误地强确'群众要怎么办就怎么办'，迁就群众中的错误意见。"[3]

"对于那些同我党共过患难确有相当贡献的开明绅士，在不妨碍土地的条件下，分别情况，予以照顾。"[4]

如此等等，句句都批评在《晋绥日报》身上，当然也不仅是《晋绥日报》。当时所有解放区报纸都不同程度地存在着"左"的倾向。这种倾向是否由《晋绥日报》带的头，这很难说。但新华总社两篇文章表扬《晋绥日报》，扩大了《晋绥日报》的影响，《晋绥日报》越来越"左"，从《晋绥日报》传播观点，影响了其他解放区的报纸，甚至反过来比《晋绥日报》更"左"，这是很有可能的。所以毛泽东的《纠正土地改革宣传中的"左"倾错误》一文，不仅是批评了《晋绥日报》，也告诫了各革命根据地的报纸。

在这里应该着重地说，这个时候的党中央也开始意识到自己在土改指导思想上的错误，发现了"五四指示"和《中国土地法大纲》这两个文件缺乏具体分析的缺点，而重新制定了新的战略，证据如下：

第一，1948年2月22日发布了《中共中央关于在老区半老区进行土地改革工作与整党工作的指示》。这个文件是周恩来同志起草的，文件提出"应根据地区的不同采取不同的工作方针"。对土地政策较为彻底的地区，"土地已经平分，封建制度已不存在，农民各阶级占有土地的平均数相差不多"。"地主与富农均比过去大为减少，且有己下阵为劳动农民或贫民者。……中有在这类地区已发展了多数，占农村人口的百分之五十到八十上下。……这类地区，应被认为土地已经平分，绝无再行平分的必要。"对个别尚未彻底翻身的贫雇农，则可采取抽补办法调整土地。[5]

第二，3月12日毛泽东同志批发了山西兴县、河北平山县和陕北绥德县贺家川这三个解决土改和整党问题的典型经验。这些宝贵经验说明：在老区，不

---

[1]《毛泽东选集》（竖排本），第1286页。

[2]《毛泽东选集》（竖排本），第1279页。

[3]《毛泽东选集》（竖排本），第1280页。

[4]《毛泽东选集》（竖排本），第1270页。

[5] 参见《周恩来选集》（上卷），第288-296页。

是打乱一切土地平分而是抽肥补瘦，抽多补少，要实行"土改的两条基本原则——落实贫雇农要求和团结中农"。毛泽东提出把这三个典型经验印成一个小册子，分发给每个农村工作干部，以有力地击破反马列主义的命令主义和尾巴主义。[1]

第三，1948年5月25日党中央重新发布1933年《怎样分析农村阶级》这一小册子，以纠正1947年土改中划分阶级成分扩大打击面的错误。[2]

第四，在此时期内，党中央修改了《中国土地法大纲》中的有关部分。例如，大纲第六条规定彻底平分土地，中央对此注释道："应注意中农意见，如果中农不同意应向中农让步，并容许中农保有比较一般贫农所得土地的平均水平为高的土地量。"[3]

第五，1948年7月27日新华社发表《关于农业社会主义的问答》一文，指示绝对平均主义思想是小农经济的产物，这绝不是社会主义，更不是共产主义，而是落后的、倒退的、反动的思想。[4]

我们引用这些中央文件，只在说明党中央关于土改问题的认识也在逐渐深化，逐渐明确，最后而豁然开朗，政策一新。如果党中央提前一些对土改政策做出具体分析，按不同情况区别对待，那么土改运动将顺利得多，或犯错误将会少得多。《晋绥日报》编辑部的同志们的头脑发热，也会早点清醒过来。党中央敢于纠正自己的工作方针，这表明伟大的党具有伟大的胆略。

到了1948年1月以后，中央的新方针传到晋绥，在晋绥分局示意下，报纸的语调急转直下，紧急刹车，按照中央的新方针对待问题，于是《晋绥日报》相继刊出了"刘少白复职"，各地改正阶级成分、团结全体农民生产发家、团结中农、支部书记加入贫农团等新闻报道。呈现出一片迥然不同的气氛，报纸的编辑方针是逐渐转变过来了。

但是《晋绥日报》编辑部此时还没有看见这些中央文件，中共中央晋绥分局甚至不往下传达。不敢把中央纠正土改错误的文件公开见诸报端，中央对此致电晋绥分局："中央这一指示，仍应公开发表。这种新精神很有助于你们澄清干部中认识问题模糊、不懂得区别情况、不能掌握具体政策的混乱思想。""任何政策的决定或政变，任何政策中之正确的部分或错误的部分，必须

---

[1] 参见《中共党史参考资料》（六），第387-421页。
[2] 参见《中共党史参考资料》（六），第416-434页。
[3] 《中共党史参考资料》（六），第328页。
[4] 参见《中共党史参考资料》（六），第444-450页。

适时地不但向干部而且向群众公开指出,方能得到群众的了解和拥护而成为力量。领导者必须经常掌握这一主动,不要因为过分小心,许多有关政策问题,仅限于少数干部知道,弄得群众及下级反复不定,结果必使自己陷于被动。"[1]中央的这种忧虑是完全正确的,连《晋绥日报》编辑部的同志也不让知道中央新文件的内容就说明了这个问题。

不但如此,直到1948年5月3日和5月18日晋绥分局还两次致电中央,申诉晋绥党内组织不纯和作风不纯十分严重,准备开除一万党员。中央为此于6月28日复电晋绥分局,认为"这种对于经过十年斗争的党缺乏正确估价和分析的错误,据我们看来又与当时错误的'贫雇农路线',贫农团比党要好些,不承认党是阶级组织的最高组织形式,把党降低到群众水平以下,不重视党的领导作用的思想是有联系的"。由于晋绥分局坚持支部受地主的影响,中央复电表示对这些估价仍有怀疑,要再作慎重的客观的研究。中央认为,即使犯了错误的党员也"一般不要去处罚他们,特别不要过重去处罚他们,如果群众要求处罚他们,也应向群众作适当的必要的解释,在群众面前适当保护他们"。"绝不可采取'让群众去处理'的放任的政策,更不在受某些群众一时甚为高涨的报复情绪的影响,而动摇自己的正确的与坚定的方针"。中央还指出:"有一个问题值得你们地区也要注意,就是华北某些地区群众表现有动荡不安的情绪,而且呈现一种不很团结的现象,更由于干部的'躺下',以致迷信等不良现象有所发展。这与战争延长,人力财力负担很重,天灾疾病流行等有很大关系,与土改斗争过程中一些过'左'政策也不无关系。"

从这里看得很明显,党中央总揽全局,高瞻远瞩,对"左"的错误造成的损失深感痛切。而晋绥分局对自己所犯的十分严重的错误却有些讳莫如深,一直为自己辩护,甚至连中央文件也不向下传达。当1948年4月2日毛泽东同志接见《晋绥日报》编辑人员那一天,他一开头就问:"中央最近发布的一系列文件你们看到没有?"这一问使一屋子的同志张口结舌。《晋绥日报》犯错误时,自以为"理直气壮",而在纠正错误时却畏缩不前。

直到毛泽东同志亲临晋绥,与晋绥同志面对面说话,对所犯错误才有了明确的醒悟。

1948年3月底毛泽东、周恩来等同志,渡过黄河,4月1日毛主席在晋绥干部会议上讲话,第二天,又对《晋绥日报》编辑人员谈话,对晋绥地区这一年来的土改工作既作了肯定,又给了严厉的批评,无异作了一次最好的总结。这

---

[1]《周恩来选集》,(上卷),第301页。

两个文件现已载入史册，人所共知，就不在这里多说了。因此可以说，是党中央挽救了《晋绥日报》没有在"左"的路上继续滑下去。

到了1948年8月15日，《晋绥日报》发表了中共中央晋绥分局以宣传部的名义所写的《关于去年土改中我们在宣传党的政策上所犯的左的偏向与错误的检讨》一文，就四个问题做了自我批评：一、划分阶级问题。二、团结中农问题。三、乱打乱杀问题。四、批评与自我批评问题。与此同时，中共中央晋绥分局发出通知承担了土改宣传中"左"倾错误的责任，认为错误主要应由分局负责。

接着，1948年9月1、2、3日连续三天《晋绥日报》连载《我们的检讨》，就几个具体问题的错误作了检讨，但很难说这个检讨是令人满意的，因为它没有把这次前所未有的错误提到高至理论上和思想上加以更加深刻的认识。

到此，一场政治风波宣告结束。

此后《晋绥日报》继续出版了数月之久，按毛泽东同志的话是："有点泄气的样子……使人不大想看。"就是说此时的报纸有如泄了气的皮球，再没有"左"倾宣传时那样尖锐泼辣，疾言厉色了。

1949年5月《晋绥日报》停刊。编辑部的同志们踏上了新的征途，准备南下。

九、结束语

《晋绥日报》在土改宣传中成绩是巨大的，但"左"倾错误也是严重的，这些错误又不是孤立的，它涉及上上下下许多方面。我们从中可以得出哪些最根本的教训呢？

第一，在敌人的统治区造反，那是打乱了敌人的秩序，如《湖南农民运动考察报告》所描述的那样。而在我们自己的早已巩固的政权下号召造反，则只能打乱了自己的社会秩序，只能为一些勇敢分子所欢迎，我们多年千辛万苦积聚起来的劳动财富和政治经济文化成果可能付之一炬，即所谓的"玩火自焚"。老解放区土改运动中"左"倾过火行为造成的大乱和"文化大革命"的"造反有理"有某些近似之处。

第二，党的机关报受党组织的直接控制，领导正确则报纸也必办得有声有色，必受读者欢迎。领导错误则报纸必犯错误。从来没有错误的领导之下而办得很好很受读者欢迎的报纸。这不是为报纸推卸责任，而是多年以来的痛苦教训。所以党委必须严格要求自己，进行调查研究，倾听下级意见，千万不可自以为是，随便发号施令，强迫下面执行。尤其要注意加强党委集团领导，以集体意见领导报纸，使报纸沿着正确路线办下去，个人说了算，搞一言堂，未有不失败者。

第三，对报纸编辑部也要有更高的要求。要提高自己的马克思主义水平和独立思考能力，善于辨别什么是正确的政策，什么是错误的政策，对正确的坚决执行，而不能盲目宣传明明是错误的政策，尤其要在反右时，警惕"左"的倾向。《晋绥日报》的同志们不是没有对当时那些极"左"宣传发生怀疑，但总以为领导比自己高明，不怕犯政治性错误，只怕犯组织性错误，这是只对上级负责不对人民负责的表现。我们随时要注意把对党负责和对人民负责二者一致起来，宣传正确的适于人民根本利益和长远利益的政策。

陆定一同志在1948年3月《晋绥日报》正在总结错误的教训时曾到过报纸编辑部，他提出，办报的同志不要"顺流而下"，而要"中流砥柱"，这个思想是深刻的。这就要求一方面要提高编辑部同志们的思想理论水平，同时也要上级党委领导对编辑部平等相待，听得进不同意见，能容许编辑部的"中流砥柱"。为此上下和谐，才能相得益彰。

第四，要真正依法办事。不能有法不依，漠视法律。

古语云："靡不有初，鲜克有终。"《晋绥日报》在抗日时期曾有大功于人民，而在末期却跌了不小的跤子，正应了古人之言。这期间的酸甜苦辣的滋味，是值得反复咀嚼的。

【作者2011年10月1日附记】

这篇文章是1988年写的，那时，粉碎"四人帮"之后，真理标准的大讨论还在热烈进行中。曾经在《晋绥日报》工作的几位老新闻工作者在全国记者协会的一次集会后，在一次小范围的座谈会上，提出对《晋绥日报》的历史评价问题。参加会议的有廖井丹、郁文、杨效农、穆欣、纪希晨、傅真等同志。

会上有人提出要认真总结《晋绥日报》在老区土改宣传中的经验教训。大家都认为有这个必要，但请谁来写呢？推过来推过去，有同志提议由我来写。我当即谢绝了这个推荐。我的理由是，我自觉没有资格写这段历史，我根本没有在《晋绥日报》工作过，我的工作岗位是新华社晋绥总分社，从未参与过《晋绥日报》的编辑工作，我对这张报纸只是一个旁观者。我不适合担负这个工作。但大家说，正是你不在《晋绥日报》工作，旁观者清，你可以更客观地、不带偏见地来写《晋绥日报》的这段历史，反而比别人适合。我再三推辞不过，加之我想着对当时《晋绥日报》的情况比较熟悉（新华社晋绥总分社与《晋绥日报》在一个院里办公，在一个灶上吃饭，我们有时向他们供稿，也把《晋绥日报》"每日大事"发往新华社总社），便应承下来，被迫接受了这个任务。

那时我在中国人民大学新闻学院新闻系担任新闻理论教授，时年70多岁。我很快去了山西日报社，找出《晋绥日报》当时的合订本，我请求山西日报社的同志帮忙，把我在《晋绥日报》合订本上做了记号的版面全部复印下来，带回北京。我十分认真地研究了这些复印件，看了大约40版（我当时所带的博士生喻国明协助我做了些工作）。我联系到30多年前在新华社晋绥总分社工作时期了解到的情况和所闻、所想、所思的一切，运用我一向敬佩的马克思主义原理和思想方法，具体分析《晋绥日报》的得失，写成了这篇长文。发表于中国人民大学新闻系出版的《新闻学论集》第14期，由于《新闻学论集》难以发那么长的文章，当时我只得放弃了四章，只发表了至关重要的五章。

文章发表后，是否有人拥护或反对，我现在已全忘记。一两年之后，原来在《晋绥日报》担任编辑工作的两位同志写了《晋绥日报简史》小册子，我没有时间，没有细看。

现在我的朋友们要编印我的文集，要收入此文，正好借此机会刊发原稿全文。我只改了几处文字错误，并加了几句过去没有写入的几句话。其他都维持原貌。我写了一篇批判性的文章，但其实我无意批评我的同志们，我也在进行自我反思，我当时也有一份责任。

事情过去了几十年，我们以最冷静的态度抚今思昔，深感那时我们晋绥同志上上下下都缺乏足够的马克思主义修养，而分局主要领导人李井泉同志要负主要责任。我们党为中国革命做出了惊天动地的贡献，但在不同时期也犯了令人痛心的错误，而且主要是犯了"左"倾错误。

最后，我要说，马克思主义辩证法告诫我们，客观事物是极其复杂的，要具体问题具体分析。我们党过去几十年的历史证明，我们党的历史是艰难曲折地走过来的。也犯过一些错误，其中右倾错误比较少，时间也短，而"左"倾路线错误犯的却比较多，危害也最大。"文化大革命"是其顶峰。

1954年，《晋绥日报》《抗战日报》《晋绥大众报》，新华社晋绥总分社，各地新华分社这几个新闻系统工作过的同志，为纪念抗战胜利五十周年及当时抗战报刊创办五十周年，于是1995年相聚于北京新华社新华大楼，抚今思昔，畅幽情，我用红绸书写一首韵词，其辞曰：

> 半世纪前，黄河之滨。
> 四海人士，奔来效命。
> 为民立言，痛剿鬼魅。
> 以笔代枪，扬我国魂。
> 驰驱山原，饥餐露宿。
> 天各一方，永难相忘。
> 逝者英烈，生者奋起。
> 今日会聚，芳名永扬。

这篇韵词已无从查找，可能存于全国记协。这次聚会，当时留有照片，在我家中保存。

重温主席谈话，改进报纸作风[1]

一、毛泽东和《晋绥日报》

时间过得真快，毛泽东对《晋绥日报》编辑人员发表那次著名的谈话已经过去50年了。我是那次谈话的参加者之一，当时的情景还历历在目。当时毛泽东刚打胜了陕北战争，以彭德怀率领的三万之众不到一年打垮了胡宗南的30万装备精良的部队，我们丢掉了的延安即将收复。这时，毛泽东、周恩来和任弼时以及一批随行人员陆定一、胡乔木、陈伯达等人才渡过黄河，路过晋绥解放区的兴县到河北省平山县西柏坡去。他们一行暂留兴县的日子里，应《晋绥日报》编辑部同志们的请求，4月2日毛泽东约大家见了面，回答了问题，讲了一些话，内容见于《毛泽东选集》第四卷中。

这是毛泽东一生唯一的一次同一家报纸编辑人员谈话，这并不是因为《晋绥日报》办得特别精彩，而是因为毛泽东在陕北战役中，其他报纸都见不到了，《解放日报》也停刊了，他能看到的唯一一份报纸就是《晋绥日报》。晋绥解放区同陕北只隔一条黄河，报纸出版后每天跑到黄河西岸送到毛泽东住地供他阅览，所以他对《晋绥日报》看得比较仔细，对报纸的优点和缺点都看得分明，批评起来特别中肯，也十分尖锐。

这里要说一说《晋绥日报》当时的情况。这家报纸是中共中央晋绥分局的机关报，在1947年的土地改革运动中，开始时表现并不突出，到了当年八九月间由"反客里空运动"腾空而起，崭露头角，从而又带动了对土地运动的评论也尖锐泼辣起来，逐渐引起社会震动。后来，这家报纸从纠正土改中的右倾政策而逐渐走向"左"的偏向，越到年底越严重。毛泽东在黄河西岸开始对《晋绥日报》的风格尖锐泼辣极为赞赏，但继而又对它的渐趋极"左"倾向表示不

---

[1] 原载《山西发展导报》，1988年3月22日。

满，说是报纸"锋芒毕露，盛气凌人"。此话传到黄河这边，编辑部同仁大为惶恐，不断开会总结经验教训，这时已是1948年3月底了。有一天，忽然陆定一同志骑着马来到《晋绥日报》编辑部，我们正在开会，他就坐下来听会。这时我们才知道毛泽东已从陕北来到了晋绥，大家希望定一同志转达我们大家想见一见毛主席的要求。

4月2日，毛泽东正式接见《晋绥日报》编辑部同志。地点在兴县蔡家崖村，这里是中共中央晋绥分局，也是晋绥军区司令部所在地，实到人数不到20人，有些同志下去参加土改来不及赶回来。

毛泽东谈话大约两小时，归纳起来大约五个方面的问题：第一，晋绥地区的土地改革是有成绩的，解决了农民的土地问题，调动了广大农民的革命积极性。运动初期执行了过"左"政策侵犯了中农利益，但很快得以纠正，纠正错误也是一种成绩，报纸千万不可因犯错误而泄气。第二，报纸必须把党的政策正确传达到群众中去，使群众按照党的正确政策行动。第三，报社内部也要走群众路线，随时纠正工作中的错误。第四，《晋绥日报》大胆批评自己工作中的"客里空"错误，勇于自我批评，这是做得很好的，但是后来又太过分了，发生偏向。第五，报纸必须有尖锐泼辣的作风，《晋绥日报》作风泼辣，要保持下去，不要一纠偏又把好作风也纠了。

这几个问题，有的人们已说得很多了，这里略而不论，这里只对几个问题讲点感受。

二、办报必须真实，反对"客里空"作风

抗日战争胜利后，蒋介石反动派妄图以优势兵力消灭我党我军，1946年内战爆发，我党被迫自卫反击，进而彻底消灭蒋军，打倒帝国主义、封建主义和官僚资本主义在中国的统治，解放全中国。消灭封建势力就是消灭地主阶级，地主阶级是蒋介石统治基础，必须消灭地主阶级，才能调动农民的革命积极性，才能发动农民参军，才能消灭蒋军，也才能完成民主革命的任务。

1946年5月4日，中共中央发表彻底进行土地改革的指示（简称"五四指示"），从此土地改革运动在各解放区逐渐展开，这是中国新民主主义革命的一次大飞跃。

随着运动的深入，《晋绥日报》逐渐收到一些读者来信，揭露报社记者在抗日时期的新闻报道中有弄虚作假作风。报社决定展开自我批评，放手发动群众揭露报纸工作中的错误，从而进一步推动土改运动。1947年6月25日—27日，

《晋绥日报》刊登《不真实新闻与客里空之揭露》为题的长文，全文刊登各地读者对记者的报道失实的批评。这种形式的揭露，连续几日，揭露出记者采访作风中的不少问题，如立场问题，把非模范说成模范人物，把地主女儿说成中农。

作风问题，如无中生有、弄虚作假、张冠李戴等。报纸对此大胆进行自我批评，实属中外新闻界之先例，在整个晋绥边区引起极大轰动，上下议论纷纷。又经新华社晋绥分社发往新华总社，总社以全文向全国传播，又引起各解放区报纸的仿效，于是"反客里空运动"在全国各解放区新闻界展开。这时，新华总社在1947年9月1日前后连发两篇评论：《学习晋绥日报的自我批评》《锻炼我们的立场和作风》，从而点燃新闻界自我批评的烈火，也极大地推动了土地改革运动。不少记者写出书面检讨，有的受到行政处分和党纪处分，个别记者还在群众大会上受到点名批评。报纸上接着刊登了报社的自我批评专文，表示接受群众批评，今后引以为戒。

《晋绥日报》的举动受到了人民的欢迎，《晋绥日报》开创了一个开展自我批评的先例。

但是这件创纪录的好事，事后看起来也存在一些缺点，这就是对人民来信所揭发的错误，没有经过一一核实，就直接见报，这就难免有失实之处，使有些记者受到委屈，造成一些冤案。至于对记者立刻作组织处理或处分，这更是不恰当的，多年之后还必须为这些冤案平反。

三、执行极左政策的教训

《晋绥日报》以"反客里空运动"的胜利为开端，逐渐在执行土地改革政策时发生"左"的错误。而这个错误又不能全由《晋绥日报》负责，而主要应由当时主持晋绥全部工作的中共中央晋绥分局负责，而中共中央晋绥分局的"左"的偏向又与当事中央派驻晋绥的两个大员陈伯达、康生的瞎指挥有关。毛泽东在陕北前线看到《晋绥日报》这种严重倾向日益发展，指出："过去几个月的宣传工作，正确地反映和指导了战争、土地改革、整党、生产、支援前线，这些伟大斗争……但是也必须看到一些错误、缺点，其特点就是过'左'。其中有些是完全违背马克思列宁主义原则立场和完全脱离中央路线的。"[《毛泽东选集》（合订本），第1280页]

但是毛泽东同我们谈话的时候，并没有过分责备大家，认为成绩仍是主要的，错误是缺乏经验。我们这些人原来都有一种负罪的感觉，但毛泽东并未深加批评，反而认为改正错误也是一种成绩，使我们都放下了包袱。

　　写到这里，我想到目前新闻界的作风。当时大张旗鼓痛击不真实新闻，在报纸上公开曝光，少数人还受到处分，这同今天"有偿新闻"泛滥成灾相比简直是小巫见大巫了。当年农村小农经济，商品经济不发达，"有偿新闻"无从谈起，个别不真实新闻是作风粗糙造成的。当时记者的工作是十分辛苦的，但大家甘之如饴。今天随着市场经济的发展，有些企业界人士以金钱公开收买记者，记者收下金钱礼品公开出卖灵魂，两方面搞交易，写出来新闻不像新闻，广告不像广告，广告实为新闻，新闻实为广告，这成个什么局面！记者是灵魂工程师，想把人民的灵魂塑成什么样子啊！如此下去，如何得了。今天的新闻界要学习《晋绥日报》传统，必须也来个反"客里空"式的群众运动，真刀真枪，不留情面，找出几个胆大妄为者上榜示众，此风定可刹住，但一定不可制造冤案。

四、要有一种好的作风

　　毛泽东特别注意文章的风格，他在中华人民共和国成立以前和中华人民共和国成立以后都多次讲过文风问题，他认为文章风格是思想内容的表达形式，文风不好，再好的思想也表达不出来，甚至歪曲了思想。所以凡他认为好的文章都加以表扬，而且他自己就是中国作风和中国气派的文风的典范，我以为当代中国最佳风格的杰出代表除毛泽东外无第二人。这只要看《毛泽东选集》即可得出这个结论。

　　毛泽东表扬《晋绥日报》的文风是从"编者按语"开始的。当时农村阶级斗争如火如荼，每天都有新情况、新问题、新经验，编者都来不及写大块评论，就在看编审稿时，不时加几句编者按语，画龙点睛，指出要害之所在。这些按语语言尖锐，痛击时弊，很能解决问题，也很快受到毛泽东注意。他大为赞赏这种文风，向晋绥分局负责同志表扬《晋绥日报》。其实"编者按"这种形式也不是《晋绥日报》的创造，从前的旧报纸也有，不过是偶尔为之。新华社发的新闻稿在驳斥蒋介石时，也有时用过这种形式。不过大量运用编者按语，却是《晋绥日报》首创，所以引起毛泽东在黄河彼岸的特别关注。

　　《晋绥日报》的编者按语，后来也发生另一些缺点，就是用语过于尖刻，说话不留余地。对党内问题和人民内部问题有时使用了不适当的语言，动不动就是"你们这些老爷们"这样的词句，叫读者难于接受。这种问题是土改后期发生的，经毛泽东批评后，得到纠正。

毛泽东同我们谈话时，有一段话很重要，他说："在反右倾的斗争中，你们做得很认真，充分地反映了群众运动的实际情况，对于你们认为错误的观点和材料，你们采用编者按语的形式加以批注。你们的批注后来也有缺点，但是那种认真的精神是好的，你们的缺点主要是把弓弦拉得太紧了，拉得太紧，弓弦就会断。古人说'文武之道，一张一弛'，现在弛一下，同志们会清醒起来。"[《毛泽东选集》（合订本），第1320页]

这是毛泽东对《晋绥日报》编者按语的成绩和缺点的总结性意见，很值得我们再三咀嚼。

在谈话的最后，毛泽东还发表了一段非常精辟的关于文风的见解："应当保持你们报纸过去的优点，要尖锐、泼辣、鲜明，要认真地办。我们必须坚持真理，而真理必须旗帜鲜明。我们共产党人从来认为隐瞒自己的观点是可耻的。我们党创办的报纸，我们党所进行的一切宣传工作，都应当是最生动的、鲜明的、尖锐的，毫不吞吞吐吐。这是我们革命无产阶级应有的战斗风格。我们要教育人民认识真理，要动员人民起来为解放自己而斗争，就需要这种战斗风格。用钝刀子割肉，是半天也割不出血来的。"[《毛泽东选集》（合订本），第1321页]

这些话说得多么好啊！无论过去、现在和将来，这都是我们办报以及所有宣传工作的箴言。要提倡准确、鲜明、生动和尖锐泼辣，高屋建瓴、势如破竹的语言，这样才能说服人民和战胜敌人。毛泽东本人的文风为我们树立了光辉的榜样。

反观我们现在的文风，不免感到惭愧。假话、大话、空话、废话、套话在我们的报纸上难道还少吗？人民不愿看，作者不愿写。今天重温毛主席50年前的教导，应当使我们奋起改进我们的文风。而改进文风和改进我们全党全民的工作作风和生活作风是分不开的。

今天我们常说继承优秀新闻传统，到底什么是优秀新闻传统？我以为，为党和人民的新闻事业而奋斗不息的传统，艰苦奋斗的传统，实事求是为真理而斗争的传统，发动全体人民支持新闻事业共同办好报纸的传统，这些就是最根本的传统。我们千万不可背弃成千上万老一代新闻工作者的好传统，今天的年轻一代新闻工作者不可一日忘记这些好传统。

很可惜的是，我们同毛泽东同志谈话的瞬间，不曾留下一张纪念照片。那时我们太穷，报社只有一架破照相机，还被一位同志带到农村参加土改去了。我们也真傻，那时忘记要求毛主席随行人员中的摄影记者给留下一张照片，这个疏忽使中国新闻史很重要的一页至今在摄影册上留下一片空白。

悲喜交集的回忆
——记新华社晋绥总分社[1]

一

新华社晋绥总分社如同新华社晋察冀总分社、新华社晋冀鲁豫总分社等一样，是不可磨灭的名字。它在中华人民共和国建立之前的农村革命根据地的战争和建设中，有功绩，也犯过错误；有经验，也有不少教训。今天的青年同志大概很难理解当时在穷山沟里办新华社是怎么一回事。而今往事如烟，如果不把记忆中残存的旧物留下来，恐怕再过些年，真要灰飞烟灭了。

据我所知，晋绥总分社这个名称是抗战胜利后才有的。原来叫新华社晋西北分社，它最早是一个空头衔，由《抗战日报》（《晋绥日报》的前身）编辑部的同志兼管，工作上只是把《抗战日报》的重要消息发往延安新华总社罢了。后来新华总社派郁文同志来晋西北，才建立了晋西北分社的组织。日本投降后，新华总社加强分社工作，在各大战略区根据地设立总分社这一级组织，而把原来分社下属的各新华支社升级为分社，由总分社统辖。这样，晋西北分社改为晋绥总分社。总分社成为总社的派出机构，体制上从当地报社分开，独立出来，对下管理分社，对上向总社发稿。

抗战胜利，接着内战爆发。我党在重庆的《新华日报》被国民党政府封闭，工作人员被逐回延安。国民党进攻延安在即，党中央把这些从重庆归来的同志基本上送到了晋绥地区，一部分参加农村土改运动，一部分到了晋绥日报社和新华社晋绥总分社。重庆来的邵子南同志曾主管过晋绥总分社，这时郁文已调离总分社到临汾去创办《晋南日报》。

不久，从重庆《新华日报》来的同志都先后离开了晋绥日报社和晋绥总分社，到临县去集中整训，准备随军南下解放大西南，"打回老家去"。

我是1947年秋天从前线新华社绥蒙分社调到总分社的（在此之前，我在延

---

[1] 原载新华社新闻研究所：《新华社回忆录》（二），新华出版社，1991年10月，第1版，第166-177页。

安和八路军120师，日本投降后才转到新华社）。我到达时，总分社的编辑部实际上只有一个人——高丽生。常芝青是《晋绥日报》社长兼晋绥总分社社长，实际上他主管的是报社。此外还有一个报务人员和译电人员。总分社下属几个分社内几十个记者散布在从南到北的几百里的广大地区中。

在祖国的地图上，一般很难找到兴县这个县名。但对我来说，这个小小的不为人所注意的小县我是太熟悉了，它是晋绥解放区的首府，我在那里整整住了10年。那光秃秃的山岭，那冬季结冰、秋季清澈、夏季洪水暴发、春季干涸的小河——蔚汾河，河岸那些零零落落的山村，那村边的小路，我都太熟悉了。从县城往西50里便到黄河，在30里处的大路旁有个破旧村庄，名叫高家村，这就是《晋绥日报》的所在地。抗日时期，在编辑部那几座小院之前还竖着一根石柱，上书"抗战日报"四个大字，1946年改称《晋绥日报》之后，这块门牌也没有了。至于"新华社晋绥总分社"从来也没挂牌。

晋绥地区有一个得天独厚的条件，这就是背靠黄河。日寇多次闯入我根据地"扫荡"，到达黄河岸边，黄水奔腾咆哮，日寇望河兴叹，从未敢涉黄河之水。每到战争吃紧，《晋绥日报》便转移到黄河西岸的陕甘宁边区神木县的杨家沟，报纸照常出版。有几年印刷厂就设在杨家沟，有时编辑部也常驻那个村里，安全是很安全，新闻的时效性就差远了。在所有解放区的新闻机构中，《晋绥日报》和新华社晋绥总分社可能是最少流动、最为安全的。战乱频仍，新闻机构中心却几乎没有离开过兴县。日本投降后，阎锡山虽占领了山西平原地区，却无力向解放区腹心地区发动任何进攻，战火只在国统区燃烧，我们在那贫穷偏僻的山区里过了几年和平生活。

在这样一个农村环境里，晋绥总分社的日常工作是：

一、负责管理下属几个分社（每个分社都有记者几人），发出报道提示，每日对分社发来的电讯稿加以选择、编辑或改写，然后发往总社，供总社选用向全国播送。（现在许多新闻写作教材中都举《刘胡兰慷慨就义》作为简洁好稿。此稿就是我根据记者来稿改写后发往总社的。）

二、每日抄收总社发布的新闻稿，供《晋绥日报》采用。

三、抄收总社密码电报指示，复写后供《晋绥日报》和中共中央晋绥分局领导参考。

四、经常与总社通过密码电报联系，请示方针，总社回复。

以上就是总分社全部的工作。我到总分社后，高丽生的工作逐渐转向报纸工作，后来他担任《晋绥日报》副总编辑。总分社又调进来两位同志，一位是李策，一位是鲁石。

晋绥总分社名义上独立，实际上与《晋绥日报》很难分家。总分社和各分社记者原先都是《晋绥日报》记者，新华社从报社独立后，记者统归总分社领导，实际上记者也是一身二任，记者来稿，适合于《晋绥日报》需要者，由《晋绥日报》采用，适合于对外报道者，由总分社发往总社。这样，总分社兼顾两方，而以面向总社为主。在建制上仍是《晋绥日报》的一个组成部分，居则同院，食则同锅，朝夕相处，欢乐同享，患难与共。但那时广大读者仍然只知有《晋绥日报》，而不知有个晋绥总分社。不过越到后来，特别是《解放日报》停刊后，新华社代表中央发言，新华社之名也越来越响亮了。

二

《晋绥日报》作为中共中央晋绥分局的机关报，在全国各个革命根据地的报纸中，并不是办得特别突出的，地方落后，文化落后，文化人也比较少。

一声风雷动。《晋绥日报》和新华社晋绥总分社突然在1947年下半年到1948年初脱颖而出，爆出了几件震动各解放区的重大新闻，这就是：

一、掀起了一场反"客里空"运动，新华总社连发两篇社论予以表扬。

二、土地改革的报道气势雄伟，有声有色，妙语惊人。

三、毛泽东接见了《晋绥日报》和新华社晋绥总分社的编辑、记者。

这几件事相互关联，值得记载下来。

1946年党中央"五四指示"后，土地改革运动逐渐深入发展，有的读者向《晋绥日报》投稿，揭露记者有些新闻报道失实，甚至个别涉及政治立场问题，把地主写成中农，记者与地主女儿恋爱等。《晋绥日报》编辑部认为有必要把这些信件公之于众，以教育记者和群众监督记者，用意是好的。1947年6月25日，晋绥日报编辑部和新华社晋绥总分社联名发布《不真实新闻与"客里空"之揭露》的专栏。这一专栏以后还继续发布过几次，共刊出了来信数十件。以后又刊出《关于"客里空"之检讨》专栏，刊登记者的检讨。这些专栏的全文由晋绥总分社发往总社，总社向全国播送，各大区报纸均连续转载，引起极大震动。各解放区报纸还相继展开类似的揭露和批评。当年9月1日是记者节，新华总社在这一节日前后发表社论《学习晋绥日报的批评》和编辑部文章《锻炼我们的立场和作风》，这两文对《晋绥日报》的反"客里空"运动作了很高的评价，认为是土改运动中一大收获。由此更加推波助澜，掀起了解放区新闻队伍中的批评运动。

历史证明，这一反"客里空"运动有其积极意义，表达了我党那时敢于面对真理勇于自我批评的气概，对新闻工作者也是一次新闻必须真实的实际教育。但是这一反"客里空"运动也不够完全慎重，来信未经核实就指名道姓公开发表，"斩首示众"，这本身就违反了新闻必须真实的原则。记者们一方面受了教育，另一方面也感到委屈，伤害了他们的工作积极性，有个别同志甚至被开除出党，铸成冤案。这一运动说明"左"倾思想渐入高潮，人们的思想不那么冷静了，"越左越好，越左越革命"，"右是立场问题，左是方法问题"，虽然谁也不在嘴上说，却成为一种共识。《晋绥日报》编辑部里每天为自己编辑的版面引起强烈的争论，连同院的晋绥总分社我们这几位同志也弄得晕头转向，只得如实向总社报道事态发展。后来可以看出，总社那篇社论和那篇编辑部文章也是不够冷静，和过于草率的。

反"客里空"运动不是孤立的，它是晋绥土改运动宣传的一个侧面。这里必须对晋绥地区的土改运动有个基本估计。解放战争时期，我党改变抗日时期的"减租减息"政策，改为平分土地，彻底消灭封建土地制度的政策，这是完全正确的。在前线，人民解放军正在与国民党军队进行一场浴血战斗；在后方，一场农民与地主之间的阶级斗争也在生死搏斗。《晋绥日报》在宣传党中央方针政策时，开始也是正确的。在这你死我活的阶级斗争中，作为阶级舆论工具的新闻事业，确实存在着站稳阶级立场问题，《晋绥日报》坚决站在无地、缺地、少地的贫农方面，团结中农，向地主阶级进行坚决斗争，彻底消灭地主阶级的土地所有制。但是由于土改运动的领导思想越来越向"左"转，《晋绥日报》的宣传方针也随之急剧"左"转。编辑部成员大都是一群年轻知识分子，经过新华总社对反"客里空"运动表扬之后，土改宣传中的"左"倾错误更趋高涨，脑子发热，忘乎所以，以为天下唯我站在贫雇农立场上，唯我为贫雇农谋利益。晋绥总分社也不断向全国传播晋绥的土改情况和经验，使我们在这一大浪潮中，犯了一次历史性的错误。

现在回想起来，在1947年9月到年底这4个月之内，《晋绥日报》所宣传的和晋绥总分社所传播的大约有以下几个问题：

一、坚决执行"贫雇农路线"，依靠贫雇农，土改应由贫雇农领导，贫雇农打江山，坐江山。（按："贫雇农路线"是晋绥的一大"创造"，党中央历次文件中从来是依靠贫农和团结中农，这是一个完整的阶级路线。晋绥却片面提依靠贫雇农，而且称为"贫雇农法线"。）

二、对中农实际采取排斥政策。《晋绥日报》认为中农地位与贫雇农不同，与贫雇农不是一条心，他们同贫雇农争夺领导权，所以团结中农只能在贫雇农核心形成之后，由贫雇农去团结，而不能由土改工作团去团结中农，贫雇农开会中农不能参加。1947年5月的一篇社论《坚决联合中农，防止错定成分，反对地主假冒中农》中还强调"天下农民是一家"，"贫雇农是骨头，中农是肉"。到了9月，态度突然变化，对中农不是团结，而是"必须跟贫雇农走，受贫雇农领导"了。

三、对地主阶级，否认他们在抗战时期减租减息政策中的变化，土地少了，转化为劳动者，有的成为中农，有些经营工商业，成为手工业者或商人。但是土地改革一来，对这些已经发生阶级转化的地主称之为"化形地主"，对他们实行残酷斗争，没收其工商资本，挖他们的"浮财"和"底财"，因此逼死了不少人。报纸宣传一再鼓励贫雇农狠斗"化形地主"，起了很坏的作用。

四、报纸对各地相当普遍发生为乱打乱杀现象默不作声，没有利用舆论力量予以制止，以至打杀现象更趋严重，这是对农民阶级自发的自私行为和报复行为的纵容，其后果非常严重。

五、对干部问题，《晋绥日报》对晋绥地区抗日时期的组织不纯作了过分严重的估计，认为农村多数干部都是混进党内和干部队伍的坏分子和阶级异己分子，因此报纸一再号召由贫雇农审查干部。整个土改时期报纸上几乎没有表扬过一个好干部。土改工作团是中共中央晋绥分局派到各地领导土改运动的可靠干部组成，他们比较能掌握政策，结果也成了"贫雇农路线"的绊脚石，报纸宣传工作团也要交由贫农团审查。这样就把党对群众运动的领导一笔勾销了，鼓励了自发性运动。

六、《晋绥日报》的编者按语，由于善于抓住要害，语言尖锐泼辣，或在文前，或在文后，或在长篇报道之中随时穿插，或三言两语，长短自如，很吸引人注意，并一度受到毛泽东同志的赞赏。但是由于编辑部同志们头脑越来越发热，编者按语的训斥口气和无限上纲也越来越浓，动不动就是"你们这些老爷们，你们的政治立场坐到哪里去了，你们的眼中还有没有贫雇农！"等等。这样，编者变成审判官，一句话就定人罪名，成为可怕的判词，令人望而生畏了。

以上这些宣传上的问题，责任主要在上边。中共中央晋绥分局就有不可推卸的责任，分局领导人的思想就很"左"。《晋绥边区农会临时委员会告农民书》就是一个既大胆放手解放农民、又带有"左"的错误的文件，"群众要怎样办就怎样办"就是这一文件中提出来的。再加上中央大员康生、陈伯达在晋绥土改中蹲点，他们出了很多坏主意，"化形地主"这个词，不承认抗日时期革命根据地地主的劳动化和工商业化，就是康生的主意。再往上找原因，当时毛主席和周恩来同志正在陕北全力指挥战争，而在河北的中央工作委员会发布的《土地法大纲》没有把土地改革划分为老区、半老区和新区，没有区别对待，对老区地主阶级构成已有重大变化，没有估计进去，还同新区地主同样无情斗争，一斗就人命关天。这都是一些历史教训。

我在这里写的这些历史经验，不是算历史的旧账，而是在责备自己。晋绥土改中的成就和错误，都是经过晋绥总分社传到总社，影响到各解放区的。《晋绥日报》的功与过，都有晋绥总分社自己的责任，这是不容推卸的。我现在还清楚记得：《晋绥边区农会临时委员会告农民书》公布之日，以它磅礴的气势震撼了我，我写了一篇《新华社记者评"告农民书"》，作了极高评价，认为是解放农村生产力的壮举。现在已无存稿可寻，但内容欠妥，语言夸张，是肯定的。我至今仍感到内疚。

到了1948年4月2日，毛主席和周恩来等一行离陕北经过晋绥赴河北时，接见了《晋绥日报》和晋绥总分社采编人员。毛主席谈笑风生，对我们既有表扬，也有批评，我们至今记忆犹新。

三

上面说的大都令人叹息，我还应当回忆一些令人留恋的往事。

在那穷山沟里，物质生活是非常艰难的。晋西北是黄土高原，气候寒冷。即使夏天，住在窑洞里有时还要披上棉衣。一到冬天，一盆洗脸水泼到室外地上，立刻结冰。我们每天晚饭后都要到野外去捡拾一点树枝或棉花秆回来生火，把炕烧得稍微有点暖气，才能入睡。我们那时年轻，再艰苦也能挺得住。

晚上，也没有什么文化娱乐生活。一盏豆油灯，照明范围极小，我凑近灯光才能看书或写作。后来在兴县城东建起了一座火力发电厂，机关住地安了电灯，虽电力很弱，毕竟比油灯强多了。我利用工作之余读了不少书，特别令人难忘的是通读了延安解放社出版的《列宁选集》二十卷，这时正是新中国成立前夕，我在思想上算是有了一点精神武装。不过那时的书毕竟太少了（除了文件，书籍很有限）。我没有注意研究历史，这是很大的缺陷。

苦是苦，但谁也不唉声叹气。"没有礼拜日，只有星期七"，一年365天大家都在工作。谁也没有薪金，吃饭穿衣都靠公家，真个是无忧无虑。有时还有点"额外收入"，那就是稿费。所谓稿费，就是在工作之外给《晋绥日报》写点文章的报酬。报酬不以货币计算（因为边区货币不断贬值）而以小米几斗、几升、几合计算。能上斗米的就是大块文章了。领取稿酬时仍折合成边币发给作者，拿了这几元钱能买几斤肉，煮熟了大家来会餐。或者买几斤猪肝或羊肝，这东西能治夜盲症。那时营养不足，有人患夜盲，晚上一出门就要摔跤，常吃可治此症。有时升把小米的稿费，干脆买了花生红枣，大家吃光一哄而散。一群年轻人，大多是光棍汉，会餐也是一种取乐。

但也不能光靠稿费，还要自己生产。我们在窑洞门外开了一小块土地种西红柿，高丽生从小干农活，他到河挑水来浇灌，我在地里锄草，重活由他承担，居然长出不少又大又红的西红柿，熟透了的由大家来共享。

我还养过两只小母鸡，长大了让它下蛋以补充营养。在院里角落用石头搭了一个鸡窝，晚上把鸡驱进窝里，用一块石头做门，防止黄鼠狼对鸡的袭击。但是坏事到底还是发生了，有一晚半夜母鸡惨叫。我惊醒了，急忙披衣冲出门去，打开鸡窝，只有一只鸡在那里瑟瑟发抖，另一只大鸡早已被黄鼠狼叼走了。一时被大家当作笑料。

说到生产，我们每个人不但不领薪金，还要按定额向公家交纳生产收入。又不能丢下工作不管上山种地，怎么办呢？可以按每人特长能卖出钱来交公就行。那时晋绥新华书店没有地图出售，而解放战争正打得热火朝天，读者急需地图，新华书店找到我们帮忙。报社有一张中国地图，我依样画葫芦，一笔一画地画出一张完整的中国地图来，交给书店去出版，没有彩印，只有黑白二色。卖出去多少，我没有了解，反正收入了好几斗米稿费。这件事对我个人也有不少好处，通过亲手绘制地图，我比别人更熟悉中国地理。后来说起某个县名，我还能大概说出它的地理位置。

那时的同志关系，更值得大书特书。尽管有领导与被领导之分，却并无尊卑之别。彼此都称呼姓名，或只称其名而不称娃，更显得亲热。比如常芝青既是领导，年龄上又是长者，但大家都叫他"芝青"。还有更奇怪的是给取怪名，比如高丽生，人皆称其"高丽"。高丽者，朝鲜别名也，用以称汉族人名，也很别致。当然更多的是称老张、老李，这个"老"字很重要，一直可以用到与世长辞。我从来被人称"老甘"，到现在我还很喜欢这个称呼，人称我"甘教授"，我听了非常刺耳，觉得生分。最可怕的是"小"字辈。有个"小陈""小纪"，当时年轻个儿小，现在70来岁了，见了面仍称"小陈""小纪"，改不了口。从这些小事都可见那时同志关系的亲密无间，很少有争权夺利、拉帮结派之事。

是不是彼此就如此安详和谐呢？也并不。有时也争吵得非常激烈，甚至拍桌子。我常听到《晋绥日报》编辑部那边几位同志的高声喊叫，那一定是为一个重要问题争论起来了。在我们总分社里，高丽生就是一只"好斗的公鸡"。这个同志既坦诚又固执，是个好同志，他一头钻进牛角尖，你几头牛也拉不回来。我那时的好斗也不让于他，有时我俩争论得面红耳赤，互不相让。但第二天一觉醒来,一切全消,照样合作共事。争论归争论,工作归工作。我与高丽生同志从晋绥到重庆都共事,我对他很了解,后来在北京各自在不同工作岗位上,他受打击迫害至死,我很为他不平,却又无能为力。

四

新华社晋绥总分社一直存在到1949年5月。后与《晋绥日报》同志们一起南下临汾,集中整训,整装待发,准备进入大城市。

时间过了27年,1976年9月底,我有幸又回过晋绥一次。那时毛泽东刚逝世,我在延安参加完追悼会,经西安又到太原,由《晋绥日报》老战友苏光和他的儿子陪同去了晋西北。故地重游,悲喜交集。喜的是我得以亲一亲故土。我在这里生活了10年,我把这里视作我的第二故乡,这里的人民养育了我,我也把我的青年时代献给了这里的人民,我十分怀念他们。悲的是山河依旧,村庄破落依旧,人民的生活基本如旧。我回到高家村寻寻觅觅,寻找我的脚印。那些破旧窑洞还在,并搬进了当地人家,却不如昔日我们住时那样干净。我在这里先后曾住过几间窑洞,最后住的那间窑洞已成为羊圈。羊群赶上山去了,遍地尽是羊粪。我边走边沉思,这里就是在中国新闻史上曾经叱咤风云的《晋绥日报》和新华社晋绥总分社的旧址吗?

我还到了蔡家崖村毛泽东接见过我们的那间屋,屋外和院里全是悼念的花圈。这时悲痛二字已不能概括我的全部感情,我想到的是,如果毛泽东依然是1948年那个时代的毛泽东,新中国成立后的中华人民共和国会怎样呢?那时毛泽东曾对我们这些新闻工作者说:"你们的缺点主要是把弓弦拉得太紧了。拉得太紧,弓弦就会断。"多么精彩的语言!可是从20世纪50年代后半期以后,在全中国,不正是把弓弦拉得太紧了吗?

新闻工作者,应该同时代一起成熟。他手中没有任何行政权力。但是他应该有思想,有自己的思想。他应该以历史学家的眼光研究过去、现在和未来,我们对晋绥总分社那个时代也应该有历史的沉思。

战火中的高级研究班 [1]

一

1939年夏末秋初的一天，组织上通知我，说政治部主任张际春同志要找我谈话。

我不知道是什么事。张际春同志是抗日军政大学总校政治部主任，我是抗大的一个政治教员，我虽然常见他，但工作上没有直接联系，很少说话。他有什么事直接找我呢？

我按时前往，他对我说："我军一二〇师贺龙同志的部队刚从冀中平原回来，要从抗大调两个政治教员，组织上决定派你和文山同志一起去担负这个重任。"

那时的青年学生，一切服从组织分配。我和文山没说二话，告别了战友，告别了抗大，背起简单的背包，就到会口村去向贺龙同志报到了。

那时是紧张激烈的战斗岁月。

一二〇师刚从冀中平原越过平汉铁路到达晋察冀边区，喘息未定，日寇就派了一支精锐部队尾追而来，进占我灵寿县陈庄。这里是我晋察冀边区老根据地，敌人进入了我军设置的"口袋"。一二〇师三五八旅两个主力团和晋察冀军区的部队，在陈庄以南的山区打了个漂亮的歼灭战，消灭敌寇六七百人。这就是有名的"陈庄战斗"。一二〇师在冀西山地初战告捷，八路军军威大振。战斗结束之后，部队在附近休整。师部就住在会口村。

这时，抗日军政大学总校在罗瑞卿副校长率领下，刚由延安突破日寇重重封锁，辗转来到晋察冀边区，也分散在许多村镇休整，准备迎接新的任务。我就是在这个时候从抗大奉调到达一二〇师的。

---

[1] 原载于长路、李素编：《贺龙育才史话》，人民教育出版社，1991，第41-49页。

会口村在一个小山沟里。秋天快到了，柿树上鲜红的柿子惹人眼馋，但不能吃，很涩。何况老百姓的东西，谁也不敢乱摘。

我取出介绍信，交给师部副官处。副官长进去报告，不一会儿，一个身材高大魁梧的军人走了进来。他那唇上有一撮短须，嘴上老衔着一只烟斗，洪亮的湖南声调，一望而知这就是贺龙将军。我们连忙敬礼，问好。这时又进来一位瘦小身材的军人，唇上同样是一撮短须，但与其说他是军人，不如说更像一位学者。贺龙同志介绍说："这是关政委，关向应同志。"我们连忙敬礼。两位首长示意我们在桌旁坐下。贺龙同志说："罗瑞卿同志很干脆，我向他要求派两个政治教员来，说到就做到，这么快就来了。"他问我们是哪里人，可巧我们两个都是四川人。贺老总听了大为高兴，大笑起来。他笑得很有感染力，满室生春。他说他的家乡和四川是近邻，他也到过四川。"我们是老乡嘛！"这种随便的交谈，把我们初见时的紧张情绪一下子驱散了。

师政治委员关向应同志向我们交代任务说："要你们来，是交给你们一项重要工作，到高级干部研究班当政治教员，讲政治课。"

贺龙同志插话说："学员都是一二〇师团以上的长征干部。他们多少年来没有时间学习政治文化，要你们这些知识分子同志来帮忙呀！"

关政委说："别看他们是老粗，可都是身经百战，有丰富的战斗经验和政治经验，但非常需要提高理论水平和文化水平。没有理论，没有文化，不可能培养成智勇双全的干部。抗战开始以来，连续战斗，没有休整时间。现在刚打完陈庄战斗，有一段短暂的休息，请你们来为这个班的同志们讲课。"

我和文山面面相觑，心想这可是一只难吃的果子。我们向贺、关两位首长陈述："我们都不是大知识分子，抗战前不过是个中学文化水平，到了延安，才学习革命理论，水平不高，恐怕完不成党交给的这个崇高任务。"

贺老总又是一阵大笑："不要紧嘛！我问了罗瑞卿同志和张际春同志，你们都是延安马列学院出来的，那是党的最高学府，毛主席和好多中央领导都给你们讲过课嘛！你们准备准备，一定可以干好！"

关向应同志问我们："你们都学过《联共党史简明教程》吗？"我们回答："学过，反复读了好多遍。"他说："这就好。"这时他走出去，拿了一本《联共党史简明教程》又进屋来。这本书，我们在延安时是人手一册的，是在苏联译成中文印制的精装本。当时的名称叫《苏联共产党（布）历史简要读本》，是苏联同志特意从莫斯科用飞机送到延安的，大约两万册。延安的同志们习惯把这本书称为《联共党史简明教程》，后来翻印也改为这个名称。

关向应同志翻到第四章第二节"辩证唯物主义与历史唯物主义"，说："这是马克思主义哲学的基本理论。我们的干部长期打仗，没有学过哲学理论，听了哲学就害怕，以为高不可攀。其实哲学就在生活中，在实践中。你们要通俗地把深奥的哲学原理解释给我们的干部听，让他们掌握。即使不能掌握，也能懂得马克思主义的世界观和方法论，并且运用这一世界观和方法论去总结自己的经验，使自己的经验系统化和理论化。这样我们的干部，特别是高级干部，才能逐渐提高水平，把工作做得更好，把仗打好。"

  关政委正说着，又进来两位领导人，一位是甘泗淇同志，一位是周士第同志。甘泗淇同志是师政治部主任，比较胖些，自始至终一脸笑容，一口湖南口音，有时狂笑不已。贺龙同志看了我从抗大带来的介绍信说道："你也姓甘，你和甘泗淇同志是一家子嘛！不过你别上当，他不姓甘，他的甘是假的。"这时甘主任说："我本姓姜，到苏联学习，改个姓名，叫冈斯基。回国来将错就错，就叫甘泗淇，就算姓甘吧。哈哈哈。"他又大笑起来。我发现这四位师首长，除关政委比较严肃、不苟言笑，其他几位都爱发笑，相互打趣。

  周士第同志是师参谋长，一口广东话，很难懂，他说他不会说"经验"的"经"，总说成"gun"，他是海南岛人。我们这几位首长来自五湖四海，为了一个共同的革命目标，团结得像一个人一样。

  我这样的小青年，一到师部，就受到几位首长的亲自接见，真有点受宠若惊。在几位首长看来，我们是从延安来的、受过党的高等教育的大知识分子，所以倍加重视，以礼相待，今后还要委重任于我们。但在我们自己看来，我们算什么，不过是读过几本马列著作的年轻人罢了，对今后的任务心里直发怵。

  见面完毕，招待我们吃饭，副官长杜士兴同志左右张罗，把我们当贵宾看待。延安的艰苦生活和从延安出发到晋察冀边区这一个月风餐露宿的奔波，在这一顿美餐里得到了补偿，我们打了一顿"牙祭"。

  这第一次见面，给我一个印象，一二〇师几位首长（文件上常称为贺、关、甘、周）都是有很高文化修养的人。关向应同志和甘泗淇同志曾出国留学，自不待言。贺龙同志虽崛起于山林草莽之间，但经过南征北战，早先追随孙中山，后来追随毛主席，革命实践加上耳濡目染，阅历丰富，多谋善断，成为举国驰名的将领。他深知科学文化知识之可贵，所以他特别爱惜知识分子。据我所知，在抗日初期，曾有几位作家诗人到一二〇师体验生活，贺老总爱才心切，想把他们留下任职，终于没有留住，使贺老总一直感到遗憾。现在我们这样的普通知识分子来了，也承蒙他厚爱，这怎么不叫人加倍自励呢？

二

新的任务开始了,"高级干部研究班"很快正式开学,贺、关、甘、周首长都来出席开学典礼。我与文山同志分工,他讲《辩证唯物主义》部分(他在延安学的是哲学),我讲《历史唯物主义》部分(我在延安学的是政治经济学),各自作为一门独立课程。我们经过准备,居然每人都能讲十几堂课,每次半天,各自讲了40到50小时。学员没有课本,全凭记笔记。有的学员文化水平不高,记笔记有困难,还要课外辅导。

我们同这些学员之间,不同于一般学校中的师生关系。学员是身经百战的经过二万五千里长征的老干部,尽管他们中有的年龄比我们大不了几岁,但在革命阶段上,他们是前一辈革命者。我们都是抗战后才参加革命的"小字辈"。老师比学生低了一辈,我们对他们十分尊敬。课堂上我是老师,下了课我是学生,听他们谈十年内战历史。我对红二方面军的了解就是从他们那里得来的。这些学员,在新中国成立后第一次授军衔时,许多人是中将或少将。

好景不长,和平安静的日子很快消失了,日寇发动了冬季"扫荡"。整个晋察冀边区处于战火中。一二〇师战斗部队在前方作战,师首长却指令高级干部研究班除少数几人外,所有学员一律不回部队,在战斗空隙继续上课。可见贺龙同志和关向应同志为培养干部下了最大的决心。不管前方多么吃紧,这个班不为所动。战斗逼近根据地腹地,我们这个研究班不断转移,但只要能够得到一天半天休息的间隙,我们就继续上课。这时又从抗大调来两位教员,陈梦还同志和秦其谷同志,充实了教师力量。

那是寒冬季节,山区很冷,河水结冰而不封冻。我们涉冰水而渡,冷彻筋骨,夜里还要备课,虽然很苦,但一想到贺、关首长委以重任,这点苦算得了什么。我们这个研究班在太行山崇山峻岭之间与日寇周旋了一个多月。

不想一波未平,一波又起。我们正在晋察冀边区与日寇浴血苦战之际,突然奉令突破日寇重围,向西急速进军。我们不便打听部队向何处去,命令就是命令,紧紧跟上就是。这时大雪纷飞,积厚盈尺,我们这支干部队伍跟随大军踏雪而进,一步一个雪坑,吱吱作响。走了十来天,才传达下来,原来阎锡山在晋西北发动反共的晋西事变,妄图消灭山西新军。中央密令一二〇师日夜兼程向晋西北挺进,消灭顽固势力,巩固晋西北根据地。这一命令更激励了大家冒雪前进的勇气。

这一路上的艰苦是难以描述的。山峰不绝,隘路险峻,雷又下得很密。下山时人坐在地上滑雪下坡,而牲口却有几头滚下沟空中去,摔死了。我记得在宁武以南过同蒲铁路,日军的列车在铁路上爬行,我们却躲在路旁山沟中待命。我们的任务不是与敌人交战,而是过路。火车一过,我们飞速越过铁路,向晋西北挺进。到达岚县时,正逢1940年元旦。大地掩盖在茫茫雪海之中,我们胜利地到达了目的地。我们这个高级干部研究班的学员们在部队时都是千军万马的指挥员,这次却作为普通学员悄然行进,没有一个人掉队。

这时我们才知道,在我们到达之前,一二〇师留在晋西北的另一个三五八旅(彭绍辉旅)和续范亭率领的新军各部团结一致,把阎锡山的赵承绶部队赶出了晋西北地区,晋绥根据地从此巩固下来了。

师部到达兴县(晋绥区的首府),我们的研究班立刻恢复上课,原班人马,一个不少。我这样的"小先生",居然在这些长征老干部面前坚持讲课到底。从他们的反应看来,似乎还算称职。难得贺关首长如此信任,我是把所有力气都使出来了,总想把马列的革命理论全盘传达到他们头脑中。

三

贺龙、关向应、甘泗淇、周士第四位首长对这个"高级干部研究班"关怀备至。开始我们住在兴县一个小村里,后来移住城内。他们来视察过几次,了解情况。有一次诗人萧三从苏联回来,四位师首长特地陪同萧三同志前来视察这个高级班。同来的还有一位苏联塔斯社记者,我忘记他的姓名了。还有续范亭同志也在师首长陪同下来视察过我们这个班。范亭同志年纪大得多,但对在座的长征老干部却十分钦敬,自称小学生,慰勉有加。

这个班毕业了,几位师首长都来出席毕业典礼,会餐,照相。在这间地主大院的正门前我用红纸贴了一副对联,把"奮鬥"两字写成"奋斗",也是为省笔,忘乎所以。正好被关政委看到了,他问"谁写的?怎么随便制造生字"。我自供是我写的。他不便生气,只说"写字也有规格嘛,不能乱写"。这事给我留下很深印象,当时还没有简体字的规定,今天看来我是歪打正着。

接着,"高级干部研究班"又办了两期,学员也都是团以上长征干部(个别也有抗日初期的负责干部)。基本上是三个月左右一期,每期三四十人(有的时间稍长,人数稍多)。在一年多的时间内,共办了三期,轮训干部一百余人,使一二〇师的高级干部(三五九旅和大青山区的除外)基本上轮训了一遍。

对于高级班成就的评价,我囿于职务和视野,一下子说不清楚,这里我引用1943年一二〇师政治部向野战政治部的一次工作报告中的一段话:

"干部轮训制度正式的进行,是在我师(1939年)由冀中转回(晋察冀)边区时开始的,这是干部理论与实践融合的良机。当时干部中有这样一个共同的感觉:过去工作感到无办法,许多问题想不通,一旦得到理论的启示,使人感到愉快,信心百倍,而在实际学习中(就)造成高度热情,克服一切困难。师部举办高级训练班的第一期,正是冬季反扫荡开始不久,冰天雪地,露天宿营上课开会;第二期,正遇晋西北顽固分子摧残之后,生活非常困难,吃黑豆;第三期处于整年的热潮中,生活紧张,完全过的学生的集体生活,秋收时帮助农民劳动,点验[1]中与保守狭隘的不正确思想做斗争,收获都很大。因此证明,只有实践才能使理论与实际联系起来,而短期的离开工作的轮训班,则是前方部队干部实际与理论结合的良好方法。"

贺龙、关向应同志在干部教育上的远见卓识,在战火纷飞、环境异常艰苦的条件下,抓紧领导干部的马克思主义基本理论教育,这对于我们建设有中国特色社会主义的今天,难道不是很好的启发吗?

四

高级研究班结束后,我们这些"小学生"与曾在研究班学习过的学员们建立了革命的友谊。后来我到部队调查和参观,部队的首长还张贴标语欢迎,盛情接待,我们怪难为情的。日本投降后,我调动了工作,离开了部队,与他们的联系很少了。前不久,一次偶然的机会,和一位曾在高级班学习过的老同志相遇,他还亲切地叫我"甘教员"。可见,虽然岁月流逝,印象却难于磨灭。这位就是当年一二〇师供给部部长、中华人民共和国成立后担任过我军总后勤部副部长、国家商业部部长的范子瑜同志。

就我来说,参加革命工作不久,就接触到这一批身经百战的老红军、老干部,记忆更深,更难于忘怀。如:尚健在的老将军全国人大常委会副委员长廖汉生、原总政治部主任余秋里、装甲兵司令员黄新廷、后勤学院院长杨秀山、总政治部副主任颜金生等[2],都是当年英俊挺拔的团级指挥员,是高级班孜孜

---

[1] 部队中的一种制度,就是用规定的人员、装备标准,对所属部队进行查对检验,看看是否符合标准。

[2] 能回忆起的高级研究班学员,除上述几人外,健在的尚有游好扬、张汝光、黄新义、罗洪标、杨琪良、蔡九、罗斌、罗坤山、梁仁芥、冼恒汉、廖侍权、杜世兴、贺翼张、孙占彪、章德炎、吴达明、王立中、辛世修、韩乐学等。

不倦、勤奋好学的学员，也是我很好的"老师"。从他们的言谈举止上，我学到了在课堂上学不到的坚毅、刚强、乐观、朴实的品格。也有几位学员，在尔后的激烈的革命战争中，英勇地血洒疆场，有的在长期艰苦斗争中损害了健康，过早地积劳病故[1]。他们都为人民所永远景仰。看到和想到他们，使我不由得忆起在那战火纷飞、白雪皑皑的晋察冀、晋绥战场上，一群年轻的指挥员在露天里，坐在背包上，聚精会神地一心学马列理论的情景。有中国共产党领导，在贺龙、关向应等带领下，马克思列宁主义给了他们无穷的力量，使他们在革命征途上永远前进！

---

[1] 牺牲和病故的有彭济民、高士一、朱辉照、吴融锋、戴文彬等。和我同时在高级班任教的文山同志也已去世。

烽火中的晋绥十年[1]

不久前看中央电视台电视系列片《壮士行》，又兴奋，又难过。战争时期的晋察冀边区，今天可以拍出这样一部继往开来的巨片，为什么我们晋绥边区的同志们就不能拍出同样令人激动的电视片呢？《壮士行》有许多镜头可以看得出是当时拍摄的电影纪录片，具有永恒的保存价值。我们晋绥呢？那时不要说不可能有电影摄像机，恐怕连照相机也极少。毛主席1948年经过晋绥去西柏坡，在晋绥干部会上讲话和对《晋绥日报》工作人员谈话，至今不见留下照片一张，其他历史照片也很少，这多么令人遗憾。

这是不是说晋绥边区在中国新民主主义革命史上就不值得大书特书呢？不是的，在贺龙同志统率下的晋绥地区的军民在中国革命史上所做出的可歌可泣的贡献，同其他兄弟地区所做出的贡献同样是不可磨灭的。贺龙同志含冤屈死于林彪、"四人帮"之手，我们这些后人应当做点什么来纪念以贺龙为首的无数先烈！祭拜他们的英灵！

我1940年初随120师从晋察冀驰援晋西北，到1949年10月南下解放大西南，在晋绥整整工作了10年。作为领导机关的普通一兵，经历虽不多，见闻也不少，那时我还是二三十岁的青年，现在半个世纪已经过去，抚今思昔，感慨良多。再过若干年，我们这一代人都见马克思去了，我们的下一代真要"不知有汉，无论魏晋"，忘记前人的鲜血和汗水怎样洒遍了晋西北这片黄土高原，我因而记下这篇《晋绥十年》。我不可能写晋绥十年的全部历史，我只能写我所熟悉的某些点滴。

---

[1] 原载《山西文史资料》编辑部编：《山西文史资料》，1992年第5辑（总第83辑），1992年10月，第44-73页。

一、咽喉之地

说起晋绥这块地区，也是颇有渊源。春秋时代有一个娄烦国，它的疆域就相当于抗日战争时期的晋绥革命根据地。后来这个娄烦国为赵国兼并。（娄烦二字成为静乐县的一个小镇的镇名，现已划为县治。）到了汉代，匈奴人南下，长期盘踞于离石一带。晋末之乱，匈奴首领刘渊率部进入中原，由此开始了中原战乱的时代，刘渊是历史上出自晋西北的第一位风云人物。但卷起更强烈风云的，还要算红军东征和贺龙将军在抗日开始时一举收复被日寇占领了的晋西北七县城，红军也因此威震远方。

1938年，贺龙奉党中央命令开赴河北，协助吕正操部，巩固冀中平原抗日根据地。1939年秋又跨过平汉铁路到晋察冀边区休整。到了年底，突然发生阎锡山妄图消灭山西新军的"十二月事变"，党中央命令贺龙所部星夜驰援晋西北新军。1940年初，贺龙同志戎马倥偬，脚踏大雪返回晋西北。这时留在晋西北的120师一部和新军（中共领导下的统一战线性质的革命部队）已将阎锡山反动部队赶出晋西北。贺龙所部从此在晋西北扎下根来，建设这块根据地。这时，八路军三个师的其他两个师115师、129师都早已有了自己的根据地，起步早了两年，120师为了支援兄弟部队转战东西战场，而自己却无立足之地。回到晋西北，才从此安家。

晋绥，指北起大青山，中经管涔山、芦芽山，南到吕梁山的这一大片地区，它在平（北平）绥（绥远）铁路南北，同蒲铁路以西，汾（阳）离（石）公路以北，黄河以东，在地图上，恰如一个倒挂的葫芦，北边大，中间有个细腰，南面又稍大。这样一个狭长地带，号称南北2000里，东西500里，实则经常在我方控制下的县，无非紧靠黄河的七八个县，全部人口最少时已不到100万，其他都是游击区，是敌我犬牙交错之地，算不上巩固的革命根据地。

在这块土地上，有"几少几多"的说法：地少、水少、人少、粮少、树少、钱少；荒山多、窑洞多、穷户多。同所有兄弟根据地比较起来，晋绥是块最贫穷、最落后的地区。它甚至也不如晋东南、晋西南和晋东北。登高远眺，望不尽的沟沟岔岔，行军打仗，走不完的荒山秃岭。可以想象，古代的晋西北不会是这样的，要是自古如此，这里就会成为无人区。想必是战争频繁，征伐不已，森林砍光，水源枯竭，才落得今天这般模样。地无百斤之粮产，人无遮体之衣裳。那时的临县，因有一条短短的湫水，河岸有一点平地，出产有限的小麦，就被我们称为晋西北的"乌克兰"，其他地区更无论矣。我们一到敌我交界的边缘地区，登山一望，水草丰美的晋中平川，人口稠密的晋北盆地，全被日寇占领，主权非我中国所有，此时心境，有如刀绞。

在这块贫瘠的土地上，小米是主粮，有时小米也吃不上，便吃黑豆。黑豆是喂马的饲料，作为人的口粮，其味苦涩难以下咽。至于衣被鞋袜和日用品的匮乏，现在的人们是无法想象的。在最困难的1941—1942年，食盐是扫墙下的含硝的土来熬制，种棉、纺棉线、捻毛线都是自己动手，写字的笔是用根高粱秆插上一个笔尖，牙刷是自己用马尾剪短了扎在一小木条上，牙膏根本不用想，用一小撮盐代替了。

贺龙这条"活龙"就被困在这块贫瘠的土地上。虽困而犹斗，他带领我们要在这片土地上杀出一条生路来。

我们的东面、北面和南面，都是日寇占领的交通线和封锁线，有重兵把守。十年之间，敌我之间大小战斗不下万次。敌人每年还要集中优势兵力对我根据地进行一到两次所谓"扫荡战"，每次半个月甚至一个月，实行其抢光、烧光、杀光的"三光政策"，对我根据地造成极大破坏。每次战役结束，原来已很贫困的晋绥地区，到处是断垣残壁，满目凄凉。人民实行坚壁清野，回到村里，重建家园。

除了日寇之外，我们还有两个似友非友、似敌非敌的近邻，一个是阎锡山军，在晋西南随时窥伺着我军；一个是绥西的傅作义，有时也借机干扰。对这两个近邻，党中央一再指示要与他们保持统战关系，减少摩擦，友好往来。但阶级斗争不以人的意志为转移，我们以友待之，人却以敌对我，终至酿成日本投降后的一场大规模内战。

在所有抗日根据地中，晋绥唯一的"优势"是三面受敌，而不是四面受敌。因为我们的西面是那条奔腾的永不驯服的黄河，黄河西岸就是陕甘宁边区，是党中央的所在地。这条黄河把晋绥同陕甘宁联系在一起，晋绥是陕甘宁边区的屏障，而陕甘宁却正是晋绥的战略后方。1941年党中央把陕甘宁的神（木）府（谷）划归晋绥，那里常驻有晋绥的医院和后勤部门。日寇如此对我晋绥进行所谓"扫荡战"，晋绥地区的非战斗人员就及时撤往黄河西岸。这条汹涌奔腾的黄河，有时也使船翻人亡，但它基本上保障了我后方的安全。日寇每到河岸，都是望河兴叹，从不敢下水。它如果敢于冒险过河，只能是全部被歼，有去无回。1942年，党中央决定建立陕甘宁晋绥联防司令部，任命贺龙同志为联防军司令员，从此陕甘宁晋绥连成一片。

别小看晋绥这块穷山沟，它除了屏障党中央这一巨大作用之外，还有一个极大的作用，这就是它肩负着党中央与华北、华东的交通要道的作用。如果按路程距离来说,延安与敌后各根据地的交通最好是通过晋西南地区,但晋西南控制在地方军阀阎锡山手中,他是与我党为敌的,那条路走不通。所以只有绕道北面——通过晋西北这条通道与敌后联系。这条路虽有同蒲路上的日寇驻守,但我方交通可以说畅通无阻,通过敌占区时,有我地下秘密交通线掩护,很少失误。这条交通线不但不断输送干部来去,还可以把重要文件和物资安全送来送去,不少党政领导人都是经过晋绥地区的首府——兴县来往于延安与敌后之间的。刘少奇、陈毅、聂荣臻、彭真、徐向前、罗荣桓、薄一波等同志都曾经经过晋绥到延安去。解放战争时期,刘少奇、朱德去河北平山县组建中央工作委员会,后来毛主席、周恩来同志也都是通过晋绥这条要道去西柏坡。可以设想,如果没有晋绥根据地,假如这里被日寇或阎锡山占领,我党在抗日时期和解放战争时期不知要遭受多大的困难。我们不止一次在大小会上听贺龙同志讲到晋绥根据地的重大意义,他说:我们站在前线,保卫党中央,保卫毛大帅(贺龙同志喜欢用这个称呼),还是必不可少的交通枢纽,是咽喉之地,我们再困难,再穷,也要守住这块地方,绝不能让敌人占领。

事情的发展往往出人意料。在抗日时期,晋绥是陕甘宁的屏障,陕甘宁是晋绥的后方。到了解放战争时期,事情翻了一个个儿,晋绥变成了陕甘宁的后方。贺龙同志在抗日初期率领的120师只有两个旅,即358旅和359旅,359旅早就奉命去了延安,国民党几次反共高潮,晋绥又向延安增派援军。到了解放战争时期,晋绥所有主力部队几乎都去了陕北,彭德怀指挥的陕北战争的参战部队绝大部分都是贺龙同志统率的部队。晋绥还担负后勤供给任务,兵源、粮食、棉花、鞋袜、现金,不断运过黄河,输送前方,陕北的伤病员都在晋绥医院。党中央后方机关集中在晋绥。陕北战争俘获的高级战俘(军、师、旅、团级军官)都在晋绥收容和教育。这是何等沉重的负担啊!贫困落后的晋绥义无反顾地甘愿承受这一切负担,晋绥成了陕北战争的大后方。贺龙同志身为陕甘宁晋绥联防司令员,实际是"秦末战争中的萧何"。刘邦曾夸赞萧何"镇国家,抚百姓,给饷馈,不绝粮道,吾不如萧何"。

二、"把敌人挤出去"

八路军120师是一支特别能战斗的部队。它来自洪湖、湘鄂西、湘鄂川黔的老红军二、六军团,它经过了艰难困苦的长征,它战胜了张国焘的分裂主义。它练就了一批身经百战的干部和战士。抗日战争一打响,120师就在晋西北同蒲铁路北段作战,1938年一举收复被日伪军占领的宁武、神池、保德、偏关、河曲、五寨、岢岚等七城而名震四方。

1938年底,120师奉命调赴冀中协助吕正操部巩固冀中平原抗日根据地,在1939年2—4月,120师在冀中打了两次漂亮的歼灭战,一次是河间黑马张庄战斗,一次是河间齐会战斗。两次歼日寇近1000人,有力地打击了日寇的气焰,提高了冀中军民开展平原游击战的信心。

1939年9月,120师刚从冀中跨过平汉路回到北岳山区,日寇竟尾随追来,在灵寿县陈庄地区陷入我120师重围之中,日伪军1000余人全部被歼。

以上是120师在回到晋西北之前的几次大的战斗。

1940年120师返回晋西北之后,每年都要针对日寇对我根据地的一次到二次的"扫荡"战进行反"扫荡"战。这些战争是极其残酷的。120师则运用游击战和运动战术,相机歼敌。1940年6月在静乐县米峪镇歼敌700人,是120师返回晋西北的第一场激战。这年7月4日,晋绥我军又在兴县城东二十里铺设伏,歼敌700人。

1940年夏秋之季,华北八路军主动向日寇出击,发动了一场大规模的"百团大战",晋西北我军20个团对同蒲铁路北段各据点之敌发起猛攻,并破坏敌之交通和联络,歼敌2000余人,予敌以重大打击,有力地配合了华北我各路健儿的攻势。

1942年5月,敌军600人孤军深入我晋绥边区首府兴县,妄图袭击我党政军领导机关,被我军围剿堵截,最后被包围于兴县田家会村,经一日激战,全歼敌军。

1943年9月,晋绥我军于粉碎敌寇秋季"扫荡"时,包围敌军800人于兴县甄家庄,经激战后,敌仅逃脱百余人,700人被歼。

这些是我120师在晋西北的几次大的战斗。中小战斗则不计其数。

但是每一次胜利都是来之不易的,敌人对我根据地的"蚕食"越来越凶,环境越来越艰苦。我军要想在晋绥站住脚,当好党中央的屏障,卡住这个咽喉之地,每一步都要付出高昂的代价。纵观晋绥十年,1940年以前是开创时期,1941—1942年是敌进我退、艰苦备尝的两年。1943—1944年是我进敌退、形势转好的两年。而这两年之所以逐渐转好,是由于在党中央领导下普遍开展战略性的战术进攻——"把敌人挤出去"。这一个"挤"字看起来是一个字,却是血的代价换来的万金一字。

1941年起,华北日寇实行所谓"治安强化运动",除在沦陷区加强统治外,对我根据地改变战术,步步为营向我根据地"蚕食"。这个恶毒的作战方针同蒋介石十年内战后期的作战方针极为相似。蒋介石在对我中央苏区进行了一、

二、三、四次"围剿"中均以失败告终,丢盔卸甲而逃。第五次"围剿"他就改变战法,采取堡垒政策,向我苏维埃区域步步为营,修碉堡,筑公路,以图固守,使我根据地日益缩小。而当时我党的"左"倾领导人中敌之计,步步设防,而不是出兵打到敌后去,由内线作战转为外线作战,陷于被动。结果我军被迫作战略转移,来了个二万五千里长征。日寇对我晋绥的战术也采取了这一方针。从1941年起,敌人逐步向我边缘地区蚕食,建立据点,修筑碉堡,用一条公路同老据点连接起来,待巩固之后,再向我内地延伸。到1942年时,日寇竟向我老根据地腹地推进。临县以南的三交镇,岚县的东村,岚县、方山、临县三县交界的赤尖岭等处,原来都是我方巩固区,却被敌人扎下据点,并且修公路彼此连接,变成了敌占区。这些据点与我晋绥首府兴县紧邻,距我首脑机关驻地最近的不过数十里或百里。如果敌人暗结兵力,偷袭我首脑机关,则威胁极大。日寇企图压我退缩于黄河之滨,地区缩小,补给困难(地区、人口、劳动力、粮食都下降1/3,且有日益下降之势),陷我于狼狈境地,然后消灭我军于狭小地带,这是多么严重的态势。原来我们可以大摇大摆来来去去的根据地,现在却被敌人一片一片蚕食掉了。

1942年冬,毛主席听了晋绥情况汇报,指示晋绥边区党的负责人林枫(当时贺龙任陕甘宁晋绥联防军司令员,常驻延安),要党政军齐力合作,把敌人挤出去。

这一个"挤"字大有文章。毛主席没有说"把敌人打出去",要打我们没有那个力量,我们缺乏重武器。如果我们有大炮,几发炮弹就可把敌人碉堡摧毁,再建起来,再用炮火摧毁。可是我们主力部队大部渡过黄河对付国民党保卫延安去了,我们只有"小米加步枪",要硬打是要吃亏的。"挤"的形象就是肩膀靠着肩膀,用力往外挤。这个"挤"也是一种"蚕食",敌人以"蚕食"对我,我也以"蚕食"对敌,以"蚕食"对"蚕食",根据地军民齐心,就能够"把敌人挤出去"。

"挤"的办法有三个:一是从部队和地方部队抽调兵力,普遍组织武工队,深入敌我边缘地带和敌占区相机打击敌人;二是普遍组织民兵联防,实行劳武结合,民兵既是劳动队,又是战斗队,一面生产,一面防敌。敌人出动则安设地雷,递送情报。这"劳武结合"是晋绥地区的一大创造,后来在战胜敌人中发挥了极大作用。敌人一走出据点,即陷入地雷阵之中,地雷到处"开花";三是在接敌区和敌占区开展统战工作,重点是日伪政权的头面人物,对地主、士绅、名流,晓以大义:抗战必胜,日寇必败,希望他们不要为虎作伥,而要维持两面政权,明里助敌,暗中助我;白天应付敌人,夜间对我支援,希望他们为自己留一条后路。

经过如此这般的一番工作，到1943—1944年，形势逐渐改观。敌人的据点附近到处是我们的武工队，一到夜间，武工队进入敌占村庄，了解敌情，收购粮食，教育群众，并根据不同情况拔除这个据点。这时已是抗日战争后期，日寇侵华部队已远非侵华初期那样的气焰嚣张，有不少娃娃兵补充进来，他们厌战情绪甚高，战斗力也大不如前。我们组织了经教育之后思想已有转变的日寇俘虏夜间到敌人碉堡下喊话，过年时还通过伪政权向敌军致送慰问袋（内装食物和纪念品），这样就大大瓦解了敌军的士气。尤其是伪军下级官兵，大都不愿为日寇效死，他们在我军里应外合拔除敌据点的战斗中，起了不小的作用。

在此期间，晋绥军民为了"把敌人挤出去"，深入到敌人窝里同敌人扭打，演出了许多可歌可泣名垂青史的故事。敌人也不时奔袭我边缘区村镇，制造了许多惨绝人寰的血案，我方付出了沉重的代价，许多同志英勇牺牲。1944年1月日寇在临县贺家湾施放毒气熏死地道中的干部群众280余人，实为日寇垂死的疯狂性发作。

道高一尺，魔高一丈。我军打掉敌人的碉堡也毫不示弱，不过我们乃正义之师，不用屠杀，而多用智取。静乐县敌人有一个据点叫丰润，对我威胁很大。我军武工队配合民兵多次在夜间深入村中了解敌情，弄清了碉堡内有多少日寇，有几个伪军，弄清他们几点钟从碉堡中徒手出来吃饭，几点钟进入碉堡，几点钟放下吊桥，碉堡内武器放在何处……种种细节，都被我方了如指掌。我武工队周密部署之后，派几个人化装成伪军，乘敌人走出碉堡到平房吃饭之际，悄悄进入碉堡内，拉起吊桥，占领碉堡。敌人发觉已迟，他们进不了碉堡，又身无武器，数十人只得束手就擒。武工队运走全部武器弹药，押走俘虏，一把火把碉堡烧光，静乐县敌人驾汽车赶来支援，只见一片废墟而摇头叹息。这是一场非常出色的围困战和智取战，是"把敌人挤出去"的典型，共产党人的聪明才智在这里得到了充分的体现。

就这样反复撕打，使敌人陷入人民战争的汪洋大海之中。敌人失道寡助，孤立得很；我军则得道多助，越战越强，越战办法越多。其中以八分区（即接近晋中平原的地区）战绩最为卓越，毛主席曾电示晋绥要像八分区那样战斗，扩大自己，挤走敌人，打出威风来。

这时的国际大气候也对我们十分有利。1942年底斯大林格勒战役之后，苏联红军全面反攻，到1944年已打出国界，打到东欧，希特勒败局已定。在太平洋方面，美国海军不断向日寇进行海岛争夺战，日本虽困兽犹斗，也一败如水，苟延残喘而已。这一国际气候大有利于我转弱为强。

1943—1944年是我晋绥根据地由小变大、由弱转强的两年。这两年我军不仅收复了日寇"蚕食"地区,而且主动出击,发动了几次全面攻势,收复失地,扩大了解放区,连得党中央表扬。

1944年底,中共中央晋绥分局在黄河西岸的一个山村里召开了一次空前规模的第四次"群英大会"。《三国演义》里的群英会,舞台上只有十余人,我们这次群英会,出席729人,战斗英雄、民兵英雄、劳动模范、工作模范,各路英雄豪杰齐集一堂,一方面庆祝胜利,一方面又交流经验,以利再战。在这次群英会上,宁武县劳武结合的特等战斗英雄张初元、部队战斗英雄邓朝贵、临县纺织模范张秋林(女)等,以其事迹突出,生动感人,他们在台上报告,台下满场轰动,掌声不绝。大会开了20多天,的确是一次对敌斗争胜利的大检阅,也是一次边区杰出人物的大会师。他们都是一些来自基层的普通人,是历史的必然性把他们推上了先锋的舞台上。当时的《抗战日报》以大量篇幅报道大会实况(那时晋绥还没有广播台),对边区军民的鼓舞是不可估量的。

这次大会是1944年底开的,此后再没有大仗打了,日寇日暮途穷,再也没有力量对我进行"扫荡"了,我们的日子逐渐好起来。

这里要插叙一段因骄傲自满麻痹轻敌而造成损失的旧事。1944年春夏之交,我们有些同志认为敌人已无力对我根据地腹心地区进攻了,于是想建造一座礼堂,供战斗剧社和七月剧社演出之用。在此之前,他们的演出都是露天剧场,土台就是舞台,有时风雨一来,人散灯灭,大煞风景。情况好转了,于是动了修建礼堂的念头。这是一个大工程,以前我们只是住老百姓的窑洞,很少建过新居,现在说干就干,在晋绥军区和中共晋绥分局驻地的山沟内隐蔽之处动工修建,不过几个月就基本建成,当然比较简陋,但能容几百人的座位已经就绪,只等鸣锣开张了。想不到当年10月,日寇突然发动一次突袭,对我晋绥根据地的首府兴县来了一次"扫荡",半个月即被我军打退。我们回来一看,那座初具规模的礼堂被烧了个精光,只剩下个废墟。这件事传为笑谈,说明头脑发热是不行的。好在这类蠢事再没有发生第二次,到1945年日本就投降了。

三、贺龙与续范亭

晋绥地区的几位领导人值得大书特书。

贺龙在南昌起义前就是北伐军的一位军长,他鄙视高官厚禄而笃信共产主义,南昌起义后加入中国共产党,在红军中东征西讨,南征北战,是叱咤风云的虎将。据说抗日初期蒋介石在洛阳召开军事会议,蒋介石问贺龙,为什么在南昌发动兵变,他回答:"与你政见不合。"蒋介石为了缓和气氛,问贺龙家属如何,贺龙回答:"都被你们杀光了。"贺龙就是这样一条铁铮铮的硬汉子。

贺龙同志一生的丰功伟绩,不用在这里多说,我只想说说我亲眼看到的贺龙性格的几个侧面。

贺龙这个名字,名如其人,真是一条吞云吐雾的"活龙"。他不但打仗好胜,这是一个将军的可贵性格,他打球也好胜。他收罗球将,把全军的几名篮球运动员集中起来组织一支战斗球队。他在冀中发现一位专员刘卓甫原来是1936年参加过柏林奥林匹克运动会的中国篮球队员,千方百计向吕正操和聂荣臻司令员要求调来,终于如愿以偿。刘卓甫成为战斗球队队长,这支球队不但打遍晋察冀边区和晋绥边区无敌手,而且远征延安,延安所有球队都败于手下,甚至打败了著名的东干队(张学良之弟张学思领导的东北干部篮球队),扫遍群雄,威震四方。这也许是他在中华人民共和国成立后被委任为国家体委主任的重要原因吧。

每年五月,120师称之为"红五月",举行全军练兵大检阅,贺龙将军每天在练兵场上亲自检查士兵着装、射击、打炮、骑马,既辛苦,又细心,令人敬佩之至。

日寇每次对我根据地进行"大扫荡",贺龙将军亲自布置反"扫荡"战。他指示下级指挥员在何处设伏,哪里有一条山涧,山上何处有一座小庙,庙前有一棵树,这些细小事物都在他的记忆中,这使所有在场的人都目瞪口呆,惊异于他的记性如此惊人。那些地方是我军从晋察冀返回晋西北途中所经之地,人们只顾走路,哪顾路边地形地物。而贺龙将军以职业军人的姿态经常是一面走,一面环顾四周山山水水,注意作战方略,他对地形地物才记得那么清楚,令人叹服。

有一次日寇进到康宁镇,此地在晋绥首府兴县城南30多里,敌人快马顷刻可到。这时贺龙还在李家湾(120师司令部初期驻地)打网球,情报传来,司令部人员有点慌乱,贺龙却不慌不忙,收拾球拍,缓缓走上高坡上他的院落。他的从容不迫使所有的人都镇静下来,有条不紊地迅速出发转移。他的这种临危不乱的大将风度在多次危急情况下都表现得淋漓尽致。

记得皖南事变后,一天晚上在小善村(120师司令部当时驻地)开直属部队大会,贺龙在台上发表讲话,对蒋介石敢于挑起内战、消灭我新四军军部的暴行义愤填膺,要求党中央痛加声讨,120师愿为前驱。他说着说着,在桌上猛击一拳,桌上的一盏马灯(用以避风雨的煤油灯)在桌上跳了一下,摔到地下,灯破了,光灭了,台上漆黑,借助月光,他继续讲话,激起了千军的怒火。

这样一位公忠体国，为阶级解放，为人民翻身而奋斗不息的英雄，20多年后却被林彪诬为"土匪""勾结国民党"而陷入囹圄，饮恨而死。林彪加人之罪，徒谁欺，欺天乎？南昌起义时，贺龙是领导起义的军长，而林彪不过是个开了小差的连长。历史因缘机会，林彪小人得志，竟反噬其主，陷害忠良，其人品之卑微，历史自有定论。当时林彪之辈权奸当道，忠臣义士有何言哉！我们这些后生晚辈，有心杀贼，无力回天，只有一洒悲愤之泪。

或谓，贺龙在解放战争中无突出表现，打了败仗。这也是不顾历史条件的闲言碎语。解放战争中我们面对的敌人阎锡山和傅作义，人数和装备都比我们强大，尤其阎锡山在抗日时期与日寇勾结，保存实力，对我占有优势。我晋绥地穷人少，养不起大军，全军不过三四万人，大部分去了延安，武器也远不如人，不可能以绝对优势兵力攻敌一点，以求全歼。这是敌我态势所决定。绥（归绥）包（包头）攻入而又退出，集宁失守，大同久攻不克，被迫撤围，这都不是贺龙的过失，乃这一局部地区敌我力量悬殊所致。晋绥我军如果有东北几省那么大的地盘，有那样精良的装备，贺龙又何让于林彪哉！以一时之成败论英雄，自古为人所不齿。贺龙在十年之中扼守这华北咽喉之地，人极贫而受困，兵极少而势窘，艰苦撑持，从不叫苦。有大功于党，有大功于国。开国元勋，谁能说半个不字。

可惜的是，贺龙所赖以出谋划策的左右手关向应同志病逝早了。关向应从1932年就在湘鄂西苏维埃根据地与贺龙朝夕相处，生死与共。他担任过中共中央委员和中国共青团中央书记，身体瘦弱，像个书生，但深沉老练，掌握政策。他比贺龙小六岁，他是政治委员，贺龙每有大事必问关向应。从1942年起关向应同志患肺结核赴延安治病，这一年再也没有回来，1946年逝世。肺结核在今天是个小病，不难治好，但当时缺乏盘尼西林，眼睁睁看着一代伟人死去。这数年之内，贺龙身边没有可朝夕探求之人，这不能不说是一个大损失。如果关向应健在，晋绥在1947年土地改革中那样严重的"左"倾错误也许可以避免。

晋绥还有一位既神奇又机智锋利的大将，他就是续范亭将军。1935年，续范亭以国民党中将总参议的高位在南京中山陵前剖腹自杀得救，他以自杀告诫以蒋介石为首的一群畏敌如虎而专打内战的不肖之辈，此事震动全国。我那时不满20岁，在四川看了报纸，对这位将军敬仰不已。想不到数年之后，我竟随军跋涉数千里在晋绥的兴县蔡家崖见到了他，他身材瘦长，不苟言笑，但他一开口，就妙趣横生。他当时是暂编第一师师长，他在粉碎阎锡山发动的企图消灭新四军的"十二月事变"的战斗中著有大功。他同阎锡山出生于近邻（阎锡山是五台人，续是崞县人），但两人走着完全相反的路。阎锡山抗日初期想利用共产党以壮大自己的地方实力，后来他真相毕露，成为坚决反共并与日寇勾结的反动派。而续范亭却如一株直冲云霄的青松，不向冰雪和暴风低头，他坚持抗战到底，与共产党结成了亲密的战友。他众望所归，后来担任了晋绥军区副司令员和晋绥边区行政公署主任。

续范亭对贺龙将军佩服得五体投地。有一次他陪同贺龙同志到120师高级干部研究班来视察，这时正是一次冬季反"扫荡"战斗结束之后，他讲了他对八路军游击战争的体会。他说，国民党打仗只会打正面仗，阵地失陷即全线崩溃。他这次跟贺龙将军打仗，有一次日寇分两路向北夜袭，两路之间相距不到十里之遥，而贺龙将军率领一支部队却偏偏从敌军两路之间的小道从北向南的山沟穿插出去，如果稍有走漏消息，敌寇两路就可能夹击我军，而贺龙将军却像没事一样，悄悄地从夹缝中与日寇侧身而过，敌向北，我向南，各走各的路。他伸出大拇指，连说"佩服，佩服！"他说他由此懂得了八路军的游击战争是怎么回事。与日寇在山梁山沟周旋之际，一发现机会就包围敌人薄弱环节迅速加以歼灭。打完就走，敌援军赶来，已经晚了，扑了个空。他又说"佩服，佩服！"他得出结论，这样打仗，日寇不难消灭，他对抗战胜利更有信心。他说国民党几百万大军，打不过日本几十万军队，不但是畏敌如虎，而且打仗不得法，一处失利，全线皆输，这种打法怎不亡国。他说他要做八路军的学生，重新学习打仗。坐在地上听讲的都是120师的高级指挥员，听了这位老将军的谦虚之词，越发表示要刻苦自励。

续范亭一生忧国忧民，爱国爱民，对妥协投降之丑行刻骨仇恨，对共产党之坚决抗战则坚决拥护。他经常在延安《解放日报》和晋绥《抗战日报》（后改为《晋绥日报》）发表文章抒发他内心的感情，其文亦庄亦谐，很富有感染力。他的文章一出，黄河两岸，人人传诵，大有洛阳纸贵之势。他的《三年不言之言》和《寄山西土皇帝阎锡山的一封五千言书》，都是披肝沥胆之作，读起来能令人感到作者声泪俱下。他在致阎锡山信中说：

我实在告诉你说吧，我这个人是毫无个人恩怨的。谁对得起国家民族，我就拥护谁，谁对不起国家民族，我就反对谁。十多年前，我还是个颇为学佛的人，四书五经、诸子百家我多少读了些，认为世界任何坏人都能被感化而转变的，我的陵园自杀而又回到山西的故事，都是想拿我区区的个人影响你们。我现在才知道我这个观念是错了，不但收效甚微，而且自苦太过。陵园自杀，流了我的满腔热血，并且每遇到可悲可愤的事情，我就又要流泪，又要吐血，我的悲伤愤怒，真有天来大。我给你的这一封书还是在病床上口述的，并且又流了我的多少泪。吐了我的多少血。但我的泪是与世界被压迫人民、中国被压迫人民和山西被压迫人民同情之泪，我的血是与世界被压迫人民、中国被压迫人民和山西被压迫人民同流之血……

我这封信虽然是批评你骂你，但是很公正，很确定的。三国时诸葛亮骂死王朗，我今天并不是想把你骂死，我也不是诸葛亮，当然骂不死你，因为你比王朗的程度高很多，王朗还讲些廉耻，挨了骂就羞愧而死，你是个自私自利不顾一切，阴柔奸诈顽固无耻成了精的老怪物，当然把你骂不死的。

有一个《大公报》记者到延安访问续范亭时问："续先生既是国民党员，为什么住在延安？"续范亭答得真是妙不可言："我孤立多年了，因为不愿加入一个小圈做奴才，所以宁愿孤立。古人说：宁为鸡口，勿为牛后。我今天是宁为牛后，不做狗头。请您把这话告诉重庆的朋友们吧。实际上他们为法西斯当奴才，也做不了个狗头，也不过是狗腿、狗尾、狗毛而已。法西斯制度一定死亡，他们不过落一个死狗腿、死狗尾、死狗毛而已！历史已经够丑了。"

这位续将军真是一个血性男儿，读其文，字字看来皆是血，见其人，一身正气在人间。晋绥军民以有一个续范亭这样的领导人为最大的骄傲。一个贺龙，一个续范亭，人们对他们肃然起敬。

续范亭将军还是一位诗人。他的诗大有冯玉祥大兵诗人的韵味，严肃而又诙谐，通俗而又严肃。他1941年因病赴延安疗养，时有诗作，他听到晋绥军民艰苦奋战咏怀有感云：

城南有茅屋，结构在西坡；沽酒临北市，汲水下东河。
有时读马列，有时学静坐；偶尔为诗赋，兴至亦高歌。
室雅何须大，好友不怕多；我居近大道，远客亦时过。
贤劳勤忧国，同志苦奔波；五年寇氛炽，岁月感蹉跎。
我亦能驰马，足迹遍汾河；我亦能杀贼，誓不渡黄河。
中途掉队人，久病奈如何；三次反"扫荡"，四年游击战。
粮饷常不足，征衣多补绽；民众执干戈，战士乏枪弹。
风雨感同舟，军民一齐干；抗日何须恃，忠贞与血汗。
岂爱征尘苦，千古一大难；气掷千人易，力擒二竖难。
一病几不起，荏苒到延安；延安如故里，诊疗施百般。
衣食愧饱暖，同志复时看；五十区区身，早破生死关。

却病如驱敌，胜利需时间；遥望管涔山，使我恨无端。

多少英雄去，多少英雄还。

这样一位可敬可爱的将军，可惜未能享以永年，1947年54岁即与世长辞。弥留之际，要求中共中央追认入党。中共中央立即做出决定追认续范亭同志为正式党员，"并以此为本党的光荣"。出丧之日，备极哀荣，毛泽东赠以挽联：

为民族解放，为阶级翻身，事业垂成，公胡遽死！有云水襟怀，有松柏气节，典型顿失，人尽含悲！

续范亭同志坟墓现已移入太原市双塔寺烈士陵园，供后人凭吊。

四、土改中的是非

抗战胜利，内战再起，却是在铁路沿线打仗，我们的农村老根据地已是太平世界，再无战火。阎锡山虽然又回到太原当了土皇帝，却无力对我农村根据地动一根毫毛。"军队向前进，生产长一寸"，我根据地的后方机关和老百姓按理说应是医治战争创伤，安心发展生产和教育事业，整顿后方，支援前线。可是由于掌握政策上的失误，我晋绥根据地又曾一度搞得天翻地覆，人仰马翻。搞得最凶的是1947年，准确点说，是1947年下半年，但其前因后果，说来话长。直白地说，就是一个"左"字作怪。我在前面写到，抗日时期毛主席说"把敌人挤出去"，这一个"挤"字，挽救了晋绥根据地，打出个坦荡天下，怎一个"挤"字了得。李清照词："怎一个愁字了得"。关键是个"愁"字，那是封建时代一个天才女作家处境凄惨的哀愁。我们在1947年可以说是"怎一个'左'字了得"，这个"左"字把晋绥军民害苦了。

在我们党的历史上，受右倾之苦时间不长，一个陈独秀，是全局性的，但时间很短。一个张国焘，是地区性的，时间也不长。一个王明，先是左，后是右，但右的影响不很大。而"左"的错误，全党却多次出现，时间较长，影响深远，敌人的千军万马没有把我们打倒，我们自己内部的"左"倾，却把自己的队伍整得死去活来，有的整死而没有活来。1947年的晋绥地区土地改革的"左"倾，虽属地区性，却影响了全国解放区。

抗日时期，晋绥地区也犯过"左"的错误，如1940年"四大动员"（动员人民献粮、献金、做军鞋、扩兵），发出强迫命令，迫使部分地富外逃，中农不满。对敌我边缘区的政策的"左"，不善于利用革命的两面派以应付敌人。1943年从延安传来的"抢救运动"，把许多干部打成特务分子，伤了同志感情。这些"左"的错误，或者时间不长，或者涉及面不广，幸而未影响全局。这些举动，多未见诸报纸宣传。唯独1947年土改中的"左"倾，虽然时间也不长，但党、政、干、群、农、工、商、学，地无分南北，人无分老幼，尽皆卷入，全区骚然，加上《晋绥日报》每天几大版全是土改报道和通讯，推波助澜，火上加油，其影响之巨大，波及之深远，至今犹令人震颤。

其实，心是一片好心，出发点是好的。都是想让贫雇农彻底翻身，多分几亩土地，多分一些财物，把地主阶级彻底消灭，把封建制度彻底刨根，挖掉蒋介石的社会基础，鼓舞前线战士的士气，早日解放全中国。这是土地改革运动的共同思想基础，没有这个共同思想基础，不但不是共产主义者，也不是彻底的民主主义者。问题是怎样掌握政策，使运动健康发展。

党中央在1944年发出有名的"五四指示"，其中指出："不要害怕普遍的变更解放区的土地关系，不要害怕农民获得土地而地主则丧失了土地，不要害怕消灭了农村中的封建剥削，不要害怕地主的叫骂和污蔑，也不要害怕中间派暂时的不满和动摇。相反，要坚决拥护农民一切正当的主张和正义的行动，批准农民已经获得和正在获得的土地；对于汉奸、豪绅、地主的叫骂，应当给以驳斥；对于中间派的怀疑应当给以解释；对于党内的不正确观点，应当给以教育。"在这里，党中央的五个"不要害怕"，表达了中国无产阶级政党对农民土地要求的坚决支持，表达了彻底消灭封建制度的决心，而彻底消灭封建制度是完成新民主主义的重大决策。

党中央在这一指示信中又指出"不可侵犯中农土地"，"一般不动富农的土地"，对开明士绅"应谨慎处理，适当照顾"，"凡富农及地主所设的商店、作坊、工厂、矿山，不要侵犯"，"对于一切可以教育的知识分子……均应当继续和他们合作，一个也不要抛弃"，"保持反封建的广泛统一战线，我们就不会犯冒险主义的错误"。这里指出的几个政策界限，极为重要，如果严格执行"五四指示"，运动的发展就会健康得多。

1947年9月党中央发布的《中国土地法大纲》，规定"一切土地，按乡村全部人口，不分男女老幼，统一平均分配"。这个规定表现了消灭封建土地制度的彻底性，但对老解放区、半老区、新解放区的具体情况缺乏具体分析，因而助长了土改中"左"的倾向。

晋绥大部分是老解放区，经过抗日战争时期的减租减息政策和多次动员地主捐献，土地问题已经基本解决，地主大都转化为劳动者，转化为中农甚至贫农，而原来的贫农却大批转化为中农。这种阶级转化不但可以从农村阶级调查统计数字得到证实，也可以从农村中各家各户的生活状况得到证实。我参加过农村调查，又在晋绥农村生活十年之久，眼见这个阶级变化的巨大转折。因此在晋绥老区要彻底解决土地问题，只要采取抽多补少、抽肥补瘦的办法即可全部解决。

但是中央大员康生、陈伯达坐镇晋绥，他们在晋绥各找一个农村蹲点，康生在临县郝家坡，陈伯达在静乐县。他们给晋绥土改出了许多馊主意，也等于下达了许多坏指示。其中最重要的有：

重新划分阶级成分：要查三代，不光看剥削关系，要看政治态度，地主已转变为农民的不能算农民，仍算地主。这样一来，就使地主户数大为扩大，有的村地主占40%以上。阶级阵线全给搞乱了。

要挖地主"底财"：逼着地主交出藏在地下的粮食财物，这一来就造成逼、打、关、抢、杀。

没收工商业：认为凡工商业都是地主富农转移财产的方式，工商业者是"化形地主"。"化形地主"这个发明权属康生，他把晋绥极少的私人工商业也扫荡干净。据中共中央晋绥分局1946年调查，仅兴县就有私商250家，加上公商23家，营业总额达边币20余万元。经过土改一扫，造成人民日用品严重困难。

"群众要怎样办就怎样办"：这个发明权属于陈伯达，他写了一篇文章"有事同群众商量"，《晋绥日报》大块篇幅刊登。在中共中央晋绥分局领导下公布的《告农民书》则加以进一步发挥，明确提出"群众要怎样办就怎样办"，这是公开提倡抛开党的领导的群众自发论。

《告农民书》公布于1947年9月24日，在"群众要怎样办就怎样办"的号召之下，晋绥地区的土改运动如火如荼地开展起来，提出了前所未闻的"贫雇农路线"。

"要走贫雇农路线，不走中农路线。""贫雇农是领导者，中农是被领导者，中农必须跟贫雇走。""要克服中农争取领导权的一切企图。""由贫雇农去团结中农，而不能由工作团去团结中农。"这是把同属劳动人民而且占人口多数的中农（其中不少是刚翻身的新中农）和贫雇农对立起来，把"依靠贫农，团结中农"的完整政策割裂开来。

"贫雇农打江山，坐江山"，排斥中农的倾向更为突出。

由党组织派到农村领导土改的工作团，也要交由贫雇农审查处理。

党中央1947年发出在土改中对干部进行"三查"（查阶级、查思想、查作风）"三整"（整顿组织、整顿思想、整顿作风）的指示之后，晋绥地区把抗日战争时期的干部队伍描绘成一团漆黑，认为区以上领导机关内地主富农成分占了大多数，许多党支部是统一战线组织，因而解散了不少县委、区委和党支部。

不仅如此，当时晋绥还隐约存在这样一种思想，即认为抗日战争时期晋绥地区的政策犯了右倾错误，当时的领导者右倾思想严重，而唯独现在的领导才绝对正确。这种看法不顾抗日时期的历史条件，不顾抗日战争时期只能实行抗日统一战线政策，不顾在当时的历史条件下只能实行减租减息政策而不可能实行彻底平分土地的政策，不顾在抗日时期在党的领导下各项工作所获得的重大胜利，而否定过去，否定历史，最后只能导致否定自己。

对开明士绅采取过火斗争行动。刘少白是大地主，抗战初期已把土地财物献出，他又秘密参加了党，担任晋绥边区临时参议会副议长，曾到延安同毛泽东相见数次，他的女儿刘亚雄是大革命时期的中共党员，这样一个著名的开明人士也被群众批斗，《晋绥日报》整版报道，毛主席得悉此事后，曾严厉批评了晋绥分局领导人。牛友兰也是兴县大地主，但土地财物早已献出，他的住宅也作了晋绥军区司令部驻地，贺龙将军回到晋绥即住于此。牛友兰是晋绥边区参议员，他的儿子牛荫冠是晋绥边区临时参议会副议长、行署副主任和贸易总局局长。对这样一位开明士绅是完全应该保护过关的，但是被斗得却最惨，其惨状非笔墨所能形容。可怪的是，开这样惨无人道的斗争会，土改工作团和晋绥某些负责人却坐在台上。

没有制止乱打乱杀。既然放纵"群众要怎样办就怎样办"，那群众是什么事都干得出来的。农民的自私性和报复性，无政府主义的猖狂性，什么法纪，什么革命人道主义，他们可以完全置之不顾。恐怖现象罩于四野，狂笑与叹息杂然并陈，过火的做法是得不到正直人民的拥护的。

晋绥这一场光焰照天的大火，直到1948年初才逐渐减弱。1947年12月，党中央在陕北米脂杨家沟小住了几个月，总结前一段的经验，听取各方面的汇报，晋绥的"左"倾错误才被发现并迅速纠正。到1948年3月，毛主席写了十几篇党内文件，大多数是针对土改中的过火行动而发的，《毛泽东选集》第四卷可证。

晋绥地区之所以最后在革命转折关头跌了这一跤，归根结底，是不善于掌握党的政策，或者说，对马列主义知之甚少所致。排斥中农的"贫雇农路线"，"群众要怎样办就怎样办"的自发论，划分阶级的标准到底是什么，什么是封建主义，什么是资本主义，什么是新民主主义；什么是应当消灭的，什么是应当保护的；看问题首先看主流，还是看支流。所有这些，那时不少人都有点昏昏然。普通群众昏昏然可以原谅，领导昏昏然就会造成严重后果。至于康生、陈伯达等人就不全是昏昏然，他们是懂点马列主义的，至少是懂点马列的书本知识，对违反马列主义的"左"的倾向应当是能够鉴别的。他们的问题是政治投机商，想在这革命大潮中捞点什么东西，追名逐利，以求一逞。结果是千万人遭殃，而他们自己最后也只落得个历史的骂名。

还有一个教训是土改开始时从中央到地方都没有把老解放区、半老区和新解放区加以具体分析和区别对待。据中共中央晋绥分局1945年调查，"十二月事变"前，晋西北地主富农占地60%以上，贫农、中农与小商人人口80%，占地40%，而1945年，地富占地16.9%，中农与贫农小商人人口91.4%，占地83.1%。可见老区土地情况已发生根本变化，封建势力基本消灭。晋绥土改时把这一切调查得来的具体材料弃之不顾，视为右倾，对所有地区不加区别一锅煮，把已经平分的土地或地主阶级已基本消灭了的老区重新再加大火烧烤，未有不出乱子的。由此可见掌握马克思主义辩证法的重要性。中央的"五四指示"和《中国土地法大纲》都没有考虑到这一决策，可能是当时忙于打仗，有些疏忽。及至1947年底发现各地出了错，纠正已经晚了。为亡羊补牢，中共中央在1948年2月22日发布老区半老区土改工作与整党工作指示，纠正"左"的错误，既坚持消灭封建剥削制度，满足贫雇农土地要求，又保护中农不受侵犯。中华人民共和国成立后，全国新解放区逐步实行土改，不但保护中农，而且对富农土地也决定暂时不动，集中力量打击豪绅地主。这都是为了安定社会秩序，土改工作也只能波浪式逐步推广。不经一事，不长一智，晋绥土改的经验教训对以后全国土改工作的开展起了有益作用。

1948年3月底至4月初，以毛主席为首的党中央从陕北迁往河北平山，路过晋绥，对晋绥干部和《晋绥日报》工作人员谈话，大出我们的意料。我们这些人原以为毛主席一定会严厉批评因我们的错误所造成的损失，但是他却着重地表扬了晋绥的工作。他从两个方面论述这个问题：第一，晋绥在过去一年中发动了群众，完成了土改和整党；第二，已经纠正了土改中"左"的偏向，这也是一个成绩。毛主席把纠正错误也当作成绩，这样看问题的方法对我们是很重要的启发，他表达了革命领袖对下属部门的领导在工作方法和思想作风上所犯错误所持的宽大胸怀。

五、晋绥的文化

最后，我想谈谈晋绥的文化。别小看晋绥这个穷山沟，这是一个藏龙卧虎之地，五湖四海英雄好汉荟萃之所。除了西藏、新疆之外，中国所有各省的人这里全有。贺龙是湖南人，关向应政委是辽宁人，周士第参谋长是海南岛人，政治部甘泗淇主任也是湖南人，抗日时期的中共中央晋绥分局书记林枫是黑龙江人，各级干部和大量知识分子都来自四面八方，远自广东、广西、福建、四川、云南、贵州,近的北京、太原,这些革命志士都登山涉水,为了一个共同的革命目标,聚集到这个穷山沟来了。

在日寇侵华首脑和阎锡山之流看来,我们这些"土八路"无非是一群"草寇",实际上我们这支队伍不仅是能征善战的雄师,而且是一支文化大军。我们这里的干部队伍有大学生,多数是中学文化水平,但我们记住列宁那句名言:"只有用人类创造的全部知识财富来丰富自己的头脑,才能成为共产主义者。"我们每天都在学习。我们既是一支战斗队,又是一个学校。我们读马列著作,也读其他世界名著。十年之中,我们这些人都成长起来。我们创办了自己的报纸和刊物,我们的文化水平比敌人和"友军"高得多,至于从道德人品方面而论,我们这里比那乌烟瘴气的敌占区更不可同日而语。我们把抗日根据地称为"解放区",即从黑暗统治下解放出来的地区,这个词非常恰当。

在我们的队伍中,成百上千的干部和战士为祖国的解放流尽了最后一滴血。17岁的姑娘刘胡兰面对敌人的铡刀毫无惧色,勇敢地献出了自己的生命。她的事迹传播全国,是晋绥人民的骄傲。来自福建的女同志李林,组建了一支骑兵支队,担任政治处主任,驰骋于雁北地区,英勇善战,使日寇胆寒,不幸在一次战斗中被敌人包围负伤,仍以双枪向敌射击,最后自尽殉国,年仅24岁。这是晋绥两位名垂千古的女性英烈。

贺龙同志特别爱护知识分子,许多知识分子干部都能讲出与贺龙接近并受贺龙关怀的不同感受。别以为贺龙出身草野,文化不高。其实他不但对党忠心耿耿,而且见多识广,知识非常丰富,他不仅爱将才,而且爱文才。据我所知,抗日初期贺龙从延安请来几个诗人作家同他一道远征冀中,贺龙坚决挽留他们留在部队工作,虽然各有具体情况而未留住(只有一个张非垢同志留下了),但贺龙爱才若渴之心可见。我是一个普通干部,刚从延安马列学院到敌后,贺龙同志向罗瑞卿同志(抗大副校长)要理论干部以培训120师的高级指挥员,我和文山同志被派去了。我们到司令部,贺龙、关向应、甘泗淇、周士第几位首长都出来接见,我们真是受宠若惊。以后我们还曾多次到贺龙将军住地看望他,他对我们这些后辈和部属都坦诚相见,畅叙他的生平。他在国民党当军长时的私生活,也并不隐讳。他的一片赤子之心,令人十分感动,我们对他更加尊敬。中国知识分子自古以来讲究知遇之恩,贺龙将军于我就算有这么一段知遇之恩吧,我终生难忘。

晋绥的人民都传言贺老总的120师有三大好:一是仗打得好,二是球打得好,三是戏演得好。前两好前面已写过了,下面讲讲第三好。

不要忘记那时的农村环境,一个分散的小小山村,几个村镇似的县城,我们既没有像样的印刷厂,也没有白纸(只有土造的马兰纸),也没有剧场,从这些方面来说,我们是落后的。但是我们有三个大的剧社:一个是战斗剧社,一个是晋绥平(京)剧院,一个是七月剧社。

战斗剧社的历史可以上溯到北伐时代周逸群领导的宣传队,早在红二方面军时代就正式成为剧社了。战斗剧社的成长,浇灌了贺龙同志的心血,可以说,没有贺龙,就没有战斗剧社,更没有后来颇有声望的战斗剧社。它原先是一个人数很少的,主要是一群天真活泼的"红小鬼"组成的宣传队,其中也有佼佼者,如陈靖现已成长为专写部队生活的老作家。战斗剧社其实并不限于演戏、舞蹈、作曲、唱歌、画宣传画、刷标语,什么都干,是一支多样化的文化工作队伍。它经过了红军时代的锻炼,在长征途中做出了过多的牺牲,终于保存下来了,在八路军几支部队的宣传队中,120师的战斗剧社可能是一支最强的宣传队伍。抗日战争时期,战斗剧社逐渐扩大,除了补充了一些"小鬼"之外,贺老总还不断调来一些来自大城市的文化工作者和经过延安鲁迅艺术学院培养出来的青年艺术工作者,队伍的素质发生了很大变化。他们不但演出活报剧式的小戏,也能演出大型的多幕话剧,大都是为配合政治形势对部队进行宣传教育的。都是自编、自导、自演,一切事务性工作也都分头承担,敌情紧急时还要参加战斗。这个剧社日益壮大,人才济济,他们甚至演出了曹禺的名剧《雷雨》,除了没有剧场之外,他们的演出水平一点不比大城市的戏剧团体差。不过《雷雨》在农民出身的战士看来,可能产生一些负面效果,那时起不了鼓舞士气的作用。

战斗剧社甚至还着手改造京剧,用旧京剧的形式表演现代生活,表现现代战争。有一次他们表演敌我作战,日寇师团长身着日本军大衣上场,我方参谋长身着八路军军装上阵,敌寇发话:"来将通名。"我方参谋长答话:"我乃八路军358旅参谋长是也。"于是二人均以步枪比画撕打起来。台下大笑不止。可见生硬的旧瓶是不能装新酒的,模仿旧形式只能制造笑话。后来他们不再演出这种笑剧了。延安文艺座谈会以后,战斗剧社演出了许多农村题材的好戏。

贺龙同志爱护战斗剧社的同志如同爱护自己的孩子,只要有时间,他每场演出必看。闭幕之后,他到后台指出演出缺点。他有时甚至在演出时看到演员的台词或动作有错,当场就大声对台上发话。这种对话在城市剧场里不可能有,在当时却非常自然地表达了贺龙对艺术活动的亲密感情。他常常到剧社驻地谈心,把一群小演员搂在怀里问长问短,好像一个慈祥的母亲。人都说贺龙不是知识分子,胜似知识分子。

这个战斗剧社的成员,在中华人民共和国成立以后,逐渐分散溶化到更坚实的艺术团体中去了，他们之中涌现了不少全国知名的艺术家。如成荫，他导演了许多电影，最成功的是《西安事变》。欧阳山尊、严寄洲也是著名导演。当时的"红小鬼"高保成和孟贵彬，都是从冀中扩军时参军的孩子，现在也都老了。高保成是著名演员，近年他专演农村老人，许多影片和电视剧都有他那纯朴而憨厚的形象，他决心要创造一百个影屏形象。孟贵彬是歌唱家，他的一曲《歌唱二郎山》曾使许多人着迷。这些人物一想到自己的成长过程，莫不感谢贺老总的苦心栽培，并为贺龙的惨死而痛心疾首。

战斗剧社有一个兄弟单位是晋绥平剧院。120师从冀中平原回到晋西北，带来了大批河北干部和战士，后来连冀中军区司令员吕正操也调到了晋绥军区，接替贺龙担任司令员。部队的河北人大量增加，爱好平剧（那时北京称北平，京剧也改称平剧）的人也多了，为了活跃部队文化生活，贺龙同志调集能唱京剧的人员组成战斗社平剧队，后来单独建制，成立晋绥平剧院，花了不少经费从城市购买京剧戏装，有几位演员对京剧有相当高的艺术水平，《打渔杀家》《四进士》《捉放曹》《群英会》《红鸾禧》等戏都演得相当出色。贺龙同志指出：对旧剧一定要剔除封建毒素和低级庸俗的内容，要表现抵抗外侮的民族英雄和除暴安良的正义人物，他很重视文艺的政治第一，他特别喜欢《将相和》这类戏，一演再演。晋绥平剧院从晋绥一直演到延安，改为延安平剧院。

晋绥还有一个山西梆子剧团"七月剧社"，它是晋绥边区行政公署领导的文化团体。每场演出，山坡上都坐满了干部战士和当地群众，这是十足的地方剧种，深受人民欢迎，附近十里的老乡都赶来看戏。《打金枝》是一曲旧戏，但贺龙同志对它评价很高，他常对我们说："你们别看唐朝的皇帝，他很懂得顾全大局团结干部哟。"仅此一例又可见到贺龙同志的政治头脑，他很善于从政治上观察问题和推陈出新。

除了戏剧之外，晋绥的文学创作也有所成就。一部《吕梁英雄传》是根据晋绥大为活跃的民兵的故事边写边发表的长篇小说，作者马烽和西戎都是土生土长的作家，当初谁也不曾料到这部小说会发生全国性的影响。晋绥出来的几位作家成为中华人民共和国成立后形成的文学流派，即所谓"山药蛋派"的主要骨干。它证实了这样一个真理，越是土的东西，只要是为人民而写并为人民所欢迎，越贴近生活，就会越有全国意义。

晋绥的版画也有一定成就。力群、苏光、李少言的版画展现了晋绥人民的历史画面。

晋绥的文学活动也有过一些争论。一位颇具才华的女同志莫耶（120师《战斗报》编辑）写了一篇短篇小说《丽萍的烦恼》。写的是一个外来的知识女青年与一个工农老干部的不愉快的婚姻故事，发表于《西北文艺》。在当时的历史条件下，许多工农老干部都在前线浴血抗战，写这样的作品无疑是不合时宜的，会使人感到是一种不良创作倾向。如果当时采取一种和风细雨的方式，发表讨论式的文章与作家商榷，无疑会收到好的效果，既澄清了是非，又不伤害同志感情。不幸的是，当时对这位女作家做了严厉的批评。在后来的多次运动中她又不断挨整，其原因是她的家庭出身不好，而她性格又非常倔强，不愿低头。这次批判莫耶的事件对晋绥文学艺术的创作繁荣不能不有一定的影响。当然这种一时的缺点掩盖不了晋绥在文化上的成就。

在晋绥工作的同志都有这样一种强烈的感觉，环境再艰苦，敌情再严酷，这都是暂时的。我们的目标是解放太原、大同、归绥（今呼和浩特），以至北京、上海。我们的目标是解放全中国。那时同志们有时聊天，就打算新中国成立后自己干什么。我们拥抱全世界，我们每天展开地图，注视着世界局势的发展变化。这群"土八路"志气真是不小。

即使在那个被敌人四方八面封锁的时代，晋绥也曾名扬四海。1940年，有一位塔斯社记者在肖三同志陪同下曾到晋绥采访，我同他谈过话。他那时大约不到30岁，不知现在怎样了。1944年，有四位西方国家记者从延安来到晋绥，他们亲自到晋中前线观察八路军怎样摧毁日寇据点，经过一场激烈战斗，碉堡炸毁，敌伪军被俘，这些外国记者大开眼界，他们再也不相信国民党散布的"共产党游而不击"的谎言了。这批记者之中就有今天仍在北京的爱泼斯坦同志（作者注：爱泼斯坦已逝世）。也是1944年，美军观察组进驻延安，派了一个分组到了晋绥，了解晋绥八路军抗战实况。

可见再严密的封锁也是封锁不住的。真理的声音总是要透露出去的。真理战胜强权，包括晋绥军民在内的所有解放区军民终于解放了全中国。

农村包围了城市，也解放了城市。中国是属于人民的，而不属于任何反动派。

现在40多年过去了，当时聚集在晋绥革命根据地的同志们早已风吹云散，奔向全国各地去了。特别是在北京、大西南、大西北，到处散布着晋绥的"种子"。

他们怎样回顾几十年前的宝贵历史呢？历史是一面镜子，每个人都可以从这面镜子里看到自己的形象。有的流了血，有的流了汗，有的受了苦。我们有成绩，也有错误；有经验，也有教训。在这功与过、是与非的交错中，我们每个人都站到了自己的位置上。我们每个人在那伟大的战争中都为共同的事业做出了不同的贡献。我们曾经在那里与之同甘苦，共患难的土地和人民现在怎样了，这是我们所关心的。我们走了，他们留下了，继续耕耘和改造那一片土地。

1976年我曾经重返故土，亲一亲我战斗过的地方，一切基本如故，黄土地还是黄土地，破村落还是破村落，我感到悲伤。现在又是十多年过去了，经过十一届三中全会后的改革与开放政策，那里应该是旧貌换新颜了吧。

千秋功罪，自有后人评说。但有一点我认定是无疑的：晋绥的人民永远不应当忘记叱咤风云的贺龙将军，不应当忘记那十个年头。

回到本文开头的那句话，晋绥的过来人们也应当拍一部可歌可泣的历史巨片，否则我们就欠了历史的旧账，我们对不起历史，对不起死去的和活着的人们，也对不起他们的后代。

中编
甘惜分晋绥时期的新闻作品

防敌"扫荡"，保卫粮食，军民变工，加紧秋收[1]

题解：撰写此文时，甘惜分尚在担任八路军120师政治教员，作为通讯员，兼职为《晋绥日报》撰稿，这一时期作者的报道主题多与军队和驻地人民的生产生活有关，军民鱼水一家亲的场景，跃然纸上。

（本报讯）准备随时投入战斗，粉碎敌人"扫荡"，军区部队与各地群众广泛组织秋收变工，抢收庄稼。为了减轻人民负担，各地部队今年在频繁的战斗中种了庄稼，现在都已成熟了。因为创闹下了辛苦，庄稼长得很好，军直各单位和直属兵团的谷子，有的穗子长到一尺七八，连秆子一般都有一人来高，有的一亩能打两石五，老乡都交口称赞。军队与群众为了在秋收中随时准备反"扫荡"，并在反"扫荡"中完成秋收，提出"三快"与"三好"的号召，要求快收、快打、快藏，收得好、打得好、藏得好。而达到这一目的的办法是大量发展变工，实行军民互助。一方面军队和群众变工，在群众自愿原则下和群众一起收粮，完成部队本身秋收任务，同时贯彻拥政爱民政策，帮助抗属和穷人；另一方面部队和部队变工，后方的和劳力充足的，帮助前方活动的部队和劳力不足的单位。现在这种部队与群众、部队与部队变工秋收，正在各地热烈展开，兹特摘要报道如下：

军区政治部与吕村群众打乱地界合力抢收军区政治部生产队与吕村的军民大变工，无论办法与成绩都可说是一个范例。这里十四户群众和生产队全部的劳动力，共同组成一支秋收大队，打乱军民地界和各户地界，将军民九百坰土地组成一个大农场，依庄稼成熟先后依次抢收。在领导上，军民共同组成"军民变工委员会"，负责评议劳动力、计工及协商收割次序等问题。秋收告一段落后，按土地数目及花费人工数目结账，群众与群众、部队与群众相互之间□有长短都还工或还钱，但生产队已决定每人多做两个工，以帮助群众，特别是

---

[1] 原载《晋绥日报》，1944年10月19日，第1版。

抗属与穷人。由于变工组织、计划得好，吕村今年秋收提前十日，速度也空前提高。自九月二十日，至十月六日，每天平均四十人左右，已收完全部小麦、糜子、豆子等二百四十垧及二百二十四垧谷子，再有四天谷子即可全部收完。为防敌人袭击，踩了十多个场，一面抢收，一面抢打抢藏，并将已收的庄稼就地打成背子，这样可免掉穗落颗子，也便于及时空室清野[1]。由于变工秋收，军民关系更加密切，据变工队负责人谈，军民双方都已同意在秋翻地与冬季副业中继续变工，把现在的军民大变工发展为固定的合作社。

---

[1] 编者注：空室清野是抗日战争时期解放区政治宣传和工作生活中的一个术语，为了应对随时转移的游击战打法，也为了不给敌人留下作为战略物资的粮食，解放区军民共同抢收，并将粮食进行打包封存和对田地进行及时清理。

讨论春节"军民秧歌队"，座谈群众文娱活动经验[1]

题解：新闻传播作为大文教事业的一部分，在这篇报道中得到充分的展示。"一切应从群众的水平出发，老百姓的批评，战士的批评，就是标准。"种"文化田"，"本人写，本人演"的理念，与延安《解放日报》倡导的"大家办，大家看"的新闻生产理念异曲同工。对群众文化事业的重视，正如巴西著名马克思主义成人教育家保罗·弗莱雷所言，是一种"赋权"与"解放"相结合的"被压迫者教育学"。

（本报讯）春节期间，兴县西大川出现的"军民秧歌队"十余个，他们轮回在各村演出，甚至跋涉数十里在外村拜年，到处受到广大军民观众的欢迎。军区政治部宣传部特于二月十八日召开座谈会，出席的有各驻村的军民秧歌队负责人（包括老百姓），并邀请七月剧社及北坡高家村两个秧歌队负责人参加，张主任亦到会指导。

一、军民同乐，官兵同乐

会上，大家一致认为：这次闹秧歌的最大特点是发动了群众，在机关部队的帮助之下，各驻村的英雄及许多村干部、变工组员、儿童、妇女，甚至六十几岁的老汉，还有"道情班子"，旧有剧团和民间艺人等都在自愿的原则之下被发动起来（虽然还只是一部分），军民方面一部分干部、战士和杂务人员也组织起来参加进去，共同组成"军民秧歌队"（人数都在六七十人以上），军民双方各选出共同负责人。在一个节日里，常常是军民合演，大秧歌队更是军民掺杂，真正做到了军民同乐，官兵同乐。

---

[1] 原载《晋绥日报》，1945年3月2日，第1版。

二、自编自演，朴素实际

其次，这次闹秧歌大大发挥了群众的创造性，他们自己创作了许多简单朴素、切合实际、为群众所喜闻乐见的剧本，七个秧歌队演出了四十多个（剧社演出的不算），其中绝大部分都是群众自己写本村、本连队、本机关的故事，如教导团八连演出的"钉缸"，侦察连演出的"李芳捉俘虏"，北坡演出的"军民一家"，木兰干演出的"反'扫荡'""合作社"，石岭子演出的"妇女劳军"，胡家湾演出的"二大流转变"（这个剧中的二大流的扮演者就是他自己），等等，集体创作，由能写的同志执笔，但演员的机动性也很大，不受剧本的约束，在排演和演出时随时补充一些新鲜活泼的恰当台词和语汇。由于剧作者、演员和观众的联系如此密切，内容又是群众自己的事情，所以这种秧歌剧受到群众的热烈欢迎，一再要求再演。

三、职业剧团与业余剧团结合

这回闹秧歌中间的另一特点，就是职业剧团给了这些秧歌队以很大的帮助，也就是职业剧团与业余剧团的结合。七月剧社和战斗剧社，在编剧、导演、乐器、道具等方面都热心地帮助了驻村的秧歌队，茜口派人出去帮助附近村庄的秧歌队。这对于军民秧歌队的建立和工作都有很大的作用。

张主任指出：内容、形式必须合乎群众水平，今天主要是普及。张主任在他的讲话中给了上述各方面以很好的评价，他说：今年的春节宣传，有许多新的东西，已经找到了正确方向，这就是军民同乐，官兵关系，职业剧团与业余剧团相结合。这个方向应普遍发展起来。我们的宣传内容是任务与时局，表扬智勇、勤劳、团结和进步，以表扬为主，批评为辅。所以在编排上，要十分注意政策。对时局，对农村统一战线，对伪军，对军民关系等，应分别轻重，要有分寸。为什么？以具体实际为主，本人写，本人演，这对于本村本机关的教育是很好的，并可以纠正"演戏不是正经事情"的错误看法。但职业剧团则应多写一般的实际，在形式上，提倡小型的现场歌舞剧。小型，最易普及，广场不受舞台限制，歌舞最能吸引观众。在部队中，要适合战士。战士感兴趣，解[1]得下，演得出，表现战士的品格、情感、风度，这就是好的，旧剧本，旧人才，旧乐器，应广泛使用，但利用旧剧本须慎重，里边有许多封建、迷信、

---

[1] 解，晋西北方言，读 hài。为"晓悟，明白"之义。

庸俗的东西，是最脱离群众的。最好的办法还是群众集体创作新剧本。发动妇女，不但要本人自愿，而且要做到家人自愿，旧习惯的力量很大，有半点勉强都不好。今天我们强调小型的广场歌舞剧，主要还是为了普及，看起来旧艺术水平不高，但仍应当鼓励。一切应从群众的水平出发，老百姓的批评，战士的批评，就是标准。张主任的讲话更启发大家来检讨这次春节宣传的缺点：如在机关部队中发动群众还不够广泛，在老百姓中个别的还有某些勉强，个别剧本的某些内容还不完全恰当，利用旧形式人才还未引起最大的注意（只高家村利用了"踩牌子"），石岭子利用了"道情班子"，等等。最后，汪小川同志提议将各秧歌队在不妨碍生产、学习、工作的条件下，变成业余剧团，在假期和节日随时演出。高家村、木兰杆的秧歌队宣布了他们准备在今年调剂土地种"文化田"的计划。

军区政治部各单位订出今年学习计划[1]

题解：解放区丰富的学习内容，明确的学习目的，清晰的学习规划，让人不免想到当下"学习强国"号召下，自上而下的学习热潮。然而，将"工作、学习、生产"三者有机结合，似乎较之于单纯的理论灌输来得更为真切，想必效果也愈加明显。

（本报讯）军区政治部各单位都先后召开了部务会，对本机关、本部门的工作、学习、生产，都做了检讨。大家认为去年三者配合还做得不很好。今年的学习计划已经订出：春耕以前学习毛主席《一九四五年的任务》和谭政同志《关于部队政治工作问题的报告》，及其他有关文件，联系本身业务进行讨论。除此以外学习刘少奇同志《论共产党员的修养》及有关文件。全年的学习目的，在于正确解决个人与党的关系，扫除同志间无原则纠纷，克服骄傲自满现象，使工作更加切合实际。学习时间，除生产最紧张的时期外，要做到每天挤出两小时的学习时间（上午下午均可，由个人斟酌情形），每逢礼拜一小组进行讨论，讨论以前要有酝酿。学习、工作、生产的领导统一，各部部长不仅领导本部门工作，而且要领导学习和生产。每个同志在订计划时，工作、生产、学习订在一起，使三者紧密结合。下去长期工作的同志，就地参加那里的生产和学习。

---

[1] 原载《晋绥日报》，1945年3月25日，第2版。

伟大的胜利的捷报 [1]

题解：文章极具时代特征，"这是比之任何胜利更加伟大的胜利的捷报，人们迅速地把它传播到四方"。从这样的表述中不难看出，对群众对毛泽东的拥护和热爱。本文并不是严格意义上的新闻稿，更近似于当下流行的非虚构写作。但较之于非虚构写作，这种夹叙夹议的写作方式又介入了太多的个人感情。

我们的中心学习小组正在开会讨论联合政府，在什么时候可以实现联合政府这个问题上面，引起了热烈的讨论。从外面回来一个同志，他匆匆地走进门来，手里拿着一张纸，不等大家同意，就面对着那张纸朗读起来了："七大闭幕，产生了新的中央委员会，你们听，新华社延安十三日电。"讨论自然地停止下来了，每个人的注意力集中在那张纸上，都期待着下面将出现自己早已期待的消息。当读到中央委员会的名单，首先听到毛泽东同志的名字时，满窑同时轰起了一阵掌声，兴奋愉快之情，浮现在每个人的脸上。

这是比之任何胜利更加伟大的胜利的捷报，人们迅速地把它传播到四方。

它被传到了田野，那里正在与旱荒做斗争，不停地担水浇瓜，但人们立刻围团起来，争着问这问那。过分的快活，他们情不自禁地举起了锄头和扁担，嚷着唱着。然后，他们又各自拿上自己的农具，更加紧张地浇瓜去了。

它被传到了饭堂。饭堂里的黑板上早贴上了一张"号外"，人们拿着碗筷，顾不上吃饭，争着在那块黑板下边攒动。是谁在念着"号外"上的人名字，挤在外面的人看不见，也听不见，升起一双手，打着那人的肩膀："大声些，大声些。"它被用电流，用报纸，用书信，传到无尽的远方，传到每个人的心里去了。

毛泽东同志之被全党正式承认为他们的领袖，使每个同志都为自己心坎里早已确定了的愿望之实现而欢呼。一个干部同志说："有了毛主席带头，咱们

---

[1] 原载《晋绥日报》，1945年7月1日，第2版。

谁也不怕。"新的中央委员会的名单吸引了所有的人最衷心的拥护。他们逐一检视上面的名字，看是不是自己平时所最佩服的党的领导者都在上面，结果是所有的人都非常满意。若干年青的，然而在各个战线上对中国人民解放事业有伟大贡献的英雄，也和毛泽东同志这样的老布尔什维克列在这张名单上，特别使大家感到党的成熟、老练、坚强与无上的光荣。

李立三同志仍然被选为中央委员这件事，它被引起了深刻的感动。它标志着共产党人的自我批评的有效、党的钢铁一般的团结和毛泽东同志领导思想的伟大。一个曾经有过不少缺点的同志，因此而沉思良久，之后说："只要我能改正缺点，我就可以永远以做一个共产党员而骄傲，以能够当一个毛泽东的学生而自豪。"

军区政治部干部热烈学习《论联合政府》[1]

　　题解：这是一篇工作经验总结与分享式的报道。言简意赅地阐述了本单位的学习情况与学习方法，作为通讯员撰写的通讯稿，具有极强的现实指导意义。从文中所提到的组织形式与交流模式可以看出，彼时的集体学习已经颇具组织形态。

　　（本报讯）军区政治部干部按照预订计划学习《论联合政府》，参加中心小组的同志（部长科长）分别领导一般小组，使行政领导与学习领导统一。这样，一般小组讨论的问题，再去指导一般小组的研究（一般小组每星期讨论一次，中心小组每两星期讨论一次）。如此循环，使讨论更丰富、深刻。讨论的方法：不预订题目，而由漫谈读文件的心得扯起，一经发现问题，即展开争论。不受题目限制，争论得以自由展开，非常活跃。同时小组长又不是让讨论无中心地自由下去。为使讨论不流于空洞，首先要大家多方了解情况，但因生产和工作任务的繁重，不能要求每个同志都熟读报纸上的参考资料，就指定专人负责搜集某一个问题的资料，向大家报告。上周学习关于国际形势的部分，根据毛主席关于盟国团结和人民力量的分析，报告了两次参考资料，大家认为这种方式对学习帮助很大。现更拟出版［学习简讯］一种，以交流全军区各部队的学习经验，推动学习。目前存在的弱点是，没有利用一切可能利用的时间来漫谈、酝酿，以发现更多的问题或思考意见更为成熟，对通讯员、警卫员、政卫队和杂务人员的学习，还须更好地注意和组织。

---

[1] 原载《晋绥日报》，1945年7月3日，第2版。

收复黄家堰的经验[1]

题解：这是甘惜分在担任《晋绥日报》通讯员时期的最后一篇见诸报端的作品。延续一贯的经验分享式写法。文中提到群众自发地进行心理战："类似于这样工作经验总结性的文章，发挥着巨大的鼓动作用，对现实工作有直接的指导意义。对敌进行政治攻势，散发宣传品，用言语和'小殷勤'以启发敌兵的想家和悲观的情绪。"这或许能够真正体现发动群众的本质优势。所谓，得民心者得天下！

黄家堰敌据点为什么能在短短的两个月之内即被我军民围困收复呢？
这首先是由于，我部队、武工队、政府和民兵一致协同动作，以党政军民的总力作战。对该据点及周围村庄进行了艰巨的群众工作。特别值得大书特书的是地下军工作的成功。我方工作同志善于利用敌人的威信扫地和我军胜利的军威，钻进敌人的心脏打击敌人，深入黄家堰村内，对群众进行民族仇恨的教育，贷粮贷款，实际解决群众的困难，大大提高了该村群众对敌斗争的积极性，群众中的积极分子自动要求组织民兵，他们手执武器（地雷手榴弹）领导全村大小男女，在敌人身边执行监视敌人的任务，敌人出发，就打警报报告给四面的联防哨，使附近村庄少被抢劫和烧杀奸淫。对敌进行政治攻势，散发宣传品，用言语和"小殷勤"以启发敌兵的想家和悲观的情绪。坚持反"维持"影响附近村庄也始终不维持。利用合法地位，把汉奸送到我军。并开展爆炸，炸死敌人。又替我军侦察，送情报，带路，看地形以及其他许多有用的工作，最后领导全村搬家，使敌完全孤立，有力地配合了我军的攻势。

其次，我军善于孤立敌人的要害，遏制其致命的弱点，提出"干死他"口号，再三再四填塞其维持生命的唯一的水井，并使水井臭得熏天，敌虽几次挖开，也不能喝，单是这一点，就能逼迫敌人无法久住下去。

---

[1] 原载《晋绥日报》，1945年7月25日，第2版。

再次，黄家堰敌寇不敢利用汉奸，碉堡上无一个"中国人"，这虽可避免伪军伪组织人员与我里应外合的危险，但其更大的苦恼却是，困守碉堡上的二十多个敌军官兵完全没有耳目，形同聋盲，不通民情，亦不谙敌情（我方），这一点，实大有利于该村群众的活动，和我方的活动。

最后，六月二十七日下午，我军在黄家堰附近痛击静乐来援之敌，斩断了敌人坚持据点的最后希望。这次战斗，估计精确，布置精密，敌全部进入我埋伏圈，毫无发觉，我军以各种轻重火力予敌以突然打击，使敌丧胆，然后我军发起冲锋，以少数牺牲，歼敌六十余。当地人惊慌动摇时，此种短剑似的打击，实可影响全盘，助我军威。所以，该据点之拔除，乃是我军民长期围困和猛勇战斗之结晶，它高度表现了我晋绥边区对敌斗争围困制胜的特点。

大同——日本投降者的摇篮[1]

题解：倘若遴选20世纪百篇优秀新闻作品，这一作品有望入选。既因其题材的重大性而显得别具一格，又因甘惜分文笔生动凝练，语言明白晓畅，且富有节奏感，同时寓褒贬于字里行间。文章在短短千字之中，以既接近新闻通讯又类似新闻特写的手法，细致而深刻地描绘了宣布投降一年之后，依然有大量日军及其眷属在中国大陆恣意横行或悠闲自在地生活的历史现实，读来触目惊心又发人深省。

留居在大同的日本人，这些杀人的匪徒，虽然也因为他们侵略战争的最后失败而感到忧伤，但侥幸得到阎锡山的"优待"，依然能逍遥自在。

一个初到大同的陌生人，首先得到的便是这种触目惊心的现象：大同居住着许多许多日本人，他们穿着崭新的黄呢军装，鲜红的领章，宽皮带，长靴子，挺着胸膛，摇摆着手，三三两两地打从大街上走过。如果一位艺术家把这些脸白红润的大和民族的武士们和阎锡山的疲弱的士兵写入一张画面上，那无疑将成为一幅绝妙的讽刺画。

大同街上很少有小汽车驶过，但驰过的小汽车里却多半坐着日本人。最多的是日本人骑在大洋马上横冲直撞，这些东洋马匹都和一年前一样肥胖和威风。

执行小组开始住在一个简陋的处所。一天，美国代表麦克尔上校从帅府街通过，他参观了一座漂亮的三层楼大厦，里边电灯、电话、自来水、暖气管、浴室、饭馆、游艺场，一切舒适的都市生活享受，无不应有尽有，这便是日本旅馆，许多日本人在那里过着宛如旅行者的愉快满意的生活。这事激起了美国代表的不平和愤怒，大同当局只得委屈地把这些"贵客们"请走，腾出这个大厦来作为执行小组的办公处。

---

[1] 原载《晋绥日报》，1946年4月25日，第4版。

记者曾去日军司令部参观，高耸的墙壁和巍峨的大门，大同当局为应付执行小组，装饰门面，派了两个穿着灰军衣的阎军士兵在门侧站着，他们并不是警戒，而是给看门的，大门里边是宽敞的通道、美丽的庭院，日本军官们的汽车和洋马从大门自由出入，一无阻挡。一切事物与那两个守门的阎军士兵毫无关系。

大同究竟住着多少日本人呢？大同楚溪春司令是最忌讳谈论的。八个月以来，大同当局没有拘捕过一名日本战犯。坂本旅团长是大同一位"高贵的寓公"，他深居简出，仍然掌握着留居于晋北日军的指挥权，不过他的旅团司令部仅仅改为"日本善后联络部"罢了。据说大同的一些要人见他也不是十分容易的。

大同粮食困难，但这些侵略匪徒们吃的粮食，主要还是大米。一个日本儿童小学照常上课，他们都穿戴很特殊而且整齐。

总之，一切的一切，投降后的侵略者并没有受到任何惩罚，他们在大同，自由自在地生活着。一位阎锡山的军官对我说："这样就叫作大国的风度"！日本投降者在大同如此无忧的生活，大同周围的许多车站、村镇的碉堡之中，日本士兵仍执着武器和阎军共同驻在一起，不时向各村屠杀，抢掠中国人民。譬如，怀仁驻着坂本旅团的松元大队，白洞（口泉附近）驻守着坂本旅团的丸尾大队田中中队。阎锡山宣告他们的任务在于"共同剿叛"，直接使用在机动的决战方面。以之为示范部队。

绥蒙区水利工作经验：走群众路线事半功倍，依赖公款、少数人把持的都遭失败[1]

题解：从专业视角论之，本文标题似乎不够凝练。文章延续担任通讯员时期形成的关注视野和行文方式。以正反两方面的典型，论证了好坏两种经验对于实际工作的意义。在总结经验和汲取教训两方面，均有建树。文末用"太史公曰"一般的笔调，对主题进行画龙点睛似的升华，有效地引导了读者的实际行动与思考路径。新闻报道只是一种旁观者的直白描述，还是应站在高位谋划全局？这似乎是这篇文章带给我们的思考。

（新华社集宁六日电）绥蒙各地兴修水利中，已发现数种成功与失败的典型。丰镇五区申家囫囵与张丙营子两村，过去关系很不和睦，张丙营子少数人霸住渠楼，不让申家囫囵浇地，经我政府倡导合作，村民民主商议，两村乃尽释前嫌，共同成立水利委员会，选两村公正人士当委员。揽工修渠，制度严格，村干部首先试验，每天连挖三土方（一土方即长宽一方丈，深一尺之土块）定为一个人工的标准，任何人都不马虎，并规定水渠经过谁家地，谁家出钱，政府贷款十万，仅在开渠而又缺少口粮的贫苦农家才可动用。群众积极修渠，贷款只用过很少一部分，渠事顺利进行。另有该区白家营子与毛家营子两村水渠，纯系民办，不用贷款，该两村南北相距五里，关系原来也不好，白家营子大地主龙梅，不让毛家营子开渠，两村形成对立。解放后，毛村全村向龙家算账，感于群众力量伟大，龙答应毛村开渠，并自动借出口粮十四石，另一地主亦出借口粮十二石，有此二十六石口粮，毛村之修渠工作即热烈开始，居民总动员，至春耕时渠已竣工，并在堤上植树五千株，但凉城土城子则完全相反，该村水利委员会既无经验又不公正，因袭旧政权敲诈穷人，作超经济剥削，向政府借款二十万元，先借给穷人雇工，规定每个工挖六方土（实际只能挖三方

---

[1] 原载《晋绥日报》，1946年7月9日，第2版。

土），比亩价低一半，借款之债务人劳动二日，只顶一日，工程遂陷停顿。最近经政府检查指出，始行纠正。又如丰镇一区之粉剑村水渠，村干部和群众在思想上认为这是"公家的"，完全依靠十八万贷款，结果只开了一百六十八丈，钱已用光，至少浪费三分之一。按地势如不延长渠身二十丈，引水入河，则另有五十亩地将会淹没，水利委员对此亦置之不理，经检讨后，才开始纠正。此外，并有龙胜福生庄军民合作的典型，前会报道，以上说明水利事业中群众路线的重要性，凡发动群众者则大有创造，事半功倍，凡把持包办，依赖政府贷款者必事倍功半，以至塌台。

蒋机炸毁大同修道大学院目击记[1]

　　题解：这是一篇战地报道，对战争细节的描述是本文最突出的特点。极简的用笔风格使得新闻作品在包蕴着巨大信息量的同时，亦可以有血、有肉、有温度，至为难得！

　　十九日后半日，凡是可以望见大同的地方，也可望见大同北关火焰熊熊黑烟罩天，经打听方知，被焚处为天主堂。当日夜间，在我军入天主堂的路上，遇见一长列的人，每人肩负一个巨大的包裹，或两人共抬一个包裹，脚上穿着皮鞋，在风沙里艰难地、迟缓地默默走着。他们几乎跨不上一尺高的土丘，护送他们的八路军战士拉着他们的手，一个一个地拉上来——这就是教士们逃难的情景。他们每人对我军战士道一声"谢谢"，声音中带着颤抖和悲哀。

　　在教堂的地下室里可以听见炮弹在近处爆炸和美国枪弹尖厉的叫声。我在这里做了关于火烧天主堂的调查，严格地说，称这里为"天主堂"是不正确的，它的名字是"大同修道大学院"，它不是普通的天主堂，它是一座研究天主教神学的所在。据说在这里毕业的学生即可充任神甫，此院在华北是数一数二的"圣地"。院址在大同北关，离城约五里，位于火车站之西，建筑于民国十三年，规模颇为宏大，壮美的H字形的三层洋楼，有礼拜堂、课堂、图书馆、餐室、浴室、卧室、游艺室等设备，并有发电机、自来水、中外管弦乐器及风琴。六座洋房四周均为花木、菜蔬，白杨高耸，景致优雅。院址占地近百亩，一切现代化的生活享受无不具备，但是所有这一切都在一日之间毁于国民党反动派使用的美造飞机及其炸弹之下。

　　八月十五日起，美制轰炸机与战斗机配合大同阎伪日军之地上大炮，开始在这一代猛炸，十五日一日内，院内落炮弹二百余枚；十七日蒋机不断轰炸、扫射，前楼着火，我军立即出动抢救，幸未成灾；十八日投弹，最后房屋多处

---

[1] 原载《晋绥日报》，1946年8月27日，第2版。

被震塌，五株树被拦腰截断，两头骡子炸成肉泥，不见尸体；十九日蒋机来袭六次，中午对准教堂投下燃烧弹七枚，继之以燃烧性机炮弹扫射，顷刻之间，黑烟腾空而起，大火从北面那座大楼上燃烧起来。蒋机为阻止我军救人，整日以机枪扫射，下午东南风大作，火势愈猛，教士们悲愤不可抑制，挂着两行眼泪在胸前画十字，着急道："把我圣主糟蹋至此。"当日半夜一场大雨，火始被扑灭，但一代文物已化为灰烬，全部贵重物品俱毁于大火中。

次日（二十日）天明后，我在院内发现到处是焚后的衣服、补丁、毛织品及书籍，发出恶臭。房屋只剩秃秃四壁和一堆堆的破瓦残砾。附近的花木多被烧成枯黄，前楼和几排平房虽未完全烧毁，但已经被震塌得不可辨认。到处是炸弹坑、炮弹坑和步枪、机枪弹的痕迹。图书馆的数万本中文外交藏书（除教义外尚有经济、文化、史地各类极宝贵的书籍），也被轰炸得不成样子，拾起一页一页残书，谁也将感到难忍的悲痛。在"世界和平"的声浪中，这座和平的教堂竟被残酷地牺牲在中美反动派合制的战争阴谋下。对于这座教堂，对于教堂内的七十余位教士（内有五名比利时神甫、两名中国神甫），都遭到了从来未有的浩劫，他们感受的悲痛，更是不可计量的，但幸而他们逃难在地下室，生命尚无危险，当他们于十九日夜间忍痛离开这堆瓦砾时，他们对八路军战士说："谢谢你们，我们的生命有了保障。"

黑暗的大同城[1]

题解：为因应战争时期电报发报的需要，新闻作品多采用综述的方式，一篇文章会从多个角度对现实进行综合反映。各条信息自成一体，但又可因组合而显示更大的效力，此文便具有这样的特点。文章用生动的笔触描写大同之"黑暗"，趁火打劫、强行征兵、物价飙升、民不聊生，本文提供众多数字，给人翔实可靠、条理明晰之感。

据阎伪俘虏及难民谈称：大同已成一座黑暗城市，入夜全城漆黑，居民都紧闭大门钻进地洞，以防阎伪军趁火打劫。市内白天行劫之风普遍发生，每个士兵回营，总可以捎一口袋粮食，或弄来几个手镯、金戒指。

阎伪强征壮丁入伍，平均每间三人，全城计六百间，共可征兵一千八百名。此外又从监狱选出大批罪犯，强迫当兵，三十四岁的王界承于今年四月曾因为偷了日本人的东西，而被大同地方法院逮捕入狱，最近已押入晋北学院营盘内保安十一团当兵；去年以来，雁门各地阎伪军逮捕我区群众及工作人员，一部被编为三十八师新兵连，但未发给武器。为加强大同各街道的碉堡和壕沟，居民每户每天得派出一人服役，其中许多被骗进营房之后。就失掉了行动自由，被迫当了兵。

国民党飞机在大同上空投掷弹药物资，降落伞落地时，曾打塌民房多间，居民死伤者达百余人，俘虏张俊德（三十八师二团通信兵）说：他亲眼看见大同街上一个小孩，被降落下来的东西打得脑浆迸出。

大同物价极为惊人，白面每斤已至三千余元，粗劣之高粱面亦售价近二千元。大同东五里沙岭村之阎伪三百余被歼后，我军发现士兵每人所带之干粮，为一口袋煮熟的黑豆，可见其食粮之穷况。

---

[1] 原载《晋绥日报》，1946年9月10日，第3版。

大同当局虐待我被俘虏人员，饥寒交迫中仍戴脚镣服苦役[1]

题解：美军介入国共和谈之际，作者作为新华社绥蒙分社记者，目睹阎匪军对俘虏的虐待，据实际呈报，直接引起了双方的高度关切，进一步促成对被俘人员的解救。记者的力量，多在于通过新闻产生的舆论，间接推动事态发展，此文可视为记者直接介入社会的例证和典范。

（新华社绥蒙十八日电）在大同北门外马路上，曾遇见被俘我方人员十二人由阎军武装士兵押送，拉大车二辆前往车站拉碳。他们脸面黄瘦，衣服破烂，脚上戴铁链，艰难地拉着大车，记者获得监狱主任及押送士兵之允许，与他们谈话，其中马玉霸等十人，系我解放区地方工作干部和部队战士，余两人为口泉居民，被诬为政治嫌疑犯逮捕者。他们被囚于大同第三监狱。他们说，自去冬迄今，狱中已死亡三十余人。近尚有六十余人奄奄待毙。室内无铺无盖，空气潮湿，因而多生疥疮。他们争相敞开破烂衣服示记者，但见血肉斑斑，多有溃烂，全身无一完处。当询及饭食时，众人泪眼相看，并从怀中掏出一小高粱窝窝说：每天六个，无菜无汤，极难下咽，都快要饿死了。他们要求记者转达中共代表前往监狱实地考察，并迅即设法援救。此时有一日军傲然驰马而过，众人均投以愤怒之目光。记者归后即将目击事实报告与执行小组。中共代表即向大同当局提出交涉。当此国内停战，我方陆续遣送俘虏之时，大同当局虐待我被俘人员之惨状，不禁令人发指，望全国人士予以正义的声援。

---

[1] 原载《晋绥日报》，1946年9月22日，第4版。

阎锡山的军事机密掌握在日本人手里[1]

题解：短消息，大新闻！文末数语，画龙点睛。

（新华社同蒲北线十日电）在晋北忻县汾阳岭战斗中，被我俘获之日人四名，系驻忻县保安第二大队之电务人员，计通讯排长高木（改名司马义），通讯士长冈宽（改名张宽政）与报务员田中武（改名管仲武）、真岛明（改名为杨明秀），共带电台一部，阎四十师师部与第三旅之间的电讯联络，均经彼等四人之手，忻县之日人保安第二大队与四十师师部及旅部间电讯，亦由他们转发，由此可见阎锡山的军事机密，对于日本人是公开的。

---

[1] 原载《晋绥日报》，1946年11月13日，第1版。

平社之战[1]

题解：这篇战地报道多少富有几分传奇色彩，其中直接引语颇耐人寻味。语言简洁有力，文白相间，节奏感很强。集整体战况与细节描写于一体，一气呵成，读来畅快淋漓。尤其是基础直接引语的使用，恰到好处。

（新华社同蒲北线十二日电）八路军某部于五日晚，以闪电之势，突然出现于庄磨、平社之前，庄磨阎伪闻风逃窜入平社。六日天色微明，平社之敌爬上铁路东侧山地，企图顽抗，我军白日进军，其神速完全出敌意外，二十分钟即登至山顶。某连两个班在班长狄连厅、张宛明率领之下，一马当先，手榴弹一响，阎伪军即狼狈向南退却。我后继部队乘胜推进，一气占领五个山顶，控制第一条山梁，并继续向第二条山梁扩展，此时敌机嗡嗡而来，惟浓雾漫天，我军大胆进击，前面是汾阳岭的主峰，峰峦起伏，山头一个比一个高，地势一处比一处险，溃败之敌，就据守在这条山梁上，我军过沟越岭，传来大黑山上第一个山头被占领的号音，全军喝彩，勇士们高呼："冲上敌人指挥部呀！"我炮兵弹无虚发，震动山谷，阎伪团长下令死守，但士兵四散奔走，二营营长被枪击，亦无法挽回颓势，我军以席卷之势，迅速冲上最后一个山头的敌人指挥部里，团长乃张皇逃命，此时天色黄昏，战士们说："敌人跑得太快了，打了一天，俘虏不多，心里很不痛快！"我指挥员笑答："不要着急，好消息马上就来。"少顷，隔山枪声大作，捷报传来，向忻县退逃之敌，刚出沟口，即遭我某部伏击全部落网。

---

[1] 原载《晋绥日报》，1946年11月15日，第2版。

绥蒙敌后纵横千里，我骑兵游击兵团活跃，傅顽兵力分散屡受重创[1]

题解：这是一篇战况综述为主题的文章。不仅有具体的战况汇总，还有对形势的简明评论，是当时较为流行的经验总结式的新闻通讯稿。严格意义上讲很难看作是新闻作品，但具有一定的现实指导意义和史料留存价值。

（新华社绥蒙九日电）近自大青山来人，谈绥蒙敌后游击战争形势称：八路军骑兵游击兵团深入傅军后方与傅军作战大小二十余次，屡战皆捷。目前活动范围东起兴和，西迄绥包，南抵长城，北达蒙古草原，纵横千里。傅虽采取"以骑兵对骑兵""以游击对游击"的战术，掠夺蒙古马匹，将进驻该地之正规军、杂牌军及地方保安团均装为骑兵，有时更配合步兵、飞机、坦克及装甲车，向我作大包围，只合击或追击，但由于地区辽阔，傅顽兵力分散，加之老兵所剩无几，新兵战斗力更为低下等困难，故我军每次与傅军交战，无不胜利，因骑兵运动神速，故双方常演成遭遇战，我军即猛打猛击，不让敌有喘息机会而歼灭，如十月初黑山子（武川东）之役，鄂友三部千余骑兵与我遭遇，我军立即冲入敌阵，以大刀交搏，傅军狼狈逃窜，计三个月来，我军与傅顽所有骑兵部队交战，鄂友三、门树槐、石玉山、宝桂庭等部均吃败仗，我军共毙敌千余，解放壮丁三千余人，而我军伤亡不及百人，缴获傅军武器与马匹，更充实了我军装备，我军得胜原因是：能机动使用力量，求主动作战，寻找有利时机予敌迎头痛击；其次，该地八年来即为我军抗日游击战争根据地，群众爱戴，八路军为人民解救被捕壮丁，夺回被截之食粮，益得群众拥护。

---

[1] 原载《晋绥日报》，1947年1月14日，第1版。

领导上未弄通土地改革政策，左云土地问题多未解决，已解决土地问题的村庄，果实处理不公不妥，地权亦未确定，群众觉悟未提高[1]

（新华社绥蒙十二日电）左云土地改革运动进行已近一年，最近检查全县三百二十一个自然村中，比较彻底解决土地问题者，三十四村，大部分解决者十七村，解决一半者五十九村，个别解决者（即一村中解决三五户者）六十四村，完全未动者一百四十七村，由此可见，该县已解决土地问题之村庄尚不及半数，大部分村庄尚是"空白"。其中有两种情形，一种以三区为典型，该区很少地主，多为自耕农及贫雇农，一般认为很难解决，加之靠近丰镇、大同，对敌斗争中未进行土地改革，故该区土地状况基本上未动，一种以一区之威鲁堡一带为典型，封建地主势力丝毫未动，县区干部很少去那里工作，更未发动群众，人民仍苦于对封建势力之统治，此类村庄各区都有，甚至城关附近大路上的南八里庄、朱家窑子等村亦然。如进一步观察，更可发现该县已经解决土地问题之村庄，亦不彻底，这里又有三种情形：（一）满足于清算汉奸恶霸的浮财（银钱物资），其中包括侵犯一部分中农的利益，而对于地主土地的兴趣反不如对浮财的兴趣大，结果浮财花光，土地没有解决。（二）据统计该县一年来从地主恶霸手里已拿出七万一千四百零五亩土地（另有上等水地二百八十一亩），但这些土地，一部分分配不公，只分给参加清算的群众，干部又多分土地。一部分则至今未分，保存在农会名义下或充作军火田。所有这些分配过的土地，几乎全部都未立地契，土地的新主人尚未得到地权，因此只割青苗不翻地、任其荒芜的现象各区都有。县城东北八里庄，可为此种情形的代表。部分得到斗争果实的农民，竟向地主退还土地和耕牛。因此影响到干部民兵和群众三者之间的关系。（三）一部分破产地主趁势赎回土地，仍然出租，

---

[1] 原载《晋绥日报》，1947年1月14日，第1版。

恢复昔日情势。如二区□家沟斗争大地主大恶霸李郁后，破产地主戈玉喜赎回土地三百亩出租，而许多没有租佃关系和借贷的贫苦农民，则仍无土地。

　　最近该县召集扩干会，对上述严重毛病做了深刻检查，认为这是领导上没有深刻了解土地改革的意义，急于求功完成任务，不深入工作和某些村干部的自私所造成的。因而方式上是强迫命令，放松教育群众，没有使群众自觉起来斗争。连贫苦群众对政策亦多不了解，而且群众的变天思想仍未消除。扩干会在纠正干部思想和作风这一问题上，得到初步成功，明确认识土地改革是发展生产加强自卫战争，提高群众觉悟诸问题的关键后，决议以全力开展土地改革，纠正以前错误，改造干部作风，对土地缺乏之村庄，进行村与村之间调剂或发展其他生产，本靠山吃山靠水吃水方针，坚决帮助群众生产发财，现扩干会已闭幕，全县干部也分头下乡按支点进行工作。

傅占区官匪不分，县长勾结土匪抢人 [1]

题解：该文并非严格意义上的新闻报道，可以视为军事情报。作者据实摘录报道，能起到较好的激发民众情绪的传播效果。

（新华社绥蒙二十日电）：此间最近缴获傅顽长官××去年四月三十日发出之代电一份，供认傅占区官匪不分，该电称：察省[2]万全县县长穆耀武（按当时该省全境均是解放区，穆耀武是蒋方"流亡"县长），勾结土匪陈心镜等，于前年腊月初八，在包头以北善达公庙抢劫行人武副官，并将武副官打死。事前穆耀武等授予陈等三八式步枪一支，山西造手枪一支作为凶器，次日陈等在包头附近同穆耀武当面瓜分赃物。前年冬，该县长又指使其部下裴耀宗出去行窃，在隆盛庄、平地泉（均在集宁东南）等处民户中，刁抢骡马四匹，送回黄河后套狼山县老家。去年四月，穆耀武又以扣押拐犯为名，命其保安队长樊树亭等五人到狼山将裴等扣押，趁机又将裴耀宗及其岳父家产抢光，然后呼啸而还。由此可见在傅统治区中官匪不分，残害人民。

---

[1] 原载《晋绥日报》，1947年2月24日，第1版。
[2] 察省，即国民政府统治时期的察哈尔省。

左云县二区区长丁某等腐化堕落严重，县扩干会检讨，决议加强区村干部教育[1]

题解：这是一篇调查性报道和监督性报道。作者以犀利的笔触，揭发了地方干部腐败无能，横行乡里的丑恶行为。作者并未将会议作为核心的书写对象，而是对会议讨论的核心议题进行深入的阐述，这给当下的会议报道提供了某种有益的参考。

（新华社绥蒙4日电）左云扩干会上，检查出过去领导上对于某些区村干部严重脱离群众腐化堕落行为，采取姑息以至放任态度，是非常错误与危险的。该县二区区长丁某，去年春与专署建设科长领导一个村开水渠，住在村长家里，村政权未改造，村长是给敌伪当过村长的恶霸地主，每天以酒肉款待他们，甚为殷勤，丁毫无群众观点，竟把水利贷款五十万元及互借粮二百小石，均交他管理，自己每天闲看旧小说。结果五分之二的贷款借粮都被村长贪污。许多贫苦农民的土地被水渠占用，又因缺乏口粮和劳力打楞漫地[2]，水利竟被地主富农所享用。去年某村征收公粮，群众不满意，要求区长重新去评议，他到该村不去深入群众，为群众解决问题，反而喝酒吃肉，对群众要求毫无结果。群众说："区长昏沉，那能解决我们的公粮问题？"晋北战斗激烈之际，区上其他同志大多紧张前线，他却躲在区公所看戏。他甚至用五十万公款买纸烟，摊派给各村发给群众，从中赚钱。该区刘助理员的行为比丁更严重，腐化贪污借检查为名，随便没收过往客商的财物，开路条也要讨价。他诱奸某中农之妻遭拒绝后，借故派那人出白面五十斤，又说掺了豆面，再罚五十斤。又，该区公所

---

[1] 原载《晋绥日报》，1947年3月7日，第2版。

[2] 打楞漫地，晋西北方言，打楞，即修梯田的过程中，用工具夯实每层梯田的边缘的一种劳动。漫地即给有田间灌溉的田地在有人管理的情况下浇水。

一个通讯员,先与某贫农之妻苟通,竟再强迫其离婚,以后公开娶过来。由于这些腐化蜕化分子的为非作恶,使该区公所在群众中的威信丧失。县级领导同志,对于丁某等上述行为,早已知道了一些,但却采取了自由自主的态度,姑息拖延。因为在他们心目中,忘记了领导者与干部对群众应负什么责任,他们对基本群众的疾苦熟视无睹,漠不关心。因此对于这些分子如此严重的损害群众利益的行为,竟处之泰然,毫无警惕,反认为那是思想问题,不是可以马上解决的;也会个别谈话,但怕有伤对方面子,不敢尖锐提出,结果,使上述丁某等那些恶劣行为愈来愈严重,到这次扩干会前已达极点,使我们的工作受到了很大的损失。会上该县某负责同志对此进行检讨后,会议当下决定将上述诸人以撤职查办。同时大家一致认为,更重要的是,在今后土地改革中,要坚决纠正干部不良作风,对于干部的教育检查,应成为领导上经常关心的问题。

绥远傅占区官吏贪污动辄千万，小公务员穷患疯狂症[1]

题解：此则消息从写作上看并无异常出彩之处。但用对比的手法写出傅占领区的官民对立的现状，间接赋予我军"解放的正义"。

（新华社绥蒙讯）绥远傅占区行政官吏贪污成风。后套之临河县（今临河区）县长高某竟自出资征粮一千五百余石。来仓县司法官范某亦借一次人命案贪污三十五万元。可是绥远傅机关小职员及小学教员的生活则极为悲苦，他们的上级很多，凡遇婚丧、年节或乔迁都要送礼，并巧立名目摊派"输捐"，临县苗六管保长强迫国民小学校长苗生茂捐款一万元，因家贫交不起，竟被捆绑。据绥南我军战斗中缴获之傅顽清水河县政府职员楚丁，接获包头友人希孔来信讲：因受经济压迫，如陷十八层地狱中，刻下已成疯狂症，谁也救不了，越想越无出路。

---

[1] 原载《晋绥日报》，1947年3月17日，第1版。

绥远傅占区赌窟酒馆生意好，催捐征粮逼死人[1]

题解：文章开头有类似于《参考消息》的写法，信息来源是国民党的新闻机构，以彼之道，还施彼身。随后分述傅占区种种催征军粮的惨剧，以综述的方式揭示了当地民不聊生的悲惨景象。

（新华社绥蒙讯）据绥远国民党报纸透露，避居于宁夏、兰州、西安等地区的归绥、包头大汉奸，近化装客商返回归包，携带大量"黄货黑货白货"（黄金、大烟、白银），乘飞机到平津贩卖，逍遥自得。而绥远傅窃据之各城市，腐化之风日炽，包头某大赌窟周内输赢达一亿五千余万元，某饭店吃烟酒嫖赌远超过日伪时代之俱乐部。丰镇被傅军侵占后，被八路军肃清之淫乱风气又趋复活，某机关寝室内时有抢掠之良家妇女七八人供其蹂躏，某学校校长借捐款为名，到市民家中奸污妇女，为达到目的，每夜拿上手枪参加"自卫队"检查户口。傅为加紧掠夺民众，命令催征军粮，到处发生惨剧：东胜现在抗战以来人民负担增加数千倍，民众在饥饿线上挣扎，该县义和乡粮政督导员李荣年，在倪家渠等村挨户吊打欠粮户和甲长，女人亦未幸免。其中数人被打得死而复生，归绥之察素齐乡长轮流毒打保甲长，五保保长赵洪功腿部被打成重伤，三保七甲甲长任福威胳膊被打断，托县和治乡乡长萧廉将拖欠粮乡民拘押于冷房，冻掉八个指头。临河县（今临河区）去年惨遭水灾，人民无力交粮，至今仅完成五分之二，该县长高某亲自下乡催征粮抢掠，灾民跪地陈述惨状，哭声震天。征粮数额异常吓人，武川征粮上地每亩八斗，中地每亩六斗，下地每亩二斗九升，而实际上产量每亩不过三斗左右。包头境内之西宫旗每亩竟征至一石二斗。人民被迫纷纷逃亡，仅武川阜平乡逃亡者即达一百二十七户。

---

[1] 原载《晋绥日报》，1947年3月21日，第1版。

绥蒙骑兵故事[1]

题解：《绥蒙骑兵故事》是以报告文学的形式撰写的。作为战地记者，作者的观察细致入微，文笔生动活泼，故事写得引人入胜，有极强的画面感，让人仿佛有身临其境的感觉。文章总体上以非虚构写作为基本宗旨，然而，文中夹杂着许多文学表达的样式，有诸多"合理想象"的成分，宛如通俗演义，这在故事（二）和（三）中表现得尤为明显。

我绥蒙骑兵坚持保丁护粮游击战争，在敌后广大的农村中，向傅顽军做着英勇的斗争。

塞外大地雪封，骑兵在冰雪茫茫中行动，战马首尾相衔，战士们扛着马枪大刀，穿着皮衣皮裤、毡鞋，戴着毛帽，在草原上奔驰，在草原上战斗。

下面是骑兵旅一个连的几个战斗故事与战斗场面。这个连，从连长到战士，都骑着白马，人们都习惯了叫他们"白马连"，他们平均一个战士已歼敌近十人，他们所缴获的步枪，足够装备比他们多几倍的人数，而缴获的重武器，足够装备一个团还要多。

一、六勇士开路前进

去年十一月后半月，傅顽从归绥开出来两个步兵营（暂十师的）和二三百骑兵，向归绥东北、武川东南一带"搜剿"我军。

三十号那一天，在蒙圪寺，他们遇到我八路军了，八路军骑兵一个蹦子爬上了山。敌人在村西北和西南两面山顶上占领了阵地。

我指挥员用望远镜看了看地形和敌情，决心歼灭这股敌人，但这时还没有

---

[1]《绥蒙骑兵故事》共有三篇，（一）（二）（三）曾分别刊载于《晋绥日报》，1947年4月6、7、8日的第4版，《晋绥日报》第4版为副刊版。

发现那二三百骑兵后面还有步兵。

村西北的山头是敌人的主力，地势也最显要，上级命令要白马连攻占这个山头，掩护其他各连前进，李连长把这个任务交给二排长，二排长带了队伍，从山背后绕过了敌人的火力圈，到了与那山头相对而又靠近的一个山梁上。排长战士都下了马，把几十匹马子交给几个同志牵着。排长说："脱皮衣，冲锋！"大家把皮衣脱在山坡下，就冲上去了。

掷弹筒向敌人的阵地开炮，相隔不过二百米远，一炮打在敌人的人群中，又一炮，打在机枪阵地上，一连三炮，没有落空，敌人慌张了，我们的排长喊："排副带着五班冲锋！"排副带了五个人，一个健步就跑了一百米远，敌人右侧的火力开始扫射过来，六位勇士就地躺下，取出了手榴弹，拉开火线，套在手指上。

"冲！"像六只猛虎一样，勇士们一骨碌爬起来，一股劲就到了前面敌人占领的山头上。几个放哨的家伙抱着一挺机枪拔腿就跑，六勇士也就势追下去。

可是，意外的情况发生了，排长发现隐蔽在山坡底下的不是骑兵，而是步兵，那六个勇士竟不顾一切冲进敌人的窝里去了。排长大声喊道："回来，回来，不要追了，小心侧面的敌人！"

我们的六勇士扭头一看，一铺摊黄色动物都在那里匍匐前进，相隔不到二十米，形势是太危急了，副班长张海生向敌人群里摔去一个手榴弹，连着一阵手榴弹，敌人不动了。只听见那个傅顽军官骂道："妈妈的屁，冲！谁不冲就打死谁！"于是敌人又冲过来，六勇士又用手榴弹打了回去。这时，我后面的一排人都冲上来了，南面山上的我军也开始冲锋了。

郭万金是七月里从陶林起义过来的，他在我军里打过许多勇敢的漂亮仗。这时他打得忘了一切，不知隐蔽身体，手榴弹打完了，竟坐在山头上端着步枪射击，瞄准着那个军官，一枪打倒了他，我们的勇士自己的肩上也带了轻花，这是他后来才知道的。

指挥部见敌人已乱，命令骑兵上马，从北面迂回过去，绕过敌人的阵地，冲到滩里去。山上敌人抵挡不住，也一起退到滩里去，正好来一个猛虎吃绵羊，骑兵的大刀一闪，敌人跪下一铺摊，抱住头，哀告饶命。一个一个都捉了活的。

可惜的是敌人的骑兵，见势不对早溜跑了。还有一部分步兵退到村里。这场恶战，到黄昏才胜利结束。

这一战是骑兵战胜步兵的光辉战例，而由六个勇士开辟了胜利的道路。这六个勇士的名字是二排副陈伯行、五班长李八义、副班长张海生、战士郭万金、吴占奎、石玉祥。

二、李八义追杀残敌

岱海滩战斗胜利地结束了,司号员吹了收兵号,部队抬着胜利品、押着俘虏集合的时候,独独不见了五班长李八义。大家都很奇怪:"牺牲了吗?可是刚才还见着他呢。"

一会,李八义骑着他那匹白马,手上挂了四根步枪,押着三个俘虏牵着三匹马回来了。他向同志们叙述了刚才追杀敌人的故事。

他听见了收兵号,可是见敌人的后尾部队还在飞跑,于是他重新骑上了马追了上去。最末尾的一个敌人是一个戴毡帽骑红马的家伙,李八义的马快,一个蹦子就赶上了他,大吼:"还不下马,看刀!"正待举刀,那家伙一骨碌跳下马来,双膝跪下哀求道:"啊呀!饶命呀!"李八义接住俘虏递过来的枪,两腿一夹,千里白马又奔驰上去,好快的马呀!地下的草和碎石都拉成一条一条的线在脚底下飞过,马的腰身颠起,一起一伏的巨浪,要没有李八义这样本事的人准会摔下马来。可是李八义两腿紧紧夹住马胸,眼看着前面就是一个戴亡国奴帽子(美国帽)的家伙,那人企图逃脱大刀,拼命用马鞭打着马屁股飞跑,看看两马相接,李八义的刀一闪,那人一个倒栽葱从马上跌了下来,李八义带住马,跳下来拾起步枪,又追向前去。敌人的大队,已逃得无影无踪,只有两个掉队的还在拼命挣扎,李八义大声叫道:"老乡,缴枪不杀!"但是那两人还是拼命赶着马飞跑。李八义催动战马,从他们的左面冲上去,看看只隔三尺来远,李八义横过右手一刀,正中那人左脸,这才下马投降。说时迟,那时快,前面那最后一人正待逃命时,李八义又是一刀劈去,正中那人后脑勺上。李八义才回转身打扫战场,押着俘虏回来,他骑的马像是刚洗了澡似的全身水淋淋,他自己也出了一身大汗。

三、囫囵团战斗最紧张的一幕

经过一阵激烈的战斗后,敌人的阵地开始动摇,我指挥员下令:"赶快上马冲锋!"练马(遛马)的同志们牵过马来,骑士们飞身上马,向敌人马群中冲去,发疯的战马已经不由人了,没命地飞奔,一股劲往前冲,只听得喊杀声、马蹄声、风和尘土的呼啸……

"冲呀!""杀呀!"无数的战马,无数路地冲上去,战士们左臂挂着步枪,左手捏着缰绳,右手擎起大刀,大刀在阳光下发出闪闪的电光,千百条大刀的白光交织成又宽又长的一道光河……

敌人在慌乱地逃跑，我铁骑在猛追，远的用枪打，近的用刀砍，当我铁骑追上敌人时，敌人狼狈极了，有的跌下马来，有的被砍下马来，有的躺在那里呻吟，有的被俘，有的投降。

"白马连"本来是后卫，得到新的命令，立即赶上前去，英雄李八义追赶着三个敌人，一刀砍去，"啷"一声，不知砍在什么东西上面，大刀钝了，大刀没用了，李八义心里一急，把钝刀用力夹在左腿臂里，从左臂上取下枪来，"啪"的一枪，又是一枪，把一个敌人打下马来，其他两个敌人也被一班长解决。这时，又发现前面不远处有五个敌人还在逃跑，李八义和六个骑士立即又追上去，当我们骑士把后面的一个敌人拖下马来时，其余四个敌人就丢了枪，拼命逃跑，我骑士又猛烈追击，结果仍被追上，敌人被俘了。

这一仗，追赶了三十多里，歼灭敌人百余个。

残忍、恐怖和反抗[1]

题解：文章与其说是一篇新闻，不如说是一篇小说。这也是它被刊登在第四版的原因。仅从写作的角度来看，作者无疑是一个讲故事的高手。文字清新凝练，文风朴实平和，对话与细节描写运用恰到好处。文章尽管由几个故事综述而成，过渡简洁自然，文意流畅通达。

今日的绥远，比地狱还要黑暗，傅军惨绝人寰的疯狂行为，强抓壮丁，造成一个恐怖世界。

武川四区有一座银矿山，山下一间小屋的炕上，睡了一个伤寒病人，年纪才二十来岁，在先辈父亲忍心用滚沸的麻油浇在这个青年的脚上，青年忍住从来没有的疼痛，让这双脚消开，可在几个月之后，这双脚又慢慢好起来了，一家人认为这是最大的"不幸"。因为抓壮丁的又来了，父亲再也不忍使自己的儿子遭受折磨，而这个青年却自己动手用同样的方法使自己仅有的另一只脚也成了残废。

武川三区铁疙瘩沟，一个老汉扯了"灶神爷"的神位，放一把火把庄稼粮食烧得精光，自己上了吊。因为他唯一的儿子被傅顽抓去当了兵。

旗下村以北的拐角铺附近，有一个小村叫山根底，十七岁的康秃娃开了小差跑回来，可是村里人几乎都已不认识他了，他原来长得很端正很结实，被抓不到一年，被苦役折磨得脖子歪在左肩上，直的背显得驼了。他带回来同村的青年杨田因脚上打了泡不能行动被枪决的消息，杨田的老母疯狂了，每天坐在房顶上两眼向着天喃喃自语道："杨田，杨田……"

傅军的抓丁风，波及了老年，他的下级官吏为了完成征足庞大数目的壮丁，不得不"滥竽充数"。去年秋，傅军军官到武川接收壮丁，点名的时候，发现一个胡子剃得很光的老头子，军官问道："你多大年纪？""二十八岁。"老头

---

[1] 原载《晋绥日报》，1947年5月24日，第1版。

子恐惧地回答。这使军官非常诧异:"怎样你才二十八岁。"老头子说:"这是乡长让我这样报的。"

绥远的老百姓比日寇沦陷时期更痛苦了。一个来自平绥路北的同志,紧皱着眉头痛苦地说,他在顽伪特务武装的搜索下隐藏在老百姓的家里,老百姓把他蔽[1]在地窖内,白天用碗送进饭去,黑夜出来做工作。差不多每家老百姓在不同地方挖了这么一个地窖,一见抓兵的来了,躲壮丁的青壮年权且在此安身。

大青山的一个游击战士党成全,讲了他去年秋的一次脱险经历。他负了轻伤,当地居民掩护他在家里休养。可是敌人搜索很急,他被迫换了便衣咬紧牙关出走。傅军在各大小村庄穿梭似的抓丁,路上行人绝迹,他出行的第一天,就不幸在一个村边碰上了二十几个便衣队,他机警地闪进一间屋里,那房东一句话也不说把这个不速之客推进柴草堆后面的山药窖内,一会,敌人进来,房东对他们说:"我才见一个后生急促促地上山跑了。"敌人什么也没有搜到,悻悻地就走了。党成全从此改在夜间行走,有一夜他走到旷野中的一家破房前探问道路,他站在窗外,听得到屋内有打鼾声,他低声道:"老人,请开开门,我进来暖一暖。"房内鼾声顿止,房门突然敞开,一个黑影从里面猛扑出来,头也不回,逃得无影无踪。党成全定了定神,才明白那人发生了大大的误会,以为抓丁的来了。党成全在月黑夜里继续前行,路边的地里是一堆一堆的莜麦草,他认出这草堆有点异样,又轻声问道:"有人没有?"没有动静。他再委婉地问道:"不用怕。我也是跑壮丁的。"看清以后,草堆里才慢慢爬出来颤抖的人说:"你可把我们吓坏了!"顷刻间。四面草堆里竟爬出几个青年,像在异乡逢着知己似的。

"咱们都是一样,要不是八路军在四合子(地名,在武川东部)打了一仗,把我们搜出来,还不知押到哪里去了。不看现在连睡觉也不敢回村去吗?"党成全这时才告诉他们,他正是在四合子战斗中负伤的。"哎哟!"几个青年团团包围住他,"他原来是我们的恩人咧!"热烈地把他们招待回村去。第二天,党成全辞别他们,青年们坚决挽留,他们要求党成全领导他们团结起来上包头去。党成全因为有任务在身,终于别了他们,经过千辛万苦,找到了自己的部队。而在绥西,在隆县以北九峰山上,去年冬天聚集了一千多人,打退了傅军的"清剿",建立了在崇山峻岭中的根据地。

---

[1] 蔽,晋西北方言,即"藏起来"的意思。

感情上热爱贫苦群众，技术上掌握全套本领，这是执行土机技术送上门的基本经验[1]

题解：这是作者在晋绥时期采写得较多的经验总结式报道中的一篇，文章的独特之处在于，用几个寻常的案例讲述了一个深刻的道理。人民，只有人民才是历史的创造者。劳动是人之所以为人的价值表征，每一个人都应该有劳动的义务，同时每一个人都应该有习得高效率的劳动技能的权利。在劳动面前，每个人的人格是平等的。

（本报讯）行署建设处负责纺织工作的同志与记者谈三个月来执行土机技术送上门的经验：第一，纺织教师必须与贫苦群众情感交融，必须"爱穷人"，耐心教育。第二，教师自己的纺织技术还须大大提高，克服看轻土机技术的思想从而才能教好纺妇。

据六月底兴县、五寨、神池、偏关四县的检查，土机纺织已在五十九个村（自然村）开展，教会纺妇三百四十人，其中贫农二六一人（大部为赤贫）、中农七十六人（下等中农），以及弄错成分而参加的富农三人。又贷出土机一九四架（另有群众自制三十架），贷出棉花八八五三斤。

据称：过去曾有许多纺织同志把学习土机技术看得太容易，以为十天八天、半个月，至多一个月即可学会的想法，现在已证明是不对的。如二分区开办的纺织教师训练班，一个教员一个月训练出一百零七人，及行署政干校训练之六十余人，其中一部分技术尚未成熟，一天普通只能织二三尺，多至五六尺，又不会修机子，常断纱，下乡去推广时，给初学的纺妇增加困难，并可能使其望而却步。可见土机技术虽比快机易学得多，但也并不是可以看轻的。现在已在农村工作的纺织教师，应努力在工作中提高技术，精通技术，使其熟练。如

---

[1] 原载《晋绥日报》，1947年7月30日，第2版。

岢岚十六个推广员努力提高自己，在两个星期内由原来每天织二三尺迅速进步到现在每天能织一丈五六到二丈。

还有一点，在教纺织的时候，必须教会全套本领，教会一个顶一个用。兴县一区李家庄一个纺妇只学会纺织，回去连机子也安不起来。这应该也是一个经验。为贫苦妇女服务方面，多数推广员及教师对贫苦妇女具有热烈的阶级同情，她们与贫苦妇女同样喝糊糊、担水、打柴、抱孩子，这是很好的。但个别同志却不是这样。兴县一区明通沟某女同志同时教两个妇女，一个贫农，系四十多岁的愁眉苦脸的老婆婆，一个中农，却是十八岁的活泼的年青媳妇，某同志饮食居住都在中农家，与那媳妇有说有笑，细心教她织布，而对老太婆却嫌她笨手笨脚，不多和她说话，有时还发脾气，惹得那老太婆向人议论：可怜咱这些喝糟糊的人（意即笨人），没人理。至于许多有生理缺陷（如聋哑）的贫苦妇女，有时更被忽视。

该负责同志称：难道贫农妇女是天生的笨人吗？原因是她们从小少做细活（如绣花之类），而担任男人一般的粗劳动，织起布来自然手笨。而且聋哑女子地主富农是不娶的，大部分给了贫雇农。她们被生活所迫，劳动积极性不高亦不可否认，我们的任务是改进她们的生活，唤起她们对生活和劳动的兴趣。神池县罗沙同志做得很好，大赵庄有两个赤贫妇女，一聋一傻从来被人轻视，罗沙同志教她们纺织时，其他妇女在旁讥笑，但结果她们终于学会，掌握了技术，这种精神是应该学习的，该负责同志最终告记者：目前旱荒严重，我们不强调纺织，但亦不停止推行，我们只一点一滴做下去，以尽可能解决贫雇农的穿衣困难。

军官悲观装病不肯到前方，汽车羊肉贿选"国大"代表，放下武器的陈玉武谈西安印象[1]

题解：在解放战争期间，被俘虏和自动投降的国民党高级军官多关押在晋绥边区首府兴县蔡家崖。此时，甘惜分已从新华社晋绥总分社绥蒙分社记者转任新华社晋绥总分社编辑、记者，这样便获得了近距离接触受降军官的机会。此篇访谈就是在这样的背景下进行的。文章安排在惯常于刊载国际新闻的第三版发表，亦颇有深意。

三月一日宜川战役放下武器之前蒋军整二十四旅上校参谋长陈玉武，近对记者漫谈西安印象。陈系湖南新田人，四十二岁，据称：蒋军中下级军官的斗志，现较前更为低落，在西安"干部训练班"受训的校尉级军官，都装病不肯上前方部队任职，如上级来命令要去，同伴就以这样的话送行："你去就要准备当俘虏，请预先把你的老婆娃娃安顿一下吧！"蒋主办的"青年干部队"，亦充满悲观情绪。陈玉武把南京伪国大称为"狐群狗党""狗打架"。他说："我在西安亲眼看见所谓国大选举是怎么一回事，西安商会会长张佐廷，垄断全市汽车，招摇过市，在汽车上贴着广告，'谁投张会长的票，免费乘车'。许多饭馆门前写着'谁投×××一票，本馆招待吃一顿羊肉泡馍'。"陈继称："竞选是装样子的，名单早经制定了，我是公民，可是我连选举票也没有看见，当兵的就更不用说了。"陈又说：西安人民都把这些"国大代表"叫作"汽车代表"，或"羊肉代表"，西安市上流行着"四大害"之说，即青年从"军"、航空大"队"、妇女协"会"、"国大"代表。陈又说：蒋党蒋军人员中，贪污之风甚，流行一句口头禅是"没有贪污，就没有生存"。陈讲述其以上见闻时，去年在陕北历次战争中放下武器之蒋军高级将领廖昂、刘子奇、李昆岗、张新等，及在晋绥

---

[1] 原载《晋绥日报》，1948年4月29日，第3版。

战役放下武器之蒋军将校多人、亦均在座。廖昂对记者称:"此足证蒋介石之命运每况愈下,目前西安态势,较之去年我等被解放之前尤为险恶。"

从晋中农村看阎匪暴政 [1]

题解：本篇与下一篇文章同为作为记者的甘惜分对晋中农村在解放战争中国的现场观察。写作风格一如央视《看见》或《焦点访谈》。文前，编辑部所加的编者按亦颇堪玩味。此时，毛泽东对《晋绥日报》编辑人员谈话发表不久，在谈话中提到，晋绥日报的编者按生动、泼辣的特色，在该按语中亦可见一斑，但较之"左"倾思想主导的"反客里空运动"期间少了几分火药味，多了几分人情味。

素称富足的晋中平川，现在成了什么样子呢？

今年春天，一个记者到了那里，他悲愤地写道："晋中完全不是从前的晋中了，你们应当改变从前的印象！"

他写道："晋中到处是饥饿，从前吃白面的人们，现在都抢着在河边挖树根和野菜，到处是疾病，一个小小的村庄同时有几十个伤寒病患者，从每个院子里都可以隐隐听到病人的呻吟，到处是死亡，而且很少能买一副棺木，多是裹着破席子或装在水缸里埋了！"

"去年夏天，汾阳、文水平川有三万人向解放区逃难，今年春天，经边山西民主政府安置的难民就有四千多人，阳曲的白崖头、屋科、小塔等村甚至发生整个村庄向解放区搬家的事情。"

难道晋中人民不留恋自己的田园吗？

文水温云村七十岁的老头子刘新年今年三月上了吊，同一村庄农民郭步云的老婆跳进水缸寻死，这个村庄一共自杀了四个人，交城义望村自杀了七个人，其他各地自杀的人还很多很多。

难道晋中人民不珍惜自己的生命吗？

晋中人民天天盼望着，"咱们的队伍再不来，咱们都快死光了！"当解放

---

[1] 原文连载于《晋绥日报》，1948年6月29日和30日，第4版。

军某部到了平川时，许多老太太和老汉拉住战士就下拜，惨然哭诉："同志，救命吧！我这条老命就交给你们了！"

读者同志们，晋中的老百姓为什么成天流泪？为什么要寻死上吊？为什么要携眷逃亡？我们能找出个答案来吗？

让事实本身来说话吧。

一、一个农民的负担

汾阳西阳城村一个贫农家庭，四口人，在阎匪"兵农合一"的"编组份地"暴政下，分到土地一份，共五十七亩，但同时却负担粮银四两四钱七分。阎匪规定每两粮银需纳正粮一石七斗一升（均以小麦计算），省公粮三斗五升，县公粮三斗五升，代购粮一石一斗一升，计每两粮银共三石五斗二升，四两四钱七分粮银则总共应负担十五石七斗三升多。规定夏收后和秋收后各交一半，这家贫农，去年夏收麦子十石，立即被阎匪征粮七石八斗多，秋收各种杂粮折为高粱十石三斗，但阎匪规定四石高粱才能折一石麦子，与征粮数相差太远。但我们大家都知道，除了这些沉重的负担外，阎锡山的"国民兵"（即农民）还必须养活"常佣兵"（即现役军人），每个"国民兵"要另外给常佣兵负担优待粮三石，棉花五斤和其他马料粗粮四斗八升。这个农民怎样能活下去呢？

农民的负担不仅粮食而已，养牲畜也是养不起的，养一匹骡马每年要出麦子二石，牛和驴每年一石，猪羊每对每年三斗。

二、抢劫与敲诈

荞麦皮榨不出油来，阎匪也无法从农民身上榨取到他所摊派下来的负担项目，于是公开抢劫。首先是边缘区，阎匪在这里实行了"三光政策"，其次是他统治的心腹地区，最大的一次是去年夏收以后，阎匪集结二十七个团兵力会在汾阳、文水、平遥、介休等县之间的地区，残暴抢粮达一个多月，在这里，一切什么"几两粮银"都是没有用的，抢多少是多少，把所有打麦场控制起来，农民辛苦一年，有时甚至一颗麦子也吃不上。抢劫的范围不限于粮食，就是牲畜、家具也一扫而光。阎匪乡村人员的敲诈勒索，同样残暴。交城义村乡富裕中农米克勤被阎匪"指导员"王子高敲诈了二两金子，允许不再出粮，但米克勤回到村里，乡公所依然派下来四石玉蜀黍，米知道受骗，以八十只羊顶了二石粮，其余无法再交，今年四月十八日在临县自杀。

三、苦役

关于晋中人民的苦力负担，是无法统计的，按照阎匪规定每个成年人每天得"劳动服务"四小时。阎匪在晋中各城市和大小据点每天都在增修碉堡和工事，尤其是以太原为中心的所谓"百里防线"之内，每天都有成千上万的农民被押解着服苦役。晋中人民流传着一首歌谣："河滩里搬石头，磨烂手指头。头上顶砖头，跌下来挨批斗。"最近两个月正值春耕紧张之际，平遥、介休、汾阳、孝义等县阎匪每天都要四五千民夫在介休打石头运到太原去，青年男子很少了，服役的多半是老人、妇女和小孩，以致有的孕妇生育在乱石堆中。阎匪不供给民夫吃饭，民夫因食粮被刮光无干粮可带，有的竟饿死在途中。然而阎匪还是提心吊胆地觉得他的乌龟壳并不保险，今年四月十五日阎锡山问其属下说："三十六年感到三十五年做下的工事不够，今年仍感到去年做下的工事不够。"因此阎匪还要继续在太原附近增修碉堡一千二百个，所用的钱为蒋币两万一千一百亿元，所用的人工为三十二万个。

四、炮灰

"兵农合一"，如果用人话来说，就是"要粮要命"。

"兵农合一"的编组抽兵是越来越频繁了，小组人数是越来越少了，以汾阳西阳城村为例，一九四六年七月第一次编组六人中抽一个"常备兵"，当年十一月第二次编组，改为五人一组，再抽一个"常备兵"，一九四七年四月第三次又抽"常备兵"，到了今年某些地方已抽到第五次"常备兵"了。这些当"常备兵"的是些什么人呢？多是穷苦的农民。因为他们交不起税，更出不起"优待粮花"，上述汾阳西阳城村前后征兵四十人，其中贫农中农和破落户就占了三十七人。成千成万的农民被强迫着给阎匪当炮灰。

这些被征当兵的农民的命运非常悲惨。请听一个士兵的申诉：这是今年五月九日我军在文水县西北歼敌的战斗中放下武器的五百个士兵中一个最年青的儿童兵，名叫韩龙道，是阎匪六十九师二〇六团三营九连的担架兵，在控诉阎匪罪行大会上，他声泪俱下地说："我只有十六岁，今年正月第五次编组阎匪硬说我是十八岁，我不承认，他们就用细麻绳捆住我的手，从指头缝里钉进子弹，痛得我像刀挖心一样，只好承认了十八岁，成了'常备兵'，押到了队伍上，天天跑步，我人小无力，有一次吐了血，班长硬拉住我跑，下操后还挨了一顿打。这次打仗，我上不了山，又吐血了，掉在后面，排长骂我是'伪装'，从我背后连放两枪，但没打中我，把我身边的刘极儿打死了。这时解放军的机关枪扫射过来，把排长打死，我才保住命。"

这个幼年士兵的命运，只是在"兵农合一"暴政之下被强征强抓的成千成万农民的缩影，就在这同一个解放战士的控诉会上，起而悲愤陈诉的就有几十个青年。

五、"自白转生"与杀人

一方面，强迫人民替他当牛马和炮灰，另一方面，又非常害怕人民，这本来是一切反动统治者的共同特点，这个土皇帝阎锡山自然不会例外。阎匪为了消灭人民的反抗，使老百姓诚服地给他当牛马和炮灰，他选择了最残暴的手段——"杀！"

最能表现这个杀人暴君的手段的，就是去冬今春阎匪在晋中各地普遍举行的"自白转生运动"。

"自白转生运动"是对人民的残酷镇压和威胁，一方面，强迫人民普遍"自白"（自首），企图断绝人民与他们自己的政党共产党的联系；另一方面强迫自首是在故意造作的一种阴森恐怖局面下举行的，使人民陷入恐惧，不敢反抗。死于这个惨状之下的，仅据极不完全统计，平遥四百多人，阳曲三百多人，文水二百多人，徐清九十三人，其他各县死人无可计算。

人们应该记得：去年夏秋之交，阎匪在晋中平川广大地区表演了一次空前残暴的杀人惨剧，仅在文水下曲镇附近即杀死群众百余人，杀伤两千人，抓走三千人，群众避入田中，阎匪竟开机枪向田野扫射，十二岁到五十岁的女性都被强奸，在寄谷庄，阎匪纵火焚房，一面却朝着妇女对火作乐，拒绝受辱的妇女被投入火中活活烧死。

今年三月九日，汾阳阎匪七十师两个团到了上金庄，群众逃走了，只有三十四个未及逃脱的男女老幼躲在村后一个洞里，阎匪在洞口诱惑，遭坚决拒绝，阎匪竟下毒手在洞口堆柴放火，熊熊烈焰，涌入洞口去，三十余人英勇殉难。

阎匪杀人成性，他是一点也不隐晦的。我军缴获阎匪文件"文水县当前工作指示"中第一句话就是"今天是杀人的时代！"，下面规定"见国军逃路者杀，抗服国民义务者杀，受匪（阎匪对我之诬蔑，下同），报错者杀"，对解放军家属更要"杀其全家"，又说："宁可错杀一个，不可少杀一个。"在另一张缴获文件上，更要"乱棍打死"明令为刑法，全篇一连说了十几个"乱棍打死"。

阎匪今年一月三十一日发出的"肃伪工作指示"内称："近来感到伪装分子越肃越多，这证明了共产党是再接再厉，不怕牺牲，我们的干部内心很脆弱，杀人的内力不够，我们的失败处就在于没有能杀人的人。"你看！阎匪杀了这许多人，还认为杀得不多。这是何等的残暴！然而，人民是杀不尽的，这只是表明阎匪更加迫近于死亡，阎匪受人民审判的日子，已经不远了。

六、"满目凄凉荒芜象，遍地啼饥号寒人！"

在阎匪敲诈勒索、抓丁抢粮和杀人盈野之下，晋中人民活不下去了！人口减少了，劳动力也减少了。汾阳罗城镇原是七百多户的大镇，现在只剩二百户了。死了很多，据汾阳三十四个村调查，去冬今春病死和饿死至少在四百人以上，小相寨一个村人口共四百人，就死了一百人，家家有病人，天天有死人，许多人出去挖野菜，就饿死在路上。

牲畜损失了，汾阳一百个村的调查，阎匪抢走牲畜达五百头（牛驴骡马），小相寨原有牛驴等七十四头，现在只剩了十一头，向阳村原有牛驴四十二头，现在只剩四头。太原南峪口、槐树底等五个村庄现在只剩了一头牛和一头驴。

土地荒芜了。直到现在，许多村庄没有播种秋田。商业倒闭了。汾阳窑村镇原有大小商号百余家，现全部倒闭。每逢街市，镇上零零落落摆着些卖旧衣物、旧家具的小摊，价钱很低，但没有顾客。女人们满面愁容，腋下夹一个包袱，到处求售。

"满目凄凉荒芜象，遍地啼饥号寒人！"这种惨象就连阎匪官方也不得不承认。今年一月十一日伪太原市参议会上，阎匪的某参议员供认："今日农村中最大危机是十分之九的田亩在荒着，百姓因差役忙，缺乏牛和耕具、粮种，麦仅重二十分之一，大半地没有开耕。"另一个参议员供认："农村今日所受灾难与痛苦，为有史以来所少见，人民说不清他负担几何。"

"有史以来所少见"的灾难，是谁造成的呢？晋中人民把他们的灾难简单讲为"阎灾"，就说明了一切。

晋中人民痛哭、逃亡和自杀。但是也有勇敢的青年，他们逃到解放区之后，组织了"保家队"，参加了民兵，打回家乡去，出生入死，坚持了平川游击战争。

现在一场你死我活的搏斗正在展开，一切不愿坐着等死的人民正在为保卫今年的麦收、困死阎锡山而斗争！

阎匪践踏过的汾阳城[1]

题解：作者截取几个典型镜头，用文字带我们穿越刚刚经历战火的这座历史文化古城。在满目疮痍的废墟里，我们跟着记者兜兜转转，置身其间，似乎历史就在眼前，也便不再执着于何为历史，何为新闻。七十年前，他是新闻的亲历者和目击者；七十年后，他和他的新闻一起变成了历史。跟着甘先生的"镜头"，我们不再怀疑，为什么褪去历史的繁华、改革开放后破败的小城——汾阳，仍能够孕育出享誉全球的、敏感但不脆弱的贾樟柯，然而较之将现实进行艺术化处理，惯常于"致敬青春""抱愧山河"的贾导，作为亲历者的甘惜分和他的作品，似乎更具有真实的穿透感和冲击力！

一踏出汾阳边山，就被一种矛盾现象所颠倒。一望原野，土质肥沃，平原的伟大气象迎面扑来，使人心胸都似乎宽大了许多。但是，当我们顾盼左右的时候，随处却可以看到一片一片的荒芜了的土地，大块的有几顷，小块的也有几亩，野草长得和人一般高，在另外一部分土地上，虽然也种上了庄稼，但野草比禾苗还要茂盛。我们来自老解放区，把两个地区拿来比较，是很自然的事情，在离石一带是满山深绿，而在汾阳平川，却在绿中带些枯黄，真是"百闻不如一见"，现在是亲眼领略到这"满目凄凉荒芜象"的风光了。

记者坐下来休息，路旁是一堵倒塌了的草房，几个农夫农妇在那里卖米汤，记者问他们荒地的原因，他们答得很干脆："因为种地的负担比收获物还要多。"有的也说："许多穷老百姓没有牲畜，不得不租别人的牲畜耕地，要是一下被阎匪军抢走了还要赔人家的牛马，赔得起吗？"

四四方方的汾阳城和东郊的高塔一步一步向我们逼近。城墙顶上和城墙外面的白点逐渐放大，走近一看，原来它们都是碉堡，碉堡外面是两三丈宽和两三丈深的壕沟，汾阳人民为修筑这些怪物而被迫付出的劳动力不知道有多少

---

[1] 原载《晋绥日报》，1948年9月15日，第4版，本文发表时使用笔名"余杜白"。

啊!一个汾阳城本地干部曾引我到他的家中去,我是想了解一下汾阳人民生活实况,他的嫂嫂是一个贤惠的女人,一面吸烟,一面讲汾阳的妇女和小孩怎样和男人们一样抬石头,怎样被迫把大石头捣成碎石交上去,因此不知拆了多少石台阶。她气愤地说:"我们一天到晚捣呀,捣烂你阎孬子呀!"汾阳人民被迫当牛马,甚至正在求学的学生也不能例外,汾阳中学的师生一致向我证明,今年上半年,他们只上了不到两个月的课,其余的时间都做了工。

汾阳在山西是有名的工商业城市,是有名的"汾酒"的出产地,扼晋西、陕北和晋中交通要冲,战前有商号一千七百多家,车水马龙,颇负盛名,汾阳人因此称呼自己的城市是"小北京",可是经过日本人和阎匪的统治和掠夺后,现在全城的商号不过四百多家,从前最繁华的东关,现在是冷冷清清,门可罗雀。城市人口减少了——由五万降到三万。

汾阳东关有一所"昆仑火柴公司",是抗战以前由汾阳地方士绅和工商业家集资十万银洋开办起来的,它出产的火柴,盒上画有一座大塔,销售于西北和晋、豫等省,现在这火柴公司也大大没落了。记者去访问时,见门上挂着写有"昆仑火柴公司复业筹备处"的木牌,这是解放军入城之后才有的新气象,据公司一位姓王的说:这座房子也是最近才搬来的,原来的厂址很大,被日本人连房子带机器一起没收,还会继续生产,但逐渐将百分之八十的机器搬到太原去了。"二战区"劫收汾阳,连这火柴公司也一起劫收了去,几经交涉,虽然发还一部,但运到太原去的机器变成了阎匪的了。厂房被全部拆掉,修了碉堡,逼得公司搬家。该县解放以后,公司才正式准备复业,厂方像舒了一口气似的说:"这一下该可以正正经经开工厂啦。"汾阳民主政府已答应给予各种便利,并供给公司的原料。

国民党反动派常造谣说:"共产党破坏文化,毁灭庙宇。"原来这正是蒋阎匪帮自己的写照。汾阳城内府学街上有一座很大的孔庙,远远望去,牌坊和琉璃瓦的房顶依然十分巍峨。可是就在这两面石碑的中间的大门的门槛上,就立着一个碉堡,加上它周围的铁丝网,把整个的大门就堵起来,谁也不要想进去。后来,我从庙侧的围墙找到一处拆毁了的缺口,才进入庙内,庙内却是空空如也,两厢房都成了马厩,发出很浓的马粪臭气,唯一可以看出这是个孔庙的特征的,就只有那一坑干枯了的水池,镌着蟠龙的石级和一尊已被抠掉眼珠、露出泥身、孤独地坐在破烂的神龛上的孔子神像了。在孔子像的头上,野鸽子占据了所有的栋梁,地下是一堆一堆的鸽子粪。被阎匪践踏过的汾阳城,现在成了人民的了,它正在恢复与建设中。

掀开了黑暗的闸门[1]

题解：何为自由？拥有主宰自己命运的权利似乎是自由最本质的含义。文章以自由为主题，不自由，毋宁死。免于恐惧的自由，对思想的钳制比对行动的限制，其危害性，有过之而无不及。解放，就是在无边的黑暗里点亮的烛光。人民要打破的不仅仅是有形的枷锁，更重要的是无形的监狱。

在解放区住惯了的人，享受自由权利就和吃饭一样家常，谁也不会感受不自由的痛苦。但在蒋阎侵占区，人民是被窒息在真空中，他们没有呼吸的自由。

比如说，汾阳城现在四门大开，人民可以自由进出，这在我们看来，丝毫不值得奇怪。但是对于汾阳人来说，这简直成了奇迹。"你们大开城门，不怕伪装分子混进来了吗？"这是一个汾阳居民向民主政府工作人员老实的问话。有一次开祝捷大会，解放军城防部队列队入场，战士们有时从队列中出来大小解，也引起了汾阳人的注意。以他们的亲身经验，阎军的士兵是根本没有这个进出自由的。

两个世界，两种生活。

据老百姓说：解放之前，汾阳人出城必要有"四证"，即"乡祖证"（兵农合一组）"身份证""三自传训证"（即已受过阎匪"传训"，已"自白转生"）和"路证"，如果是商人运货，还要加"货物搬运证"，五证缺一，就出城不得。汾阳城内的人有很多是多年不出城了，因为即使侥幸出得城来，返回去时，就有被戴上"通匪"和"伪装"帽子的危险。街上一个卖葡萄的小贩痛心地告诉记者："我家一个十岁孩子，现在还不知道城外是个啥样子咧！"这个声音活画出汾阳人民的苦难，他们在一方城郭之内坐了十年监牢。

解放之后，在汾阳城内外经常可以看见人的对流：乡下人赶着牛拉大车进城来买粪，在城外有地的市民又扛着农具下乡去种地，这完全是新气象。阎匪

---

[1] 原载《晋绥日报》，1948年9月22日，第4版，本文发表时使用笔名"余杜白"。

统治时，城内的粪便不仅不能卖钱（因为乡下人不能进城，何况土地荒芜，乡下需要肥料也减少了），甚至连掏出去都成了问题。

可是难道只有是老百姓才被剥夺了自由吗？不，被剥削了最低限度的自由权利的，还有阎锡山的士兵。他们是在"兵农合一"暴政之下被强迫"编组"而抓进各营的，阎匪对赤手空拳的老百姓尚且惧怕成那样，对于手执武器的士兵之防范就更加一等。

请看这个材料，即驻在汾阳的阎军四十三军七十师二一○团第一营今年三月向团部"肃伪会议"的《会述》。这里所引证的：

三月八日：据报第二连新兵李二保、任天有二人在伙房床底下密谈，我只听见"还能受下这罪吗？"就不说了。

三月十六日："据报第三连一班上等兵王国瑞，每日消极怠工，愁眉不展，不知用意安在。"

三月十七日："第二连第四班张祖之今日下午开饭，因饭不够吃，他说：'这是讨吃，还是干什么。'"

大家请看：在阎匪军中，士兵还能算是人吗？他们吃不饱还不能叫饿，他们整天拼命修工事，不能叫苦，他们不能随便说话，他们不能愁眉不展。而且在这些《会述》下面，团"肃伪会议"都加了批："连内斗争""斗争追根""扣送特训队审讯"。因此他们的命运，很大一部分是作了乱棒之下的冤魂。请看下面这个《签呈》。

《签呈》。"窃查职属第三连列兵程德禄，二十五岁，祁县人，三十五年编组入营。平时二话满口，不住说泄气话，经数次发动自白，始终未承认关系。偶于前日由传训队返连，翌日将轻机枪膛中填入布块，企图爆炸枪身，当经发觉扣……已将该犯乱棍打死。"

应当说明：上述每一材料都有阎匪营长王魁元、指导员刘相廷和助理营附蔡成明的签名盖章，这是阎匪虐杀士兵的铁证。只有人民解放军才解放阎军士兵，我在汾阳接触了许多被解放军俘虏的阎军士兵，他们有的自动参加解放军，为自己报仇，有的已经回了家，另一些在被迫的战斗中负伤，现在躺在解放区的医院里休养。

"自白转生""三字传训"，是阎匪从去冬以来统治人民、镇压人民反抗的新花样，卷入这个灾难深渊的，从乡村到城市，从老百姓到阎匪"干部"，从士兵到军官，其范围非常广泛．据今年四月二十三日，阎匪汾孝区基干第一次工联会议的记录："不论干部、眷属、人民，凡在七岁以上，均须传训。"汾孝任何一个小学生，他们都会告诉你，他们怎样被集中起来受训，被迫讲"兵农合一好""共产党不好",而且要"自白"永远不和共产党来往。他们还会告诉你,他们的母亲虽然没有集中受训,但阎匪却每天到他家里去"训话",并且也要他们"自白"。我相信小孩子的话,因为我亲自搜集了一大堆另一种阎匪遗弃的文件,叫作"眷属个别参训名册",里面登记了全汾阳所有未曾集中训练的妇女名单,在每一个名字下,都注明了不能到会的原因:"因小孩病死""重病""乳病""身怀有孕、临产"……虽然如此,阎匪还是要派遣特务到民室中进行所谓"个别参训"。有一次竟在这样"个别参训"之中发生了一件震动全汾阳的"放毒事件"。事情的经过是这样的:阎匪特务在一家五十多岁的老太婆家中发现了一小包粉末,硬说这是毒药,是"通匪",老太婆哭死求活,把这事情打到了"自白转生"大会上去,阎匪找了一个中学化学教员化验这是否是毒药,化学教员证明这不过是一包咸盐,但阎匪不依,当场就逼迫这不幸的老太婆喝王水死了,这个悲惨的故事,汾阳是没有人不知道的。在罪恶滔天的"自白转生"之中,汾阳城内到底死了多少人,迄今无人敢证实,只知道在全汾阳县(今汾阳市)死了九百六十四人(据阎匪文件自供)。在城内阎匪也公开表演了几次"乱棍打死"的活剧,地点就在孔庙后面的公共体育场上,这也是每一个汾阳人都知道的。

　　自由!自由!在上海,在北平,为了争取自由,千万人民起来斗争,呐喊,多少英雄志士倒在血泊中。在汾阳,在这偏僻的城市,敌人的统治是贪婪而残暴的,人民没有活命的自由,上千的不自由的人民在不自由之中默默地死亡。

　　无怪乎当解放军入城之后,最使汾阳人民欢迎兴奋的就是:"这一下才有自由了!"在汾阳,向每一个汾阳人探询感想,他第一句话就是:"唉!自由了。"汾阳人从十年监牢生活中解放出来,开始呼吸新鲜空气,见了太阳。

阎匪垂死画一幅 [1]

题解：文章全篇用对话式写法，让人有身临其境之感。在一问一答之间，采访对象尴尬的嘴脸便暴露无遗。

汾阳敌人遗弃的文件中，我偶然发现了一大堆没有启封的公文，收件人是"兴县县政府"，发信人是"山西省政府"。我为此感到很大的好奇心，判定在汾阳原来一定有一个阎匪的兴县县政府在。我多方打听这"县长"是谁，是否被俘虏了。很幸运，他竟被我打听到了，原来这"县长"不是别人，正是阎匪汾孝区杀人刽子手之一——"民族革命同志会"区分会主任兰苑群。他和汾阳许多重要匪首一起逃到清源时被我活捉。

我找了他来说话。他三十上下年纪，外表的故作冷静掩盖不住他的狡猾。

"你是兴县人吗？"我开口就问。"不不不，我是大同人。""那你一定到过兴县？"

"也没有，我根本没有去过。"

这简直不能不使人既可笑，又可恼，我压制着自己的愤怒[2]，问他："请问你的县政府在什么地方？""县政府吗？县政府就在我的家里。"

"什么？你的县政府一定还有你的职员吧，他们也住在你的家里吗？""说起来笑话，这县政府就只有我一个人，上边来了公事，就交给我的老婆，谁也不去管他。"

无怪乎我所见的那一堆公文（这就是称为"公事"的东西）都完全没有起开封口呢。

我说："你这县政府政府真简单呀！"

"只有一把印，这是前任移交下来的。""那你除了干你的区分会主任的'公

---

[1] 原载《晋绥日报》，1948年10月12日，第4版，本文发表时使用笔名"余杜白"。

[2] 原文如此。

事'以外，在你的兼差县长职务之内你干了些什么呢？"

"什么也不干，就是按月领点薪金。""你很想到兴县去坐大堂吗？""根本不能去呀！"这位"县长"脸红了。

我把这件事情记载下来，目的是为了帮助大家更具体地知道：一个残害人民出卖民族国家的叛徒头子蒋阎匪徒是如何极尽其无耻伎俩，走上了死亡的道路的。

为什么要改写这篇稿子[1]

题解：这是甘惜分在晋绥期间，公开发表的唯一一篇谈新闻业务的文章。在编辑过程中体现的新闻观以及对新闻与政治的关系的理解，很大程度上影响了后期作为新闻学者的甘惜分对其新闻业务思想的建构。

我们在十月十八日收到绥蒙新华分社电稿一件，原文如下：

（绥蒙十七日电）集宁车站铁路员工三百余人，于九月二十九日傅匪三十五军等部逼近集宁时，积极勇敢抢出机车三台、守车铁甲车、客货车多列，还抢运出大批物资弹药，成绩卓著。人民解放军华北三兵团政治委员李井泉同志，曾亲临工人宿舍慰问，并向工人讲解形势等问题，十月八日，又奖发员工每人胶皮棉鞋一对。

这篇短短一百十九个字的消息，用具体事实报道了国民党占领区的工人阶级对解放军的热情拥护，配合解放区反抗傅军的英勇行动，这是一件足以鼓舞我方士气，瓦解敌人的好消息，记者善于发现这种新闻，这是很好的。但是从写稿方法来看，这篇短消息有许多缺点：

第一，报道事实过程模糊，情节不清。这篇电稿是十月十七日发出的，在此以前，集宁发生了许多事变都和这次工人行动有关系，这就是：九月二十七日我军收复集宁，二十九日敌人再占集宁（工人英勇行动是在我收复集宁仅两日之内发生而不是经过我长期教育之后发生的，此事特需指出），十月十日我军再克集宁，工人业已胜利返城复工。所有这些，都应该在新闻中叙述清楚，使情节分明，给人以清晰印象。这篇电稿由于过程模糊，因此不得不使读者乱猜。我在修稿时，就曾费很久思索：慰问是在何处？再克集宁之前？或之后？工人是否曾全部撤出城外？这些猜想，直到查照报纸，对证了日期之后，才全部弄清，予以改写。

---

[1] 原载《晋绥日报》，1948年11月5日，第4版。

其次，这篇消息最好把李政委慰问工人作为主题，写在新闻开头，这样使得它的政治性更加突出。一般说，每条新闻都应当把最有政治意义的、当前最重要的最有宣传作用和教育作用的内容放在新闻开头，使读者一开始就从这里得到启示，或引起注意。原稿上写发棉鞋一对，没有多大政治意义，可以删掉。

经过以上考虑后，我把这篇稿子改写如下：

（新华社绥蒙电）绥蒙前线记者报道：中共晋绥分局书记现任华北人民解放军第三兵团政治委员李井泉同志亲临前方嘉奖集宁铁路工人。当上月二十九日傅匪三十五军再陷集宁时，解放仅两日的三百名铁路员工，勇敢动员将机车三台、铁甲车及客车多列，开出集宁车站，车内并载有大量弹药及物资，三百名员工亦全部撤出该城。工人以英勇行为对残暴傅匪进行抵抗。李井泉同志与员工撤出后，特赴工人宿舍向英勇的工人慰问，并向工人讲话。按该城铁路员工与解放军有深厚感情，一九四六年该城解放时期，曾给解放军许多帮助。现解放军再克该城，铁路员工已全部返城复工。

（见十月二十二日晋绥日报）这样改写，当然还不是最好的写法，当我写此文时，又看出改稿内仍有尚待修改之处。但与绥蒙原稿相较，改稿是否更完整，更清晰，内容更丰富，期望大家的研究。这是一篇短短的新闻，但它包含了新闻工作上的某些基本问题。

我军正确政策感召下工人朵新芳临危扑火[1]

题解：这是甘惜分撰写的新闻报道中较少出现的一篇人物典型报道。文章并无太多过渡渲染的成分，读来亲切、真实、可信，当然其中的政治意味也能从字里行间流露出来。

（新华社晋绥三日电）人民解放军正确地执行城市政策纪律，获得了广大人民的热烈拥护，工人群众的表现更为积极，其中汽车工人朵新芳的行为就是这样的典型例子。

朵新芳原来是傅匪汽车队的司机，今年九月二十七日解放军收复集宁时才被解放，与他同时被解放的有六七十个汽车工人和他们所驾驶的五十余辆汽车，当战火尚未熄灭时，解放军就十分关照他们的生活，并保护他们的安全，他们因而更加体会到解放军真正是自己的解放者。要立即参加解放军工作，被准许仍然驾驶原来的汽车。收复集宁的第二天（十月二十八日），傅匪从张家口增援来的三十五军逼近了集宁，解放军为寻找歼敌机会，暂时撤出城，于是朵新芳及其他的司机工友们驾驶着这辆被缴获的汽车在田地中不分昼夜地飞驰

---

[1]《晋绥日报》，1948年11月18日，第1版。

起来，他们从城市抢运军火物资至某地卸下，立刻又返程抢救第二批，第三批……

二十九日，敌军侵入集宁后，他们又继续把抢救出来的军火物资转运到指定地点。他们好几天没有睡觉，也吃不上热饭，只在汽车上吃自带的干粮，解放军首长曾警告他们休息，但他们夜以继日地工作，坚决立功，直到十月二十四日胜利完成任务。

这期间曾发生一件舍己为公的动人故事：朵新芳的汽车满载了炮弹，正要从某地起运，突然车头着火，而车旁又停放着大量炮弹和汽油，情况极端危险，朵新芳在这危急关头表现出工人阶级的伟大气魄，他拼命拉开众人（其中有一位解放军首长），说不必大家牺牲，要死只死我一个人，然后他以迅速的动作拿自己的棉衣和被子裹着黄土向车头猛扑过去，火扑灭了，朵的右手被火灼伤，但他并不休息，又继续驾着汽车转运炮弹去了。

人民的新临汾[1]

题解：这是一篇关于解放后的城市地区恢复生产情况的报道。文章用一个个细节，描绘了各行各业的人民群众不舍昼夜、战天斗地的革命乐观主义的主人翁精神和勇于担当、时不我待的豪迈气概。全篇多用对比手法，将新时代和旧时代进行对照，进而形成不言自明的强烈反差。在新老解放区恢复工商业生产的号召下，作为老解放区的晋绥边区率先垂范，在全国的城市建设中做出表率，这是欣欣向荣、蓬勃发展的新中国的前兆。

山西南部中心城市临汾，在民主政府领导和工人阶级奋发工作之下，业已逐渐医治好自己在蒋阎匪帮蹂躏下所受的创伤，从废墟上重建起和平繁荣的新生活。

当人民解放军今年五月十七日攻占临汾时，全城是一片残骸，发电厂内纵横挖着战壕，满地是炮弹片，没有一间房屋是有顶的，没有一堵墙壁是完整的，所有的电线杆被拔光，锅炉和水管一齐被炸毁。民主政府派来了一个经理，奉到的命令是"很快恢复发电"，经理问工人们有无把握，回答是斩钉截铁的一个字："能。"全体动起手来，没有什么困难能阻止他们，没有电线，他们就把一节一节的短线接起来，时间紧迫，他们就自动加工一小时，从前自称"技术高明"的日本技师没有解决的任务，现在由工人把它解决，有一具"高压超负荷断路器"，三年前被日本人烧坏，此后再无人敢动，它就像一个没有揭晓的"谜"一样。现在工人把它打开，原来不过是被那位蹩脚的日本工程师烧断了线，工人们只用三分钟就接好了。工人用自己的血汗每天在那里创造奇迹，有一个工人为着赶装皮带轮的钨金瓦，不慎切下了一个手指头。十月，全厂修复，新建的烟囱冒着浓烟，冷凝水池的喷水管喷出伞形的水花，全厂职工和来宾们望着转动的飞轮和明亮刺目的电灯时，人人感到高兴。在自来水厂，工人的劳

---

[1] 原载《晋绥日报》，1948年12月23日，第4版。

动热忱也同样高涨，以"给水员"来说，他们的职务是卖水，从前他们只要卖完水把水票往上一交就完了，现在他们都参加了挖地基、修水管的工作，七八个给水员三天就刨出三千多块砖，自来水厂就是这样修复的。工人的劳动态度和从前有了根本的改变，有一根大水管在日本人统治时就冻裂了，数年来工人提出修理，但那些只会刮钱从不管市民生活的厂长们，连理也不理，现在工人们就首先把这根水管修好，因为它关系着送水的顺畅。一切工业原料被解放了的工人们视为自己的财产，燃料较前节省百分之三十，机器油则节约百分之四十。

要问工人们为什么干得这么起劲儿？他们的回答是："给自己干，不是给别人干。"面粉厂的工人们把抛撒在地上的麦粒也一颗一颗捡起来，发电厂的工人们在路上见了一节电线或一个螺丝钉也都拾回来，他们最切身的感觉是，"现在的经理和咱们平等"。在从前，皮鞭和戒尺就是日常的待遇。

目前的临汾市政府，是一个最强有力的政府，因为它的每一个措施都是为了人民，因此得到人民的支持。"发展群众生产"被民主政府列在施政的第一个项目内，半年以来，政府曾为此发放了近二十万元农币的工商业贷款，以利于恢复在阎匪统治下破产了和缩小了的工商业。贷款的对象最初发生错误，没有主要地面向工业，但这个错误很快就被纠正过来。现在临汾的工商业有飞速发展。解放前，这里仅有工商业三百余家，九月初统计，即增至七百一十四家，此后一直扶摇直上，九月底为八百八十八家，十一月已达九百五十二家，此外尚有摊贩一千四百余处（解放前仅有四百处）。在发展着的工商业中，最可注目的发展是工业。我们知道，从前的临汾差不多完全是一座只会消费和流通而不会生产的城市，晋南的棉花和米粮以此处为集散地，十年来日本货物和美国货物充斥了这个市场。现在却可看出临汾正向生产城市发展，约有五十多家原来经营商业的人转到工业来了，铁工厂由从前的一家发展到现在的七家，弹花机、纺纱机和农具是此处工业的主要产品，半年来为城乡居民制造了大量成品。

"泰记"铁工厂是临汾原有的唯一的铁工厂，雇有十五个工人，置有一部圆车，解放后它连续获得民主政府三千万元短期信用贷款后，工人增加为三十八人，扩大了翻沙场，圆车改用电动力，安装了四匹半马力的电动机，前后已造出二十多具弹花弓（每具价格约为二十石麦子），都已销出，订货单且在不断送来。再拿"广胜泰"铁工厂来说吧！这原来是一座木工厂，解放后得到贷款，增加设备，改为铁工厂，已造出弹花弓四十三具，铁工由十六人增为三十三人，它目前最大的困难是没有圆车和刨床，正设法购买，并试图自制。

生产发展的成绩当然在目前还是很微小的，但却是重要的开端，民主政府已拟就发展工业的计划，增加工具和农具制造，使城市生产与农村生产结合起来。

从前只会消费的社会寄生者，在这里正逐渐被减少，许多蒋阎匪伪人员的家属都已开始从事生产，有的一天也能纺六两线，有的二人合作一天可做一双鞋，他们生活从此得到解决。

旧日临汾的统治者都没有消灭过的荒凉现象，一旦这城市转到人民手中时，就开始消灭了。由于匪徒们连年破坏，临汾城内和城郊的空地是越来越宽广了，街道和房屋减少着，而荒地确增加着。民主政府一面发动群众重建被破坏了的建筑，一面又奖励在空地上种庄稼，使每一寸土地都不要浪费，住在市内的军政机关干部一如他们过去在农村曾拼命生产一样，他们现在进了城市，也没有放下锄头，共已开荒一百亩，今年收获的蔬菜可以改善生活，尤其重要的是对市民开荒种地起了带头作用，全市居民今年在城内外开荒已达两千余亩，这无疑是城市人民的很大收入。

这个城市的人口解放前只有七万，其中匪伪官员、士兵、家属等就占一半以上。在解放军攻克临汾的战斗中和解放后，这些人有的被俘了，有的遣散了，匪徒们死亡前的拼命破坏几乎毁灭了这座四千多年前中国古代帝王尧帝的故乡，上万市民丧失家园，被迫向农村疏散，现在全城居民仅约有两万，但随着市内秩序恢复，生产发展，逃亡市民正逐渐返回。市内中学六座，小学二十九座，西北军政大学、行政干部学校、西北艺术学校、卫生学校等校，亦设在临汾附近，他们吸引着无数青年的注意和兴趣。新华书店售出的书报，以毛主席著作占着畅销的首位，这可以证明临汾人民的政治趋向。

晋南文化活动以临汾为中心而展开。西北人民解放军总部的战斗剧社来这里演出了"女英雄刘胡兰"的三幕十二场歌剧，这是一部描写17岁的少女反抗阎匪英勇就义的成功作品，连续演出，场场座满，观众会为刘胡兰的伟大牺牲而落泪和呐喊。今年十月革命节，临汾举行万余人的空前盛大的集会，一切文化活动都围绕这一节日而骤形活跃起来，民主政府进行了宣传周，小学生也学会了解放区的秧歌舞，城外数十里的居民也赶来看，这是临汾十余年来稀有的热闹。人们记得，1937年由于日寇占领太原后继续进攻，临汾曾经"热闹"过，无数万逃来的难民涌到临汾，但一切都被阎锡山出卖，在日寇炮火和炸弹之下，无数难民又逃出临汾，淹死在汾河中的冤魂今年才到了申冤的日子，临汾此后永远属于人民，它将随着时间前进而日益昌盛起来。

边区生产会议结束,确定今年农业生产计划,争取两三年内恢复到抗战前农业生产水平[1]

题解:本文与上一篇文章属于同一主题,文章以数字统计的方式,结合现实情况分析农业增产增收的形势任务、基本计划以及主客观条件。文中提出:"民主政府发展农业生产的政策必须再三再四向人民宣传,绝不可认为我们自己知道的政策,群众也一定知道。"在土地改革中,晋绥边区政府未将纠正土改偏向的政策及时传达而造成极大的负面影响。为汲取这样的教训,文章特别强调毛泽东视察晋绥时的讲话中提到的,我们的政策,不光领导干部要知道,也要让最广大的人民群众知道。

(本报特讯)行署所召开的生产会议已于一月二十一日闭幕,会议自一月十二日开始,历时共九日。会议根据各分区的计划,具体的确定了一九四九年的生产计划,并提出从今年起,争取在两三年之内恢复和超过抗战前的农业生产水平。一九四九年晋西北二十三县的奋斗目标主要项目如下:

争取全边区总增产细粮二十万大石(全边区每亩土地平均增产粗粮约二大升)。

恢复现有熟荒地四百六十余万亩的百分之二十五——一百一十余万亩——为耕地。

在现有耕牛总数上增殖百分之二十五,在现有驴、骡、马总数上增殖百分之二十,总共增牲畜三万五千头。

在现有羊的总数上增殖百分之三十,即十五万只。

会议提出:在比较富裕的地区,应争取超过今年的任务。这一农业生产任务是在逐渐恢复着的边区农业生产水平基础上拟订的。民主政府建立以来坚决

---

[1] 原载《晋绥日报》,1949年2月3日,第1版。

领导全边区人民不断地从事恢复农业生产的斗争，虽然在敌寇疯狂破坏的困难条件下，农业生产战线条上仍获得较好的成绩，因而有力地支援了战争，人民生活得到某种程度的改善并战胜了灾荒。经过土地改革之后，农民生产情绪愈加高涨。一九四八年，边区内除局部地区尚未摆脱灾荒外，绝大部分地区农业生产已走向恢复，在某些村庄甚至已经做到超过战前农业生产水平。但是一般说来，由于敌人长期的破坏和战争的长期消耗，特别是广大的新区和半老区，能够恢复发展的时间还短，因此，目前边区农业生产的水平，如果和战前比较，则相差仍远。据晋西北二十三日统计：

现有耕地面积，较战前降低约百分之二十。牲畜（包括牛、驴、骡、马）较战前降低约百分之四十四；其中耕牛减少较轻，驴、骡、马减少最严重，有减低达百分之八十以上者，羊较战前降低约百分之六十六。土地改革中，部分人的浪费，曾相当促进了羊的减少。土地产量：各种土地平均计算，较战前减少百分之二十弱。这是我们现在的基础。

生产会议认为：在人民革命战争已接近全国胜利的情况下，我们不能继续让农业生产自流缓慢地恢复，而须有计划地迅速恢复。提出争取恢复和超过战前农业生产水平，不仅异常重要，符合于全晋西北二百余万人民的迫切要求，而且我们具有达成此任务的一切有利条件。这些有利条件是：在客观上，土地改革已告完成，地权确定，农民生产情绪空前高涨。广大妇女参加生产，封建社会的寄生虫——地主亦被改造逐渐转入劳动，农村劳动力还不太缺乏，某些地区甚至有一部分剩余劳动力。平津都已解放，使今后我区可以大力从事生产建设，我区农业生产品有了充足的市场；解放区货币统一，使物价交流更为方便；等等。

在主观力量上（这一方面特别重要），今年将特别加强农业生产工作的领导。过去在战争中，使我们不可能全力领导生产，现在战争向前推进，土改业已完成，整党亦正在完成中，此后生产就成了我们长期的中心工作，一切工作都围绕着生产，或配合着生产。此次生产会议提出：过去几年某些地区对农业生产领导重视不够或其他工作挤掉生产工作的缺点今年必须克服，领导生产的机构必须健全和充实，组织领导必须加强，民主政府发展农业生产的政策必须再三再四向人民宣传，绝不可认为我们自己知道的政策，群众也一定知道。生产会议又提出：为使两三年内恢复和超过战前农业生产水平，必须从长远的观点出发，提倡精耕细作，多种特产，发展水利，繁殖牲畜，植树造林，组织人力和畜力，很好地解决军人、烈士和干部家属的生产困难，创办生产推进社，并且克服容易受旱区和容易受冻区的灾荒。而在一九四九年，即眼前的一年，尤须特别注意精耕细作，提前送粪，争取早种，不违农时，多种特产，增加收入，这一些今年即可见效。只有这样，全边区增产二十万石细粮的计划才能保障实现。生产会议认为：胜利完成这一农业生产的计划是完全可能的。一九四八年的经验证明这一点。一九四八年是紧接着一九四七年的灾荒之后，但由于全边区人民的奋发工作，这一年不仅恢复了一九四六年的农业生产水平，而且在某些生产上还超过了一九四六年的生产水平（只在包括七万多人口的少数地区尚未恢复）。据晋西北宁武、崞县、岢岚、兴县、临县、左云、右玉，平鲁、代县、岚县等十个县内可以代表一般情况的十五个自然村和一个区的调查（其中老区七个村，半老区八个自然村和一个区），耕地较一九四六年增百分之二十三，牲畜增百分之十六，羊增百分之十四，土地产量由一九四六年的每亩平均一斗六升增为二斗（这里当然应加上一九四八年丰收的原因）。生产会议认为：一九四八年的丰收、扣伏荒，百分之四十到百分之六十的秋翻地，普遍的冬季生产，这些都为一九四九年的农业生产作好直接的准备工作。既然在受了灾荒影响和土改尚未完成的一九四八年尚能恢复一九四六年的农业生产水平，那么在一九四九年，在更有利的条件下，把农业生产恢复得更多一些是完全可以做到的，客观条件也已具备，一切全在我们的努力。

驰骋在绥蒙高原我军某团，文娱工作活跃士气高涨[1]

  题解：文章用生动的语言呈现了革命乐观主义精神，反映了革命战争年代革命军队丰富的文化艺术生活，间接地佐证了中国共产党历来重视的对文化政治领导权的建构。

  （新华社绥蒙讯）在绥蒙高原冰天雪地中进军的人民解放军，士气极为旺盛。某次爬一座有十里高的大山，某团事前组织了各营连有各种技艺的战士和干部配合宣传组，在山坡上等候，部队上山时，化装的战士"广播"本连昨天刚发生过的故事，战士们听来特别亲切有味，大家说："好好听，有咱连的活宝在那里。"有一个同志做一个广播机的形式罩在身上，一边走一面广播各连故事，战士们笑说："你出来让咱们看看。"秧歌队更引起哄笑，有的战士竟随着胡琴演奏唱起来。接近山顶时，两个战士正演着由连队实际生活编成的戏。全剧时间很短，不用部队停下来，一面走着即可看完。由于有做有唱，深为战士们喜爱，这样不知不觉就到了山顶，战士们都不感到疲劳。部队甚至以文化娱乐推动了教育。某次在路旁门板上粘着三大纪律八项注意的条纹，旁有专人表演，当一个战士捧着一个打烂了的盆子向化装的老太太道歉时，过路战士们都喊："要他赔，要他赔！"立刻就影响前后列战士热烈地讨论起各条纪律，有的战士时时刻刻念着蒙民回民的风俗习惯，以便接近群众。某部五连战士解国衍接到祖母逝世的家书，虽然心里很难过，但在部队的许多英雄事情感染下，他也发誓："我要给死在傅军手下的人报仇，坚决完成解放全绥远的任务！"

---

[1] 原载《解放日报》，1946年2月10日，第4版。

尴尬的嘴脸 [1]

题解：该文是刊载于《晋绥日报》上的《垂死挣扎画一幅》这篇文章的另一个版本，可与前文对照阅读。

（新华社晋绥二十三日电）记者从晋绥解放区的首府——兴县到新解放的汾阳城去。从汾阳阎匪遗弃的文件中，偶然发现了一大堆没有启封的"山西省政府"给"兴县县政府"的公文。这引起了我很大的好奇心：兴县民主政权股权已经建立了八年了，这儿还有一个阎匪的"兴县县政府"？我到处打听这个所谓"县政府"在哪里，"县长"是谁，是否被我俘获，结果被我打听到了。原来这"县长"不是别人，就是阎匪汾（阳）孝（义）区刽子手之一——"民族革命同志会"区分会主任兰苑祥。他是和汾阳许多重要匪首一起逃到清源时被我军捕获的。

我找他来谈话。三十上下年纪，方方的脸。看来他所吮吸的人民的脂膏已经太多，长得异常肥硕。外表的故作镇静，掩不住内心的慌乱。

"你是兴县人吗？"我劈头就问。

"不，不，不，我是大同人。"

"那你一定到过兴县？"

"没有。我根本没有去过。"

我勉强压住了愤怒："请问你的县政府在什么地方？"

"县政府吗？县政府就在我的家里。"

"什么？你的县政府一定还有职员吧？他们也住在你的家里？"

"说起来笑话，这县政府就只我一个人。上边来了公事，就交给我的老婆，谁也不去管它。"

我明白那一大堆"公事"完全没有启封的缘故了。我说："你这个县政府

---

[1] 原载《解放日报》，1948年10月24日。

真简单呀！"
"只有一把印，还是前任移交下来的。"
"那么，你除了干那区分会主任以外，你在这个兼任县长职务以内还干了些什么呢？"
"什么也不干，就是按月领点薪水。"
"你很想到兴县去坐大堂吗？"
"根本不能去呀！"这个县长脸红了。
"但是你的县政府究竟干什么呢？"
"这个……这个……"这位"县长"慌张起来了。
这就是国民党的成百个所谓"流亡县政府"的缩影——我心里暗笑。

哭向群哥哥[1]

题解：该文是甘惜分写给胞兄的一篇祭文，读来令人动容。兄弟二人为了革命理想，相扶相携，从遥远的南国，奔赴贫瘠的晋西，各自在自己擅长的岗位上为革命事业贡献力量。然而在阶级斗争异常激烈的年代，甘向群因公殉职。作为一篇表达真情实感的散文观之，不失为一篇佳作！也让我们对青年甘惜分有更加多元的认知。

在一个冬日的黄昏，我为突然传来的你的噩耗而震惊，我连夜飞奔到军干校，金如柏同志告诉我："遗体已经入棺，但棺盖尚未钉好，专等你们弟兄最后一见。"我的眼泪夺眶而出："哥哥，我们真成了永别，从此再不能相见了！"

哥哥！我的无止境的眼泪滴在你的脸上，滴在你的墓前的土地上，我痛苦了不知多少次啊！我记起了许多往事。我们同胞弟兄九人，我俩最小，情感也最笃。我俩从小在一起吃饭、睡觉、吵嘴、玩耍，你一直热爱着我，一直到你不幸逝世之前，你对我关心备至，正如你对其他许多同志的关照一样。

哥哥！你天资聪颖，从小勤奋好学，但我们早年家贫，你在小学念书曾因为交不起学费而被学校开除。你被迫到重庆一家商店当学徒。后来你当了小学教员，开始和几个进步青年接触，你看了不少革命书籍，你学而不厌，你把许多好文章规规整整、一字一句地抄在你的册子上，你积累了许多这样的册子，你的知识逐渐丰富起来，也不断地增长了对革命的认识。

哥哥！正当你十六七岁在偏僻乡村的私立小学中准备刷新教育的时候，白色恐怖使你不得不从学校中走出来，你被迫到"衙门"去充当了一名小小的"司书"和"禄事"之类的职务。可是你那些反动的"上司"，就想拿低微的薪水来剥夺你的生命自由，干涉你的业余的从事救亡活动，你非常愤慨。有一次你和你的"上司"闹翻了脸，你宁愿挨饿，也不愿受气，你又失业了！为了吃一

---

[1] 原载《晋绥日报》，1948年6月5日，第4版。

碗饭，四处奔波，你饱尝了旧社会人生的艰苦。

在民族危亡中，我们成了救亡运动中的同志，我们组织了读书会、救亡剧团、歌咏队、移动宣传队和出版报纸。在每一个活动里你都是积极分子，为了帮助同志们学习，你自己刻雕版，为了唤醒群众，你亲自写标语、贴标语。你任劳任怨，不惜把自己仅有的一点薪水也捐出来做活动经费。

我比你早到了延安，接着一九四〇年你也到了延安，你写给我的信上，每一个字都表现出你获得解放的愉快。可是，你的身体本来就被长期的生活折磨得很弱，但是你在生产中拼命开荒，你经常熬夜，你衰弱的身体和工作精力的旺盛之不相称，使每一个同志都很吃惊。你经过党的长期考验，你一直勤奋地工作着，你终于被中国共产党吸收为光荣的共产党员。

哥哥！你从南方走到北方，你为革命贡献了整个的生命，你的遗骨安葬在北国的土地上。你为人民而死，你为千百万农民的翻身而死，虽死犹荣。在追悼你的会上，军民高呼："为向群同志复仇！消灭地主封建势力！"这声音是多么洪亮，杀死你的敌人在吼声面前发抖！军干校的同志、东村附近的老百姓、妇女们、孩子们没有一个不说你好；在追悼你的大会上，他们的哭声，他们的眼泪，他们的讲话，说明了这一切。你生前一个最好的朋友告诉我："向群真正是活在人们的心里！"这句话使我感到光荣，但同时使我警惕，我如果不能学习你的优良品质，不能更好为党工作，我将有愧于作你的弟弟。

哥哥！胜利在望，我军正由北方打到南方，我们的家乡在翘首期待着解放，我们将"打回老家去！"你如死而有知，必将为此瞑目。待故乡解放时，我将告诉你的朋友们："向群没有辜负你们的期望！"

愿你安息！愿你安息！

附：纪念甘向群文章

翻身农民为向群烈士立碑纪念 [1]

岚县二区农民代表会暨全体翻身农民，今年五月于向群烈士墓前建纪念碑，碑文如下：

向群烈士，原名甘止善，四川邻水县人，中国共产党党员。民国二十九年入伍，历任教员、宣传干事等职。民国三十六年秋，参加岚县土地改革工作团，

---

[1] 原载《晋绥日报》，1948年6月5日，第4版。

领导贫雇中农向地主斗争，立场坚定，致为阶级敌人嫉妒，去年十一月二十三日叵遭毒害，年仅三十有三。群众衔哀葬于秀荣古城南端。烈士生前工作积极负责，生活朴素艰苦，忠心耿耿为人民解放事业奋斗至最后一息。我全体翻身农民，铭感烈士之恩，公决建碑于墓前，永垂不朽！

岚县二区农民代表会暨翻身农民敬立

追念战友向群同志[1]

我不能忘记，去年十一月二十三日上午，突然传来你被阶级敌人毒害的消息。当时我正在参加一个会议，心头感到一阵震痛，惊愕得说不出话来。会议匆匆结束后，我紧步感到卫生处，见你躺在长桌上，脸色青灰，眼睛紧闭，摸摸你的手，已经冰凉了，当天医生剖验，胃已全黑，肠子断成数截，证实是中毒而死，消息传出去，同志们和老百姓莫不悲愤，熟识你的人，尤其痛心！

十一月二十九日，举行了隆重的追悼大会，附近各村群众吹打着哀乐，抬着花圈、果品，前来致祭。我站在你的灵旁，看见同志们垂泪念挽联挽词，一群群男女老幼向你的遗像前磕头上香；西村一位贫农老太太，扶棺痛哭，犹如失去了一位亲人。向群同志啊！当我随着长长的行列送你入土之际，默念着毛主席的话："为人民而死，虽死犹荣！"

向群同志，你与群众有密切的联系。无论住在那一个村里，你总是很快地熟识了老百姓。到西村不满两个月，你便能叫出许多老乡的名字，并了解他们的生活情形。老百姓亲切地叫你"老向"。我们一同去访问农民，你了解的材料比我具体、丰富；我们一同去宣传"告农民书"，你解释的比我清楚生动。捷报传来，有时还画了彩色的地图；西村街头有你手写的碑文，静乐县城找得到你手写的标语。你能普通地接近同志，帮助别人，给大家的印象是热情、诚恳。一个来我军不久的青年常对我说："向群对我帮助很大。"我见她读给你的祭文时，哽咽不能成章……

和你在一起的同志，都说你工作积极，有高度的责任心，组织上无论分配什么工作，都能不讲价钱去完成。不计较工作地位，不论工作的大小，接受了一个任务，便付出全部精力。前年在晋北野战，宣传科人少时，你便自刻雕版，编辑刊物时，亲自装订。去年代表军干校去参加续主任追悼大会，到时离开会还有几天，你便参加了筹备会工作。回来对我说："我不慎当主人了！"

去年五月间，你入了党。一天傍晚，我们在村外散步，你对我说："在旧

---

[1] 原载《晋绥日报》，1948年6月5日，第4版。

社会受了不少折磨，走了一些弯路。整风前，思想还相当混乱。现在真正找到路了。从此以后，要抛弃一切个人打算，踏踏实实地做一些工作。"不久，你便参加了土改工作，和群众生活在一起，偶然回来时，便和我谈政策，检讨自己的思想、立场。你死后，我翻阅你的日记，记满了土改中种种数字和材料，临死前一天晚上还写着当天了解的材料和第二天的工作计划。谁料你的志愿未竟，突遭暗算，地主阶级的阴谋毒辣，令人切齿！向群同志！我说不出更多的话，实际工作便是最好的挽歌。最后，要告慰你：你入党候补期未满，组织已批准追认你为正式党员。你安眠在光明的土地上，将来人民走过你的墓前，都会说："这是一个共产党员，他是为我们而死的！"

徐明

一九四八年四月

下编
从晋绥一路走向新时代

新闻与历史 [1]

我很奇怪,越到老年,我对历史越有浓烈的兴趣。我们生活在其中的现实生活还没有经过大浪淘沙,难免有虚假的东西。而历史上的记载,经过长时间的淘汰并相互订正,大都显露出原形,是比较可靠的。所以我宁愿相信历史。当然历史也有伪造,但研究者会去伪存真。

我认为新闻记者应当用历史学家的眼光来看待当前的新闻,新闻记者应当像历史学家研究历史那样认真地仔细地客观而全面地描述当前的现实,我主张新闻与历史同一论。

这话听起来似乎有悖于常理。一般都认为,新闻是报道当前的事实,历史是记叙以往的事实,怎么可以混同呢?

有人说:今天的新闻到了明天就成了历史。这话说对了一半,因为他还承认新闻与历史的联系。但他说错了一半,他说今天发生的事情要到明天才成为历史。这就不对了。据我看来,凡是当前还在发生发展的事实,它已经在历史的长河中记上了一笔,它就是历史了。它就是刀砍不断、水泼不掉的历史了,为什么要到明天才成为历史呢?

比如,当我还在室内工作时,不远的街上发生了一起严重的车祸,死伤了十多人。这当然是特大新闻,但我们也可以说它是我们这个时代的某年某月某日某时的历史事件,电台、电视台、报社的记者都来了,记录在案,甚至是现场直播,这不正是历史吗?古代的皇帝不顾民间疾苦,民间的大事不成为新闻,但他个人的言行都被看作是大事。皇帝"左右两个史官,左史记皇帝说了些什么,右史记皇帝做了些什么",这叫作"左史记言,右史记行",然而把这些记录保存在石室金匮,传诸后世,这就是历史记录,不可改变。请看,这些发生在眼前的新闻不就是历史吗?

有人说,新闻是现在的历史,历史是过去的新闻,这个说法比较准确。一

---

[1] 原刊《新闻爱好者》1998年第8期,第16-17页。

部"二十四史"所记录的事件在其发生的时候都是新闻,一切现在的新闻都是今天的历史。总而言之,一切新闻都是历史,一切历史都曾经是新闻。

我们的记者有了这种认识,也就知道了自己责任的重大。要知道,你的笔下正在写当代的历史,岂能有半点马虎。

第一,你一定要客观公正,不带偏见,真实地记录下事实的真相。

第二,你一定要全面了解事情的各个方面。任何事物都不是平面的,而是一个立体,甚至多棱体,它有上、下、左、右,正面、反面、侧面、斜面,你一定要充分了解各个方面。

第三,你一定要无私无畏,无所偏私,也无所畏惧,这才能写出真实可靠的历史和新闻。

第四,你一定要抓住事物的本质,而不为现象所迷惑,尽管对某一个别事物一时抓不住其本质,但你一生要为抓住时代的本质、事物的本质而奋斗,这才是一个合格的新闻工作者和历史工作者,否则你将会歪曲历史,歪曲时代。

为司马迁作传的班固赞扬司马迁写的《史记》"其文直,其事核,不虚美,不隐恶,故谓之实录",这是对一个历史学家的高度的赞扬,也应该说是对一个新闻工作者的高度的希望。

但是要做到这一点,是很不容易的,我说的只是一种希望,一种要求,要为之奋斗,而不是说一定要办到或一定办得到。要办到就必然碰到巨大的阻力。阻力来自两方面,一方面是当事人让不让你了解事实真相,甚至以武力相威胁,要你付出自己的生命,这多么可怕。另一方面来自你的领导部门,让不让你报道事实真相。很可能他只容许你报道某个方面,某个角落,而不容忍你报道事实全部,否则就打掉你的饭碗。这种阻力也是同样可怕的。

所以我常想,新闻工作是非常伟大、非常重要的工作,但有时也是非常可怕、非常危险的工作。自古到今的历史学家和新闻记者为了真实地写出历史真相而献出头颅的,就有不少。

虽然如此,但是新闻工作仍然是值得为之奋斗的工作,写出人间沧桑、世态炎凉、人民悲欢、国家兴亡,还有什么工作值得如此为之付出满腔热血呢?

但是我仍然要以虔诚之心规劝我的年轻朋友们,我不鼓励你们蛮干,去做那种冒险的事业。我倒要劝你们善于保护自己,做自己力所能及的事情。如果你是一颗鸡蛋,就别往石头上去碰。要讲究方式,讲究技巧,一手持枪,一手持盾,不学那赤膊上阵的许褚,满身中箭,差点送命。

我也决不要你们畏缩不前。人生能有几回搏,看准了的事情,可以一拼的事情,哪怕冒一点风险,也值得为人民而呐喊。这才是一个人民所需要的新闻记者或历史学家。一辈子缩头缩脑，三刀子扎不出一点血来，那是庸才，那是奴才，人民所期望的是人才，是英才辈出。

再回到学历史学问题上来。我劝新闻记者当一个历史学家，还包括多学点历史知识的意思。记者要勤于读书，读多种多样的书，政治、经济、文化、国内国外的书，都要读。这对于造就一生的事业具有决定性的作用。读书之中，我认为要多读历史书籍。今天的中国是昨天中国的继续，今天的世界是昨天世界的发展，不懂得昨天，就不懂得今天。要把自己锻炼成一个真正的历史学家，把前人当作一面镜子，照一照今天的世界和中国，你会发现古今之人有很多相似，甚至历史在重演，不过环境不同罢了。历史在不断发展，古今完全相同是不可能的。

研究历史，懂点历史，会加重你笔下的深度，会促使你考虑很多你原先没有考虑过的问题，会开阔你的眼界和思路，你会联想到眼前的许多问题还要深入下去。

举一个例子吧。我最近翻了一下法国18世纪的思想家孟德斯鸠的《罗马盛衰原因论》，很受启发。罗马帝国是称霸欧亚几百年的大帝国，但是后来日益衰败，日益分裂，最后垮台。什么原因？其中一个重要原因是统治阶级的腐败，统帅们、臣僚们每次都带回许多战利品，只图安乐，国势日危，而外族入侵日急，国土分裂，最后只能亡国。读读这样的历史，你不会联想很多吗？对现实的观察不会加深了吗？其实，中国历代王朝莫不是开国时兴旺发达，后来日益腐朽而丢掉江山。

我奉劝大家多读点人物传记，传记是一个人的历史，也折射出他所处时代的方方面面。最近刚出版了《周恩来传》，周恩来全国无人不知，他的内心深处蕴藏着什么，他从来不对人说，谁也猜不透。但从他的传记，你可以看出他的雄才大略和他所受的委屈之间的深刻矛盾，尽管他为中国人民的解放和祖国的社会主义建设洒尽了满腔热血，建立了丰功伟绩，历史证明他的政治路线是正确的。但他却受到多次党内批判，"文化大革命"中他差一点被打倒，可以说已被打倒了一半，他用生命的另一半还在苦撑着挽救祖国危急的局面。这是为什么？你能研究出周恩来内心的秘密，你对中国的国情可以说了解大半。

中国历史上，统一，分裂，又统一，又分裂，再统一，但搞来搞去，总摆脱不了封建专制制度，农民起义领袖上台之前，总是说"解民倒悬"，好像一个救世主，但一上台之后，就变了脸，照样腐败，照样专横，这又是为什么？为什么封建制度老是循环不止？是什么原因促使中国人民长期受封建统治之苦？

当代的大千世界，问题复杂得很。作为一个观察世界、研究世界、报道世界动态、推动世界改造的新闻记者，任务庞大而艰巨。上下五千年，左右八万里，尽在你的眼界之内。如果不懂一点历史，你对周围的了解是不会深入的，是肤浅的。

　　老实说，当一个普普通通的记者很容易，有点文化水平，有点写作能力就可勉强从事。但是要造就一个大有作为、大有出息的记者，就很不容易了。要成为一个全国知名、世界知名的记者就更不容易了。而这正是我们所急需的人才。我们希望一些有作为的记者脱颖而出，成为出类拔萃的人物。这就需要吃大苦，耐大劳，不但要经常到群众中去，经常向前辈和朋友请教，还要成为饱学之士，博览群书，让这些前人著作能激起你的笔底波澜。人无激情，不能成大事，人无激情也不能写出好文章。熟悉中外历史，以古量今，知古论今，目的就是要激起内心热情，我愿与我的青年同行共勉之。未来是属于你们的，向上攀登吧！

新闻学与历史学[1]

一、新闻与历史

为什么把新闻学与历史学联系到一起？这似乎是互不相关的两种科学。历史学是研究已死的、过去的东西，而新闻学研究的是当前的、活着的东西。当然，新闻学包括新闻史，这也属于历史学的范畴，但新闻学主要是研究当代新闻事业的规律，似乎不属于历史，而我竟然把新闻与历史结为婚姻，这是为什么呢？

其实，新闻与历史貌相反而实相成，它们之间是相通的。

有的人把新闻与历史相通之处作这样来理解，认为"今天的新闻，就是明天的历史"，或者说"历史是过去的现实，现实是将来的历史"。

这种说法似乎也可以说得通，它承认了新闻与历史的共同性，把二者联系起来了。但是这种认识还不够彻底，因为它认为今天的新闻要到明天才成为历史。

我的认识却正好相反，我认为今天的新闻，不要等到明天，就在今天，它就是历史了。凡是一切已经记载下来的新闻，包括口语广播出去已为广大听众所听到的新闻，或电视屏幕上显现的新闻，只要它们一经出现在报刊上、广播中或电视屏幕上，它们就已经是历史了，成为水洗不掉、刀砍不断的历史了。虽然还不是历史著作，却已经是历史资料，这些材料之成为历史，是不用等到明天的。

我国的古代史很能说明问题。古代帝王的身边设有所谓"史官"，他们每天把帝王的言行，以至国家的大事、自然现象的变化等，都记载下来。那时帝王是国家的中心，他们的一言一行都是重大事件，都载诸史册，而人民是没有

---

[1] 选自《甘惜分自选集》，中国人民大学出版社，2007，第450-469页。

历史的。这种历史记载当然是片面的、狭隘的，反映不出整个社会的重大变化和国家的面貌。但中国的历史却依靠这一代一代的史官基本上把中国几千年的重大事件记载下来，使我国有一套完整的历史记录。那么请问这些记录是历史呢，还是新闻呢？应当说，它们是历史，也是新闻，是实实在在的新闻，是当时已经发生，正在发展变化的新闻。那些史官也正是当时的新闻记者，尽管那时没有新闻记者这个名称，他们却是真正的新闻记者，他们那时所记载下来的新闻就成了不可改变的历史记录。

由此可见，自古以来，新闻与历史就是不可分的。谁要在新闻与历史之间截然画一条界线，是很难的。

还有一种观念，认为历史是永恒的，可以一代一代传下去，而新闻却是"易碎品"，只有一天的生命，今天的新闻，到明天就无人关心了。这种说法当然也不无道理。明天有明天的新闻，人们一般总是关心最新的新闻，对于已经过去的事实的关心程度，比对于最新的事实的关心程度可能会差一些。但是这种看法也不够准确，今天发生的新闻只要已经记录在案，它就具有永恒的价值，成为极其珍贵的历史材料，成为日后的历史研究的事实根据。在这个意义上新闻并不是易碎品，它并不因时间的消逝而消逝。

为什么图书馆要保存报纸？甚至在过了若干年之后，还要把旧报纸加以影印，作为研究资料。现在时兴"缩微"技术，把庞大的报刊图书资料，浓缩在一小块胶片上，阅读时使用一种特制的眼镜即可一览无遗。可见刊载新闻的报纸并没有破碎，它们成了可贵的历史记录。

现在的录音录像设备，更为保存新闻资料——不，保存历史资料——提供了更加有利的工具。

人类早期既无文字，又无书籍，更没有录音录像这一套设备。我们这一代人研究远古史，常常要借助地下的出土文物。我们的下一代以至几十代之后，他们研究我们这一代的历史，就有利得多了，因为我们这一代有了大量的新闻记录，可以永远传下去。这种在我们这个时代称为新闻记录的东西，难道不正是最好的历史资料吗？

所以新闻与历史是很难截然分开的，二者其实是一家。

当然，我的意思并不是完全把新闻与历史混为一谈。在一般的概念中，历史总是指已经过去的甚至久远的事情，而新闻却是当前正在发生发展的事情，只是当前的历史。但是这种区别并不能否定新闻与历史的密切联系。

二、史学理论与新闻理论

历史学有悠久的历史。我国的史学最为发达，三千年来一直连绵不衰。在西方，从古希腊罗马经文艺复兴，到近代现代，也有不少杰出的史学家。这些史学家形成了一套系统的史学理论。新闻学却比较年轻，不过一二百年的历史。中国的新闻学又更加年轻，还没有形成一套众所公认的自己特有的理论体系。既然新闻与历史相通，新闻学同历史学就必然存在共同的规律，新闻学可以从历史学借鉴许多东西，来丰富自己，充实自己。

那么请问新闻学与历史学有哪些共同点呢？

第一，新闻学与历史学都是以客观世界发生的真实事实作为自己的研究对象。事实，已经发生的事实，是新闻学的出发点，也是历史学的出发点。这个共同的出发点，就把新闻记者同历史学家结合起来了。

新闻记者与历史学家的关系比起新闻记者与文学作家的关系要密切得多，亲近得多。作家的创作，尽管他的创作素材也来自生活，现实主义流派的作家更是忠实地描写现实，但他们绝不是现实生活中的事实的再现，绝不是一张新闻摄影写真。作家笔下的现实是按照作家们自己的情感对来自生活的素材加以再创造，加以典型化，因此他的作品的直接表现形式是虚构的故事。没有虚构，没有想象，没有思想，就不成为文学。而作家的这种创作方法，对新闻记者是绝对不能容许的。新闻就是忠实地报道事实，事实怎样，新闻记者怎样报道，不能容忍半点虚构和夸张。这是新闻记者的神圣职责。从这里我们就可以看到新闻记者与史学家的亲近关系。史学家的任务就是完全真实地叙述已经发生的事实，历史学家可以评价历史，但他无权改变历史，更不用说创造历史了。在这点上，记者与史学家是一对亲兄弟。离开了这一点，既消灭了新闻，也消灭了历史。新闻记者与历史学家同文学家之间在这点上存在着最大的距离。即此一点，我们就有足够的理由宣称：在大学里把新闻专业置于文学系之内，这种传统观念是多么不合理。这个问题留待后面再说。

第二，史学理论十分强调史学的科学性和客观性，这与新闻学中要求新闻报道的准确性和真实性也是完全一致的。

中国较早的史籍《春秋》是孔子编著的编年史。历代史学家都称颂《春秋》是善恶必书，推崇它对历史事实的忠实。

司马迁著的《史记》，是中国一部伟大的历史著作，它被历代史学家奉为史籍的典范，并且称颂它"其文直，其事核，不虚美，不隐恶"，可见它对历史事实的忠实程度。司马迁甚至在他的《史记》中敢于批评当代的皇上——汉武帝刘彻，揭露他的愚昧荒唐，好大喜功，穷奢极欲和横征暴敛，这种勇气是很难得的，史称《史记》为"信史"，作为一种可贵的传统被史学界所推崇。

当然，提倡善恶必书，秉笔直书，忠于事实，是一回事。是否真正做得到，这是另一回事。但中国史学界的这种主张，这种众所公认的传统，总是一种正确的理论，同样也是新闻学所应当遵循的原则。

再看看西方。西方的史学理论，尽管很多是唯心主义史学，但大多数不否认历史是真实事件的记录，是以往发展运动的过程。无论自然史、人类史、国家史、经济史、政治史、文化史、艺术史、人物传记、地方史等，都是记载客观存在的事实。

美国有一个历史协会，它是美国历史学家的学术组织，每年举行一次年会，年会主席每年换人，轮流坐庄，开会时主席必发表一次长篇演说，以阐述他的历史观点。1950年的主席莫里逊的演说题目是《一个历史学家的信仰》，他说："真实地说明过去是历史和历史传记的精髓，是区别于一切其他文艺部门的特点。""换句话说，历史学家必须在思想上诚实。"[1]1952年的主席兰达尔的演说题目是《历史学家的身份》，他说："历史是一种无法逃避的事实，过去是抹杀不掉的，不论我们喜欢与否，它总要来干扰我们。"[2]"这里的基本标准之一就是客观性。"[3]

总之，即使在西方历史学家看来，客观性也是历史学的首要因素，历史研究只能从历史事实，而不能从别的什么东西出发。

至于马克思主义者关于历史科学的客观性，关于历史研究必须完全以客观事实为依据这一坚定立场，这是人所共知的，就不在这里多说了。

可以看出，历史学所推崇的历史的科学性和客观性这一理论对新闻学具有多么重大的意义。如果就历史学之所以成为一门科学，首先在于它尊重事实，客观地阐述历史事实，而不容任何歪曲，那么，新闻学之成为科学，首要的也在于它对待客观事实的准确性和真实性。由于历史学时间悠久，理论体系比较完整，新闻学应当向历史学多方继承。我们今天客观地反映现实，不仅是为了使我们的同时代人不受我们不真实报道的欺骗（尽管我们也许不一定有意骗人），而且也是为了不给我们的后代人制造麻烦。我们的后人将来研究我们这

---

[1]《美国历史协会主席演说集》，商务印书馆，1963，第20-21页。

[2]《美国历史协会主席演说集》，商务印书馆，1963，第68页。

[3]《美国历史协会主席演说集》，商务印书馆，1963，第70页。

一代人的历史,今天的报刊和录音录像都将成为极宝贵的历史资料,如果我们今天作了虚假的历史记录,我们的后人必然进行烦琐的考证,甚至写出《20世纪新闻史真伪考》,我们将有何面目以对后人!

第三,史学理论中关于史学的倾向性问题同新闻学也极为相近。

上面讲了史学的科学性要求,但现实生活中的史学家都常常为另一个重要问题所困扰,这就是史学的倾向性。

马克思主义的史学家们常常不是单纯地提出史学的客观性和科学性,而是提史学的科学性同革命性的统一。这里指的革命性也就是无产阶级史学的倾向性,也就是说,我们的史学家要把对历史进程的科学态度和我们对历史的革命立场统一起来。按照我们传统的理解,由于无产阶级革命立场同历史进程的一致,马克思主义者最能掌握历史发展的规律,因此我们的革命性丝毫不会减弱马克思主义史学的科学性,反之,马克思主义的立场将更加有利于认识历史的科学性。在我们看来,史学不可能是纯客观的。既要求客观性,又不是纯客观,在客观地阐述历史时,难免掺进史学家的政治倾向。

西方的史学家对这个问题是怎样看的呢?有趣的是他们也同样承认史学的倾向性。前面提到过的美国历史协会主席莫里逊在同一次演讲中说道:"达到完全的科学的客观性的程度对历史学家来说是不可能的。"他借用康福德的话:历史学家"对要阐述的事实的选择,对各个事实的强调程度,对这些事实的意义轻重和比例大小的认识,这一切都必然要受他的生活哲学的支配"[1]。然后莫里逊决然说道:"历史学家必须以自己的判断和价值标准来决定哪些是黄金和哪些是粪土……什么是有意义的,什么是没有意义的。"[2]

在西方史学界,由于史学著作的倾向性问题的存在,以至于到底什么是历史都成了探讨的问题。荷兰历史学家盖尔甚至说:"历史是一场永无休止的辩论。"[3]

19世纪的美国历史学家卡尔·贝克尔率直地说:"在历史学家创造历史事实以前,历史事实对于任何历史学家而言都是不存在的。"[4]这里把历史著作当作了"创造历史",这明显是看透了某些历史著作的实质。

《历史是什么?》一书引述一位历史学家奥克肖特的话说:"历史是历史学

---

[1] 《美国历史协会主席演说集》,商务印书馆,1963,第21页。
[2] 《美国历史协会主席演说集》,商务印书馆,1963,第23页。
[3] 爱德华·霍列特·卡尔:《历史是什么?》,商务印书馆,1981,第1页。
[4] 爱德华·霍列特·卡尔:《历史是什么?》,商务印书馆,1981,第18页。

家的经验。历史不是别人而是历史学家'制造出来'的,写历史就是制造历史的唯一方法。"[1] 在这里,历史不是对事实的叙述,而是历史学家制造历史,这个判断是尖刻的。

难怪意大利著名唯心主义哲学家兼历史学家克罗齐说:"一切历史具有'当代史'的性质……历史所涉及的是当代的需要以及这些事件活动于其中的当前的局势。"[2]

《历史是什么?》一书的作者卡尔这样说:"历史主要在于以现在的眼光,根据当前的问题来看过去,历史学家的主要任务不在于记载,而在于评价。因为,如果他不评价,他又如何知道什么是值得记载下来的?"[3] 他又说:"过去有这样的说法,事实本身就能说话。这一点当然并不真实。事实本身要说话,只有当历史学家要它们说,它们才能说,让哪些事实登上讲坛说话,按什么次第讲什么内容,这都是由历史学家决定的。"[4]

所以西方有的历史学家说"一切历史都是思想史"。这些史学观点带有唯心主义色彩,甚至为伪造历史提供理论根据,这是我们所不能同意的。但是他们指出了史学的客观性的有限性,这是值得重视的。

无论从历史理论还是历史实践来说,历史的客观性和历史的倾向性都同时存在。完全违反客观事实,历史就不可能存在;而无任何倾向的纯客观,也是不可能的。历史本身,也就是客观事物本身,那是没有倾向性的,那是独立于任何历史学家意识之外的独立存在。但历史记载和历史著作,却是历史学家写出来的。历史学家是人,不是孤立的个人,而是社会的人,是属于一定阶级的人,他不能不受社会环境的影响,即使最无偏见的史学家,他对历史的观察,也必然受他的世界观的制约,而他的世界观也受社会的制约。所以任何历史记载或历史著作,都不可能是历史事实的纯客观的照相,而是经过加工改造的历史。何况即使照相,也有一个选取镜头、选择角度的问题,不是无选择地摄取。

中国的《春秋》,史称其善恶必书,但是它"为亲者讳,为长者讳,为贤者讳"。它所记载下来的历史,也并不是事物的原样。

刘知几的《史通》一针见血地指出,"唯闻以直笔见诛,不闻以曲词获罪"。可见历代残暴的统治者是强制史学家说假话的。

---

[1] 爱德华·霍列特·卡尔:《历史是什么?》,商务印书馆,1981,第19页。

[2] 爱德华·霍列特·卡尔:《历史是什么?》,商务印书馆,1981,第17页。

[3] 爱德华·霍列特·卡尔:《历史是什么?》,商务印书馆,1981,第17~18页。

[4] 爱德华·霍列特·卡尔:《历史是什么?》,商务印书馆,1981,第6页。

中国古代历史学家几乎都是封建制度的维护者，在他们笔下，争正统，斥篡逆，恨"草寇"，忌异族，他们的史籍无非是帝王家谱，保护着封建伦常道德，何尝有普通老百姓的地位？他们修史的封建主义立场顽固得很。

那些声称历史的客观性的西欧史学家们，他们的欧洲中心论，即按照欧洲是世界文化中心的立场编纂世界史，这又是什么样的"客观性"呢？古希腊时代，不过相当于中国的战国秦汉之际，那时的世界文明中心在东方而不在西方，东方文明比希腊文明古老得多。欧洲的史学家们治史的倾向性是十分强烈的，他们的历史著作是有偏见的。

历代的史学家，他们笔下的历史大约可分为几种情况：

其一，根本歪曲历史，任意篡改历史。

其二，基本忠于事实，但出于政治上的考虑，对史实有所抑扬，或心存褒贬。

其三，由于史学家的世界观的原因，尽管他主观上力图忠于事实，但在选择和评价事实时，不能不有所偏颇。

其四，非常忠于事实的史学家，对事实无所畏惧，但他从人类历史的进步立场去评价历史，力争科学性与革命性的统一，他也不可能是所谓的客观主义者。

这最后一种史学家，我指的是马克思主义史学家。马克思主义史学家首先是忠于事实。但在选择和评价事实时，则坚持自己的特殊见解。由于他们彻底革命的立场与人类历史进程的一致，由于他们了解人类历史发展的规律，所以他们笔下的历史既能忠于客观事实，又具有无私的革命立场，达到科学性与革命性的统一，是较为可信的历史。但是，我们的这种无愧于人类、无愧于历史的治学思想，在资产阶级史学家看来，却被认为是马克思主义者对历史的偏见，我们的史学著作不止一次地受到西方史学家的攻击，认为我们的史学著作是对历史的歪曲。

可以看到，以上史学理论中关于客观性与倾向性的辩论，对于新闻学理论来说，就好像是我们自己在辩论一样。在史学理论中所碰到的这些问题，在新闻学理论中几乎是一模一样地存在。

新闻学的研究者，首先注重的是尊重事实，有的甚至以独立、客观、公正相标榜。他们之中，有的否认新闻的倾向性，认为有倾向即不客观，就不屑一顾。但是就是这些高唱"纯客观新闻报道"的先生们，出自他们笔下的新闻报道却是另一回事，他们在千千万万件每天发生的新闻事实中，为什么选择报道这一事实而不报道另一事实，为什么在字里行间不时透露出某些褒贬之意。这都说明新闻学中的倾向性问题同历史学中的倾向性问题一样都是值得研究的大问题。

当然,新闻中的倾向性又不同于历史著作中的倾向性。历史著作可以脱离开事实的叙述而长篇大论地发表史学家对历史事件和历史人物的评价和分析。新闻除了在新闻评论中可以发表议论之外,在新闻报道中一般是不发表议论的,记者只把自己的立场寄寓在对事实的叙述之中。

第四,史学理论中关于史学家的修养的理论,也同样适用于新闻工作者。

唐代武则天时代的史学家刘知几总结以往的史学理论,写成《史通》一书。他提出史学家应具备三条,这就是:史才、史学、史识。到了清代,又一个史学家章学诚,著成《文史通义》一书,他认为史学家只具备才、学、识三者还不够,还要增加一条史德。这四条不仅是对史学家的基本要求,也是对一个新闻工作者的基本要求。

学——就是学问,就是对于你的研究对象有深刻的了解,掌握丰富的材料,成为一个饱学之士。

识——就是见识,见解,见地,也就是观点。用今天的语言来说,就是思想政治水平,就是辨别功过是非的能力,能够去伪存真,去粗取精,由表及里,把握事物的本质。这一条对一个史学工作者或新闻工作者来说特别重要。如果只有学而无识,那么学问再大也不过是材料堆而已,堆砌材料并不是科学,只不过是科学研究的准备。

才——就是才能,就是表达能力,就是善于把掌握的材料组织成有理有据的著作,逻辑性强,有说服力,表达生动感人。这一条也很重要,有人一肚子学问,但表达能力很差,不是优秀的史学家,也不是一个好记者。

德——就是道德品质。章学诚说:"史德者何?谓著书者之心术也。秽史所以自秽,谤书所以自谤,素行为人所羞,文辞何足为重!"这真是痛心之言。一个史学家,如不自尊自爱,不尊重客观历史,也不爱惜自己的声誉,尽写"秽书""谤书",则此人的"心术"已不齿于人,其史也不足观。十年动乱时期,"四人帮"的那些帮闲丑类,大搞影射史学,为了攻击当代无产阶级伟大革命家,为了抬高江青的地位,竟不惜歪曲历史,把全部中国历史说成是儒法斗争史,把女皇武则天和一切所谓的法家抬到吓人的高度,真是无耻至极,贻笑大方。这些人品格之卑污,何足以言"史德"。

以上四条,条条做到都不易,全部做到尤其难。才、学、识、德样样全,这对史学家是最可贵的,这样的新闻工作者也是最可宝贵的。新闻工作者的修养,大体上也不外这四条。我们无产阶级新闻工作者也许还可以增加一些,例如要有政治敏感，要有全局概念，等等，但那四条可以说概括了基本的东西。我们现在的新闻工作者能够全部达到这个标准的并不多，这很值得我们警惕和注意。

三、新闻记者与历史学家

新闻与历史相通，史学理论与新闻理论相通，与此相关联，新闻记者与历史学家也是相通的。

这相通之处在于，新闻记者要像历史学家那样以人类历史作为一面镜子来观察现实和研究现实，因此新闻记者就要懂得历史以至熟悉历史。

新闻记者每天接触各种各样的事件和人物，记者自然会从当前的现实状况出发，判断什么重要，什么不重要，什么值得报道，什么不值得报道。但是如果不是从现实状况作出判断，而是从一个历史学家的眼光作出判断，判断什么事件不但在今天，而且将在一个长时期内具有重大意义。判断这一事件的性质，从历史上看，是正确的，还是错误的，历史是有规律可循的，而不是可以任人摆布的。违反历史规律，必将受到历史的惩罚。历史虽已过去，但它不是只供后人凭吊，它还活着，古人的言行，以难以令人捉摸的力量在影响现代人的行动，懂得历史，可以看清现代人的嘴脸。历史总是螺旋形上升，但是在某些方面，在某些形式上，历史经验有时有某些重复。一个新闻工作者如果多少有些历史知识，他就会以古鉴今，以古人的是非来看今人的得失，他的头脑就会清醒得多，他的笔下就会掂一掂事情的分量，什么是值得歌颂的，什么是应当反对的，历史是一面很好的镜子。当然我们已经说过，历史不可能是原样的重复，但是即使是画家笔下近似的临摹，不也正是在一次又一次地提醒我们吗？

"四人帮"一伙非常反对别人借古喻今，他们害怕别人用历史的照妖镜照出他们一伙的"尊容"，他们对于历史学家们总是投过来仇恨的眼光，对历史学家进行挑剔，用显微镜去发现某一位历史学家借助历史事故来"反党反社会主义"，可见他们对历史经验实在是害怕得要死。但是有趣的是，"四人帮"一伙及其御用文人们却十分喜爱他们的"影射史学"，恶意地歪曲历史，以攻击现代无产阶级革命家。由此可见，革命者和反革命者都是懂得历史学对当前政治的重要意义的。

我们是革命者。我们要十分懂得历史科学对于新闻工作的意义。我们是从革命立场出发，实事求是地对待历史事实。当"四人帮"十分猖狂的时候，我们如果想到秦始皇的焚书坑儒，想到汉唐历代的宦官之乱，想到魏晋之际知识分子的遭遇，想到明朝的魏忠贤，想到清代的文字狱，想到袁世凯想当皇帝所使的种种手段，想到希特勒坑杀犹太人，想到法西斯的党卫队，想到延安整风运动后期康生搞的"抢救运动"，想到这一切种种，想到人类历史上用血的代价换来的历史教训，那么我们有些新闻工作者在奉"四人帮"之命写文章的时候，是否就不至于那么发狂，想一想事情的后果呢？

我们不要忘记，记者不是记录员，不是事无巨细，录之于书，便算恪尽了职责。记者是观察家，他要站在很高的历史角度来观察当前的社会现实，评价事件和人物。他要有历史感，他不要让具有历史意义的重大事件混在泥沙中随激流冲走流去，他要识别黄金和杂质，而把黄金留住。在这方面，我认为有些西方记者比我们的中国同行要强一些，他们写的东西常常能够把今天的现实拿来同历史的时代相比较，更能显示出今天发生的事件的价值。许多外国同行，是新闻记者，同时也是历史学家，不管我们同他们之间的政治立场和世界观有多么不同，甚至针锋相对，但他们在历史知识上的某些长处，我们是不能抹杀的。我们要承认不如他们之处，要向他们学习。

举例说，美国著名记者埃德加·斯诺，我认为就是一位了不起的史学家，他不但对中国历史有深厚的了解，而且非常善于在动乱中的中国抓住最有决定意义的事件。他在抗日战争以前就选择了陕北之行，他认准了中国共产党领导的经过艰难的长征、喘息方定而兵员很少的一支红军是决定中国的未来的力量。可以说，斯诺是一个伟大的记者，也是一位伟大的历史学家。

同样的估价也可以适用于斯特朗，这位女记者一生颠沛流离，遭受了不少委屈，但她深刻了解历史发展的规律，懂得人类的历史进程，坚信社会主义必胜。她颂扬了伤害过她的苏联，对伟大的中国和中国共产党更是倾心相待，在垂暮之年定居中国，不倦地宣传中国的社会主义建设成就。她是一个伟大的记者，也是一个伟大的历史学家，我们从她那里也可以学到许多东西。

新闻记者懂点历史还有一个好处，就是可以知道当前的事件的历史背景，知道事情的来龙去脉，今天的中国是昨天的中国的继续与发展，今天的世界是昨天的世界的继续与发展。我们如果不懂得历史的昨天和前天，也将难以了解它的今天。而一旦我们了解了事物的昨天和前天，我们对今天事物的了解就有了立体感，同时也给予读者以立体感，它对读者有较大的吸引力，从而也有利于我们对读者施加影响。

大家都熟悉毛泽东同志写的《解放南阳》这一条新闻，由于毛泽东同志具有丰富的历史知识，他在写作中略微勾画了几笔南阳这个地方的历史背景，说明这个地方自古以来就是兵家必争之地，因此人民解放军占领南阳具有莫大的军事价值。寥寥几笔，就大大加强了这条新闻的宣传效果。

我国著名记者范长江在很年轻的时候就深知新闻记者掌握历史知识的重要性。他到西北采访，随身携带了一批沿途必经之地的历史书，一边采访，一边看书学习，不断把他的新学的历史知识写进他的旅行通讯中去。他的作品显示出这位青年记者大非等闲之辈，显示出他是一位勤劳的记者兼历史学家。

有一门学科叫作"历史地理学"，专门研究当前地理的历史变化和历史沿革。这种学问对我们新闻工作者特别重要。我们注视着的是当前的现实，而现实又总是历史的，有它自己的历史发展。记者如果边干边学，采访什么就学习什么历史知识，天长日久，我们是可以成为——谦虚点说——半个历史学家的。

怕的是我们不懂装懂，既无历史知识，又爱瞎吹牛，结果只能出笑话。前些年，我们报道过大寨"没见过的大旱，没见过的大干"，请问大寨历史上有过几次大旱，大旱到何种程度，何以见得这次大旱是"没有见过的"，请你拿出具体的时间和数字来，把历史背景交代清楚。你毫无交代而空说"没见过"，那只能证明这位记者是个吹牛家而已。我们的新闻报道中的许多笑话，有一些是缺乏历史知识造成的。

有人说历史学家要总结过去，激励现在和启示未来。新闻记者注重的是现在，"总结过去"这一条就让给专门的历史学家去做吧。但"激励现在"和"启示未来"这两条，记者和史学家是一致的。我们新闻记者不但要看着大江东去，淘尽千古风流人物，而且更要看今朝的风流人物和未来的风流人物。

也许有的同志感到，这样来要求新闻记者，这要求是太高了，太苛刻了，超出了新闻记者的范围了。是的，这要求是比较高的，是超出了新闻记者的学徒阶段的。但是，我们新闻记者难道永远是学徒吗？初入门的新闻工作者学习采访，学习编辑，能较好地完成任务者，便是合格，但是从更高的要求来看，一般能完成任务者，仍未超出学徒阶段。一个真正有所作为的新闻工作者必须要大大提高自己的理论修养，同时也要大大提高自己的历史素养。我们目前的状况，理论修养和历史知识的不足，是我们致命的弱点，我们要加强弥补这个弱点。

我相信我的话不会发生另一种误会，以为我是要求新闻工作者抛开现实问题而去钻故纸堆，像那些专门历史学家一样去研究长远的过去。这样的误会是不必要的。我们说新闻记者应当成为历史学家，只不过要求记者要有较为丰富的历史知识，要求用历史经验来观察现实生活，要求记者要像历史学家那样尊重历史事实。

这样看来，新闻记者既要成为历史学家，又不同于一般历史学家。历史学家注视着过去（当然注视过去也是为了现在），记者则注视着现在，我们研究的是当代史。

研究当代史比研究古代史还有更大的困难。一方面现实生活正在发展，正在流动，还没有凝固，矛盾尚未完全暴露，有些材料尚未公开，因此难于把握事物的总和，难于把握时代的脉搏，难于得出恰当的结论，难免发生某些片面性和表面性。

还有，研究当代史难免遇到一些阻力，有些不正之风的人不容忍你秉笔直书。这个问题在各种不同的社会里大概都是共同的。

所以我们要竭尽全力做我们应当做的一切，我们要发挥我们站在时代的前列反映舆论和影响舆论的优势，忠实地反映现实，像一个历史学家一样来观察现实。但是我们也要有思想准备，准备犯这样那样判断上的错误。世界上从来没有不犯错误的报纸，就因为它距离现实生活太近，许多时代的杂质还没有被生活所淘汰，使我们难于把握时代的全局。

但是这也不必担忧。我们这个时代的最后总结就让我们的后人去评说吧。中国历史上各个朝代的历史大多是下一个朝代的人来写的，后代修前代之史，这差不多成了常规，而且也是势所必然。到了后一代，前一代的人都已成为古人，全部矛盾已经暴露，档案都已公开，功过是非也已判明，那时来写前一代的历史一定可以更加准确，更加公正，这是可以预期的。我们现在这一代新闻工作者，要忠实地记录下当代最主要的史实，让下一代去评说千秋功罪吧。

司马迁有一句颇为自诩的话："究天人之际，通古今之变，成一家之言。"天人之际，无非是自然和社会发展的规律。古今之变，无非是历史和现代的联系。一家之言，无非是自己在历史研究领域内要有所创新。这几句话，是历史学家司马迁的夫子自道，也是值得我们今天的新闻工作者加以品味的。

四、对新闻教育的几点建议

长期以来，不知从何时开始，我们总使新闻与文学结下"不解之缘"，尚无力设立新闻系而设有新闻专业的高等院校总把新闻专业置于文学系之内，文学课程也最多。这种教学体制，自然也不无原因。新闻是语言的艺术，新闻工作者也是语言工作者，新闻工作者需要深厚的文学修养。

但是这种教学体制有一个最大的坏处，就是把正在培养的青年的新闻干部往文学创作方面引导。新闻报道与文学创作是截然不同的两回事：前者是忠实地报道事实的真相，而反对任何一点虚构和想象；后者却是美学的领域，为了典型的完美，作家可以按照自己创作欲望写他自己愿意写的任何东西。文学创作以其栩栩如生的形象吸引着千百万读者，自然地也吸引着新闻工作者，攻读新闻专业的学生如果不是百分之百至少也是百分之九十九是文学爱好者，他们把绝大部分时间用来阅读文学名著，而且自己也心想将来做一个作家，去从事文学创作。那么他们为什么报考新闻专业呢？因为新闻专业也有吸引他们的东西，他们把新闻工作看成是走遍天下、见多识广的阵地，他们想以新闻工作作为一个跳板，接触生活，广结人缘，为日后从事文学创作作准备。这些未来的新闻工作者"身在曹营心在汉"，他们之中绝大多数并不理解新闻工作的重大作用。他们生活在文学系空气之中，天天受文学艺术作品的感染和熏陶，他们只幻想着文学艺术的优势，他们却不懂得或者不去想新闻工作者的巨大优势，不立志把自己锻炼成一个优秀的新闻工作者。请问这样的教育体制对培养新闻工作者不是南辕北辙吗？

目前报告文学流行，甚至有"报告小说"之论。据说这是介于新闻与文学之间的东西，是二者的结合。但实际上这些所谓报告文学，文学成分日增，而新闻成分益寡，它们与文学创作无异。新闻工作者倾向于写这种作品，不是培养新闻工作者的正路。

读者现在经常揭发报纸上的不真实报道，有的完全是向壁虚构，无中生有，只求以曲折故事诱人，不顾新闻工作者的生命在于真实。之所以弄到这般地步，多少也和这些年来新闻与文学界限不清有关。

我丝毫无意于说，要新闻与文学绝缘。我自己就是一个文学爱好者。新闻工作者应该从文学作品汲取营养，学习写作技巧，要像一些优秀作家那样写得简洁生动。但是除此之外，应该看到新闻写作与文学创作在根本上是不相同的，不应当有任何混淆。即使一个记者偶尔写写小说，他也不要把写小说那种创作思想带到写新闻里边来。

我以为，新闻与历史的关系远比新闻与文学的关系要亲近得多，道理已在前面说过了。要下决心做一辈子新闻工作者，做一个大有作为的新闻工作者，做一个优秀政论家，做一个当代史的研究者，做一个大有益于人民的新闻工作者。当然我也不反对个别的人转移到文学战线上去，但那只是少数，绝大多数同志应在新闻战线上大显身手，大显神威。

所以我具体建议：

第一，凡未设新闻系的高等院校中的新闻专业，最好从文学系中分离出去，放到政治系、哲学系、党史系均可，最好放到历史系，以便学习历史理论和中外历史知识。在这种情况下，新闻专业仍可开相当数量的文学课程。

第二，适当增加新闻专业的历史课程。

第三，大学授予学位，如果不能单独授予新闻学学位，也最好不要把新闻学学位归入文学类去，不要授予文学学士、文学硕士、文学博士。最好把新闻学归入历史学这一大类中去，授予历史学学士、历史学硕士、历史学博士。最近两年又把新闻学学位归入法学范围，因为新闻学和政治学也有血缘关系，比之把新闻学归入文学一类要好一些。但我以为归入历史学一类更为妥当。如果有人反对此说，说国内外无此先例。我认为，无先例的事多得很，我们为什么就不能创造一种先例呢？

再论新闻学与历史学[1]

一、问题的提出

1985年9月我作为兰州大学兼职教授，曾在该校作过一次《新闻学与历史学》的演讲（收入拙作《新闻论争三十年》一书中）。而我意犹未尽，兹再申其说。

新闻专业安置在什么系里呢？在我国通常是附设在文学系里，作为文学系的一个专业而存在。

为什么把新闻专业安置在文学系里呢？谁也没有做过明确的解释，似乎成为一种习惯。文学创作和新闻写作都是使用语言文字来传达思想的，新闻专业在大学诸多学系里，放在文学系似乎是顺理成章的。这种教育的好处是，学生有比较好的文学修养，毕业之后，在新闻采访写作中具有明显的优势。

但是不少人也早就发现了这种教育存在着明显的缺陷：很多记者把目前从事的新闻工作作为观察生活的跳板，通过几年新闻工作的实践最终跳到文学工作中去，而不把新闻工作作为终生的职业，不安心于新闻工作。另一个缺陷是：文学创作需要发挥充分的想象力，虚构情节，编织故事，充满幻想。但这种文学创作的方式运用到新闻写作中来却只会造成笑话。中文系毕业的新闻专业学生未免带有这种想象作风，要费很大的力气才能纠正过来。

学生毕业后传统做法是授予文学学士的学位，但从80年代后半期起，又改为授予法学学士学位。这又是基于什么考虑呢？基于几十年来的实际经验，新闻工作与文学创作相距较远，却与政治关系紧密。我国通常把新闻工作看作政治宣传工具，是党的喉舌，属于政治范畴，所以授予法学学士学位。

据悉，在世界各国，新闻传播学位也颇为混乱，授予文学学位、法学学位

---

[1] 原刊于《新闻界》1996年第2期，第23-25页。

等都有，还有授予哲学学位的。哲学是一切科学的世界观和方法论，如果新闻毕业生授予哲学学位，那么任何大学学位也都可以授予哲学学位了。这都表现了学科分类上的混乱。

在目前情况下，要把新闻传播学独立出来，置于与文、史、哲、经、法学同等地位的大学科，是绝对不可能的。这是因为新闻传播学还很年轻，历史较短，学科内涵还不丰满，学科本身的理论性和学科体系还有待于建立。这就是说，新闻传播学目前还不能成为独立的学科门类，学术界也暂时不可能公认新闻学是一门独立学科。问题是，谁是新闻学最亲近的家族呢？我认为不是文学，也不是哲学、法学，而是历史学。

二、新闻与历史

中国自从有了报纸之后，存在一种传统观点，认为"历史是以往的事实记录，新闻是当前的事实记录"。这种观点把历史和新闻割裂开来，是错误的，但毕竟承认两者都是事实的记录，这又是正确的，这一点非常重要。

李大钊是20世纪初期一个卓越的学者，后来成为马克思主义者。但他对新闻与历史的关系的观点还是陈旧的。他1922年2月12日在北大新闻同志会上的演说就表达了他的观点。他说："新闻是现在新的、活的社会状况的写真。历史是过去、旧的社会状况的写真。"[1] 李大钊虽然认为新闻与历史都是"社会状况的写真"，却把新与旧完全割裂开来。

与李大钊相近的观点，就是我们更为熟悉的"今天的新闻就是明天的历史""历史是过去的现实，现实是将来的历史"。

与李大钊同时代的蔡元培说："新闻者，史之流裔耳。古之人君，左史记言，右史记事，非犹今新闻中记某某之谈话若行动乎？……新闻之内者，无异于史可也。……虽然，新闻之于史，又有异点，两者虽同记以往之事，史所记不嫌其旧，而新闻所记，则愈新愈善。……作史者可穷年累月以成之，而新闻则成于俄顷。"[2] 蔡元培看到了新闻与历史的同一性，但他指出新闻与历史也有所不同，这种不同在于一则为旧，一则为新。这就比李大钊不谈新闻与历史的同一性大有进步。

但是蔡元培的学说仍有不足之处，他没有指出已经发生和正在发展变化着

---

[1] 见《新闻战线》1980年第2期。

[2] 蔡尚思：《蔡元培学术思想传记》，棠棣出版社，1950。

的新闻也正是历史,就是不可改易的历史记录。

大体而言,历史可以分为古代史和当代史,古代史在其发生的当时也是新闻,当代史就是眼前正在发展变化的一切新事物,这更是新闻。所以历史与新闻是不可截然划分的。

新闻是历史,但不能反过来说,历史就是新闻。如果说新闻与历史这两个概念有所区别的话,就在于,历史是已经过去了的新闻,新闻是正在发展着的历史。

三、新闻学与历史学

由于当代的新闻也就是当代史,所以从历史学眼光看,新闻学与历史学有许多共同之处:

第一,新闻学与历史学的研究对象都是现实生活(过去的现实和眼前的现实)中的事实,想象、幻想和虚构都绝对排斥在新闻学和历史学的大门之外。新闻学与历史学都以确实已经发生或正在发生发展的事实为根据,而不以任何人的情感、希望、好恶为根据。新闻学家和历史学家同文学作家或诗人的思维方式完全两样,作家和诗人可以虚构情节,编织故事,发挥想象,以至幻想,而新闻学和历史学却不容许这种思维方式,而以目击的或以准确的事实来源、可靠的记录作为研究的起点。司马迁著《史记》,严格遵守这个原则,他之所以遍游中国名山大川,访古寻幽,就是为了得到第一手资料,写出第一部信史。

第二,客观性和倾向性的统一,这是中外历史学家公认而又争论不休的重大原则问题,同时也是现代新闻学最困惑的问题之一。

真实、客观、公正,这似乎是所有历史学家的共同主张,还没有见过哪一位历史学家公然主张历史著作可以造假和偏私。孔子著《春秋》,历史学家都称颂其"善恶必书"。司马迁的《史记》更为人称道,说它"其文直,其事核,不虚美,不隐恶"。这些赞颂是历史学家的骄傲,并为后世景仰。唐代最著名的史学理论家刘知几在他的《史通》一书中,大力提倡历史"以实录直书为贵","烈士殉名,壮夫重气,宁为兰摧玉折,不为瓦砾长存"。这样重名节的史学理论,是对所有史学家的极大鼓舞。

历代都有因客观公正秉笔直书而遭杀身之祸的史家。董狐直笔,史称良史。《左传·襄公二十五年》齐大夫崔杼因齐庄公与其妻棠姜私通而杀庄公,太史直书"崔杼弑其君"。崔杼杀了这位太史,太史之弟仍书"崔杼弑其君",又死之。暴君的屠刀并没有把史官的直笔变曲,宁为玉碎,不为瓦全,中国的史官大都是对历史负责的，是客观公正的。北魏的史官崔浩奉命修国史，北魏出自鲜卑族，而此时道武帝因提倡汉化，崔浩直书魏之国史，道武帝拓跋珪杀崔浩。

当然，在中国史上，也有因避祸或图蝇头小利而歪曲历史的史家，北齐的魏收攀附权贵，为人作传，史称"秽史"。可见中国史学界对史学家的是非曲直是会做出公正的评价的。

但是人世间没有绝对的客观公正，历史学也不例外。除了人类的远古时期，尚未阶级分化，人际间无利害关系，结绳记事，刻石为形，这种历史记录，当然是不可能带有任何倾向性的。但自从人类进入阶级社会之后，经济地位的对立决定了思想倾向的差异，历史记录也逐渐渗入了褒贬和劝惩，不可能是纯客观的了。所以史学理论家们一方面强调历史是历史事件的客观记录，必须真实、客观和公正，但另一方面，他们又不得不无可奈何地承认历史是历史学家写的，而历史学家又是有政治倾向的，因此历史著作不可避免地带有主观倾向，有人甚至说历史学家在"制造历史"。

历史学家们是各有不同政治立场的，客观事实只有一个，而不同的历史学家从各自不同的政治立场出发，即使观察同一事实，也会得出完全不同的结论。因此我们说的把客观性和倾向性统一起来，绝不是要求历史学家们都统一到同一个政治倾向上来，这是绝对不可能的。我想说的只是：不同阶级、不同社会集团、不同政党的历史学家从他们各自的立场出发去研究同一事实，既要尊重客观事实的存在，又可以表达自己对这一事实的看法。

《史记》和《资治通鉴》是中国历史上最值得称道的两部史书。他们采用的方法是先比较客观地记叙历史事实，然后来一小段"太史公曰"（《史记》）或"臣光曰"（《资治通鉴》）。前一段是尊重事实，后一段是史家的评论，表达了作者的倾向性。这种把客观记事和作者的评论加以分开的做法长期以来为中国史学界所肯定。

新闻学与历史学在这个问题是完全一致的，新闻学可以从历史学借鉴许多东西：

新闻也必须首先尊重客观事实，任何虚构都是绝不允许的。像"大跃进"和"文革"中那些数不清的谎言以及类似的所有不真实的东西，应当从新闻中彻底扫除。专以造谣为职业的姚文元式的新闻工作者必须从新闻工作者队伍中清除出去。

新闻学也应当正确处理客观性与倾向性的关系。客观性是第一位的，不客观公正就无以说服读者，也愧对人民，愧对历史。与此同时，我们的新闻事业应当是有坚定的立场的，我们从不隐瞒这种立场。但是这一立场主要地应当从评论中显示。新闻报道事实，评论则评价事实。新闻报道中不宜长篇大论地发议论，而应让事实本身说话。新闻报道必须客观、公正、真实、全面。在报道中可以采取"春秋笔法"，寓褒贬于叙事之中，而不损害新闻的客观性。

新闻学与历史学的共同点还在于对历史学家的要求也同样适合于对新闻工作者的要求，新闻工作者应是当代的历史学家。关于这个问题，《史通》的作者刘知几对历史学家提出了三点要求：史才、史学、史识。到了清代，章学诚又在他的《文史通义》一书中对此又增加了一条：史德。才、学、识、德四者，从此成为公认的史学家必备的修养。其中史识和史德，尤为史学家的最难之处。

历史学关于史学家修养的理论不也正是新闻工作者修养的理论吗？以前人对史学家的要求来衡量当今的新闻界（当代史学家），新闻工作者们应当是感到自责的。

史学——有丰富的学问，掌握丰富的材料，学有根底，笔下左右逢源，才能写出坚实的文章。今天中国新闻工作者具有坚实基础的并不多，不少人是奉命采访，奉令报道，引不起读者注意，文章无一日之生命，才能被埋没，深为可惜。

史才——表达见解的才能。胸中纵有千山万壑，而写出来的文章却平淡无奇，缺跌宕起伏之势，无汹涌澎湃之潮。这类史学著作，并非良史；这类新闻报道和新闻评论，更非佳品。

史识——治学的胆识。有鉴别是非的眼光，有评价功过的勇气。独具慧眼，阐发自己的独立见解。指点江山，激扬文字，中外大局全在我胸中翻腾，以真理为尺度衡量天下事，评点天下事。这才是真正的胆识，史学家和新闻工作者（当代史学家）都应具备这种胆识。

史德——史学家的道德品质。史学家必须是正直无私的人物，不为权势所慑，不为金钱所诱，写出一部公正不曲的历史著作，这一著作经得起时间的考验，经得起后人的挑剔。如果下笔时左顾右盼，怕这怕那，曲意逢迎，毫无原则，则此人非良史，书非好书，必将被历史所淘汰，为后人所非议。历史学家的这种品德修养也与新闻工作者相同。新闻工作者每天写正在发生发展的当代史，必须坚持真理，坚持为人民服务的宗旨，向人民报告最新的真实的事实，报告事实的真相，抨击党政和社会的不正之风，做一个无私的舆论监督者，做一个真正的信息沟通者，做一个让中国了解世界，让世界了解中国的无私媒介，做一个为中国争光的新闻工作者。反之，如果中国新闻工作者不能成为当代正直的史学家，攀附权贵，一心捞钱，造谣泄密，趋福避祸，那么他们新闻生命就完结了。

四、新闻工作者和历史知识

在论述了新闻与历史、新闻学与历史学、新闻工作者与历史学家的关系之后，我还要说说新闻工作者必须具备的一个条件——历史知识。

初看起来，新闻工作者只写当前现实问题，似与历史知识无关，无须历史知识——这是一种极为有害的观点。

任何事物都有来龙去脉，都有它发生、发展与灭亡的过程，都有它自己的历史。历史学家专门研究历史，新闻工作者虽不是专门的历史学家，他研究当前的事物也不能不研究它的历史；研究一个国家的当前动向，也不能不研究它的历史。

我们常常写典型报道，一个人、一个工厂、一个农村、一个工作单位，都有它自己的历史。写其现状，先研究其历史，才能真实全面，才能把人与事写活。

一家报纸的记者编辑，必须研究本地区的历史，才能对本地区有深入的了解。山与水，山区与平原，穷区与富区，资源的开发，历代的战争与和平，自然灾异的变化，历史人物的升沉，伟大的人物和卑劣的小人……都必须博览地方志，了然于心，才能选择报道主题，进行深度报道。而且记者还应抽空研究全国性和世界性问题——包括全国和世界的历史。

新闻工作者所需要的知识当然是多方面的，哲学的、经济学的、文学的、艺术的、法学的、科学技术的……但最最重要的知识莫过于历史知识。许多外国来华记者都是中国历史学家，许多中国杰出记者每次出外采访都带有一批历史书，以便随时参阅，入境问俗。

我以为一个新闻工作者具有历史感有着特别重要的意义。随着世界各国经济文化交往的日益频繁，地球是大大变小了，偌大的寰球成为一个"村落"，任何角落发生的重大变动，都会影响到远方。新闻工作者是时代的前哨，眼观六路，耳听八方，上下亿万年，宇宙广无垠，都要入我眼中胸中，这样的新闻工作者方能成就大气候，成为大名家。尽管我们的每篇文章，每一本著作，都不可能载下大量内容，但新闻工作者对全部历史的观察和理解却又能浓缩到一文一书之中，读者可以感到这位新闻工作者思想的深邃和凝重。这种深邃和凝重正是作者对人类历史的深刻理解才能形成的。这就是所谓的历史感，这是一个新闻工作者最可宝贵的品质。

因此，我建议大学新闻专业应从中文系分离出来。新闻既然属于当代史，与历史学更为接近。所以大学新闻学学士、硕士、博士毕业时，不再授予文学学位、哲学学位或法学学位，而授予历史学学位。这一变革，可能会引起异议，但通观比较，授予其他学位都属远亲，而历史学则为近亲。

我在120师当政治教员
——访抗日老战士甘惜分 [1]

我生下来是1916年4月17日,我的家乡邻水县是在重庆北边300里的一个偏僻小县(现隶属四川省广安市),我生在一个贫困的小乡镇上,它叫复盛乡。我在那里读了书,读了高小。后来又到了县城,我们家里搬到县城又读了初中,我们县那个时候没有高中,最多只能读到初中了。我在那里,一九三几年从初中毕业,毕业了以后就失学了,后来我就在全国的度量衡训练班学习了,就成为四川省度量衡检定员,这是我的职务。

后来1938年2月,我就和我一个叫熊复的同学,一起到延安。熊复后来当过中宣部的副部长。我们两个是初中同学,他那时已经是地下党员,因为邻水县根本没有地下党员,所以我想入党,但找不到党组织。

我记得也就是1938年的2月26号到了延安,熊复到了延安以后工作了一段时间,党又把他派到重庆工作,办《新华日报》,就离开延安走了。

我留在延安,和一些人进了抗日军政大学(抗大)学习,一些人进了马列主义学院。马列主义学院是党培养理论干部的学院,院长是张闻天,张闻天是党的理论家。到了1939年把我调出来,是为了支援敌后根据地。把延安的干部派往敌后的根据地,到晋绥、晋察冀根据地,我就到了敌后。120师贺龙这个部队,从冀中回来,回到河北的西部。我就在那里,贺龙发现了我们这些人。转移中的抗大,罗瑞卿同志是副校长,实际上是校长,因为林彪在前线没有过来。120师就向罗瑞卿要人,就要我和另外一个同志,另外一个同志现在大概是出了问题,我还不知道出了什么非常严重的问题,大概已经死掉了。我一直在那里跟着120师,从抗大调到120师当政治干事,政治教员。那个时候关向应是120师的政治委员,关向应就看中了我,说你必须留下给我们办个高级干部研究班,你来给我们讲课。

---

[1] 本文系山西省晋绥文化教育基金会副秘书长段晓飞、理事田小明同志对甘惜分先生的采访实录,原载于"红色晋绥"网,收入本书时编者进行适当的文字整理。

120师高级干部研究班的学员都是团以上的干部,我就成了高级干部研究班的政治教员,也跟着部队了,后来这个部队又从河北回到晋绥,回到山西。回到山西我就正式地成了120师的干部了。1940年元旦我还记得,到的那天下大雪。1940年的元旦到岚县东村,到那里就成了120师的干部了。我们在河北的时候,120师贺龙就找罗瑞卿说,你们这来了很多干部,学过马列的,我们部队干部这么多,就是没学过马列,没有经过马列培训的,你给我们两个教员。就是我们两人就到了120师。讲政治课,讲唯物辩证法,讲政治经济学。另外一个早就去世了,现在就是我还在。我在山西待了10年,干部一班一班地培训。120师团以上的干部都是经过了高级研究班的培训,才回到原来部队。后来到了1949年,中央调令,到南方,到刘邓部队(刘伯承、邓小平的部队),到重庆。我们又从山西出发到了湖南长沙,长沙又到了常德,在常德又正式参加了第二野战军(二野),跟着邓小平,向邓小平报道。

采访解放区民兵战斗英雄　左2为甘惜分

(在晋绥边区时)我是在新华社晋绥总分社,不是《晋绥日报》的(工作人员)。1946年,晋绥在与傅军的部队打仗,就是在绥蒙,创建了《绥蒙日报》。但是刚刚创建起来,又把我们调回晋绥来,我就到新华社团晋绥总分社。我到晋绥总分社是1947年。

1948年4月2日,毛主席与《晋绥日报》编辑人员谈话在牛友兰家的房子里。他那个院子南边最后一间房子比较大,我们《晋绥日报》的大概十几、二十个人,就到了院子等,一会儿毛主席从北边那个窑洞出来了,就来到这个窑洞给我们讲了话,就是对《晋绥日报》谈话,《毛泽东选集》里边有这个谈话。

贺龙陪着主席来的,我们那间屋子很小。张子意也好像在,但是记不清楚了。报社当时有常芝青在,主要的采编人员都去了,大概一二十个人,那房子很小，就挤在一个房子里面，毛主席站在那里讲话。

毛主席给我们每个人都说了简单的话。报社有个叫水江的，主席说那个江水太多了，不缺水呀，有这么一个笑话。介绍我时，我说姓甘，在这儿还有姓甘的哟，当时都是简单的一句话，没有什么……水江原来叫什么不知道。他不是一个业务干部，不是搞编辑的，是搞行政工作的。

还有常芝青、纪希晨、阮迪民等都去了，这一个个都叫了名字，你说叫什么，主席就把名字重复一遍，阮迪民、纪希晨、甘惜分，他一个一个都叫了。我当时也没记录。这些东西是当记者的记录。

主席讲话没有多长时间，大概半个多钟头。当时纪希晨在记录，他是记者。其实每个人都记得他的话。就是现在《毛泽东选集》里的那一篇。我记得印象最深的就是主席讲，要接触群众、要多去接触群众。要多写群众的东西，多听群众的话，多到群众中间去，不要脱离群众，讲话一共才几百字嘛，听了很受鼓舞。主席说《晋绥日报》办得很好，朝气蓬勃，开始讲的是盛气凌人。他说他在陕北，很喜欢看《晋绥日报》，盛气凌人，朝气蓬勃，"盛气凌人"是后来用的。我在延安多次见过毛主席，《晋绥日报》好多人没到过延安，这次难得的机会，亲自见了见毛主席。常芝青没见过毛主席。他一直在晋绥，这次亲自见到了的。毛主席和常芝青说了什么话，我都忘了。我们那些在《晋绥日报》十九、二十个人，他们一直没有见过毛主席，很难得一个机会。

我从来没拿过枪，我们是拿笔杆子的干部，不是拿枪杆子的，这辈子没打过仗。

我一直跟着政治部，跟着甘泗淇行动。那时我们住在兴县石岭则村。村里的窑洞是新修的，是我们修的。后来张平化接替了政治部主任，他就住在外面两个窑洞，张平化和我很熟悉，把我叫到他的窑洞里谈话聊天，聊了很久。他看报纸登的我讲得很有头脑，就让我给司令部、政治部做报告，说："你来给我们干部做个报告。"司令部和政治部的干部都来了，甘泗淇、张平化、彭绍辉等都来听了课的，其他人都记不得了，五六十年了，都忘了。

在120师印象很深的就是黄河，过不完的黄河。日本鬼子来了就要打仗，我们后勤人员从黑峪口过黄河到彩林。黑峪口的黄河水很湍急，非常危险，经常翻船。

我在兴县住了10年，在高家村。兴县的蔚汾河、临县的白文镇我都印象很深，兴县、临县我都很熟悉。阮迪民（后来到了兰州）参加了土改，我没参加土改。（中华人民共和国成立后）兰州、青海都有报社的同志。

在机关经常见到关向应政委，把我们调到120师就是关向应的主意。因为他是管政治的，他有培训干部的计划，红军第二方面军缺乏政治理论干部，都没经过理论训练，关向应找罗瑞卿调我们两个到了120师，讲政治课。

我们就是讲不完的课，一期一期的，第一期学员有廖汉生、杨秀山，第二期有朱辉照。第三期还有谁啊？一期都几十个人，都是团政委，职务最低也是个营教导员。

他们到了就："说我们都是团以上的干部，团以上的干部也来受政治训练。"我们都在延安学了的，在延安听过辩证唯物主义、历史唯物主义。他们说："我们这没听说过，连名词都不知道。你们来了正好，你们从延安来的，给这些干部讲讲，讲讲联共党史、辩证唯物主义、历史唯物主义这一部分，好好给我们讲讲。我们一次好几期，第一期、第二期、第三期，第三期以后就没办了。"

（1940年平山县会口村120师师部驻地，由120师摄影科长蔡国铭拍摄。120师研修班的学员毕业照，此研修班的队长是廖汉生。前排右1为周士第、右4为关向应，2排右2为甘惜分，山坡上最后一排右3是贺龙）

他们说，我们那时候到了120师，也很难得。他们讲："我们现在就没这么一个干部，你们来了正好。是向抗大罗瑞卿要来的。"

哎呀，罗瑞卿也死了。唉……

1945年是我们抗日战争胜利之年，也是中国人民获得了彻底解放的一年，这一年很值得纪念。因为那个时候我们在贫穷的中国大西北，在那么穷的地方，艰苦斗争下来了，敌人不能封锁我们，不但没封锁掉，我们越来越壮大，我们120师很少的人，后来发展到好几个团，发展得很好。吸收了很多新的干部，像我们都是120师出来的。

老实说120师那些干部我们都很留恋,你看廖汉生、杨秀山、朱辉照等都是团以上的干部,党组织调我们去讲课,不说都经过我们培养,他们大概也明白。还有余秋里这几个老同志,老学生了,他们给120师做了很多贡献,他们后来有本书,特别写了120师高级干部研究班,那个书不知道在那里,我这儿也没有。他们在课堂上,我是老师,下了课他们是老师,我就主动跟他们去窑洞里聊天,他们长征的故事,都跟我们讲,很有意思。

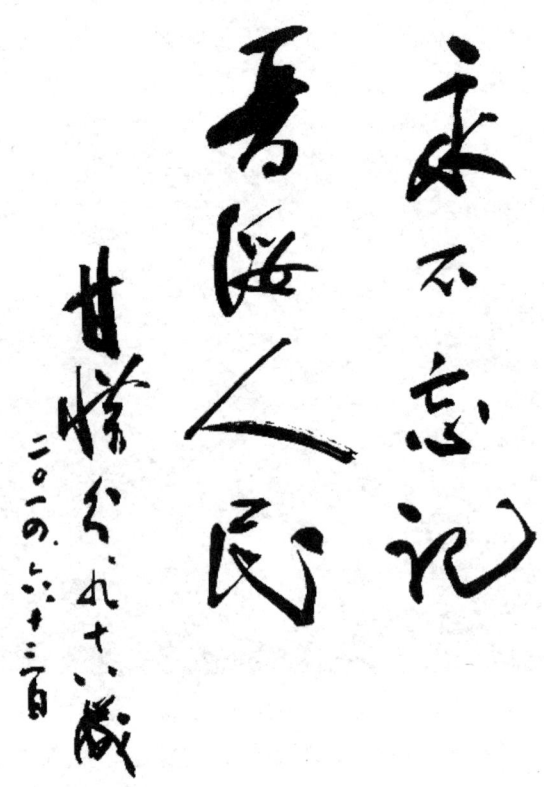

采访结束后,甘惜分为基金会留言:永不忘记晋绥人民

采访时间:2014年6月13日
采访地点:甘惜分家中
采访人:段晓飞　田小明
文字整理:常志刚

甘惜分口述晋绥生涯[1]

杨晓峰　常志刚

八路军120师贺龙的部队抗战初期从延安到了冀中、晋察冀。后来，中央的命令，要它以晋西北为根据地，晋西北有兴县、临县、河曲、保德、偏关、岢岚、岚县、方山这七八个县，最巩固的就这几个县，离石和汾阳不巩固。这是我们的根据地，在抗日战争时期短暂被占领过，但很快地就把它（日本人）赶出去了。我们有个晋绥边区政府，我们在那里七八年，日本鬼子会从离石、汾阳过来"扫荡"，但他们待不长，晋西北这几个县，可以说是八路军的抗日根据地，抗日战争时期这几个县在我们手中，有时日本鬼子来"扫荡"，但很快就被赶走了。

吕梁山，八路军就在吕梁山活动，北边在平绥铁路以北，大青山地区，在同蒲铁路以西，汾离公路以北，我们就在这个地区活动。在这个地方我们就发动群众，巩固生产，那个时候有很多劳动模范，像张秋林，还有民兵模范，像张初元，张初元是宁武的。静乐县后来我们占领了。

《晋绥日报》在抗战开始就有了，作为一个教育人民的工具，特别是日本鬼子来"扫荡"以后，我们需要向老百姓说明，为什么我们的根据地日本人可以横行霸道，但是很快就被打出去了，我们得向老百姓说明，因为现在呀还是敌强我弱的时候，敌人武器比我们强，它有大炮甚至还有飞机配合，有汽车，我们不能在我们根据地里和日本人硬拼，拼不过他们，我们只有步枪，没有坦克大炮，我们装备不如日本人，但他人少，他从汾阳、静乐来根据地骚扰，但是很快就跑掉了，不跑就会被消灭，我们打死了很多日本人。日本人在根据地待不住，"扫荡"一下就跑回去了，烧一顿、杀一顿、抢一顿，他们有他们的根据地，我们有我们的根据地。他们的根据地是汾阳、离石、静乐、太原等，离黄河远一点。

---

[1] 本文系山西省吕梁市电视台新闻专题部主任杨晓峰同志对甘惜分先生的采访实录，由本书编者整理为文字稿。

黄河起了一种特别的作用，黄河在我们根据地在中间，黄河两岸是我们的根据地，黄河西岸，佳县、绥德是我们的后方根据地，日本人来了我们就到黄河西岸去。黄河从北向南起了很大的作用。日本鬼子就在黄河东岸，不敢过河。他们如果过去，他们回不来了，他们如果去100人也好1000人也好，八路军就把他们包围了，消灭了，所以他们不敢过河去，这点也是晋绥边区的好处。晋绥边区把黄河西岸，把佳县绥德当作我们的后方，晋绥边区比起其他边区有一个优点，河的东边我们的机关住在这里。

共产党办事，始终忘不了宣传，老百姓不懂得为什么要抗战，抗战最后是胜利呀还是失败呀？如果这些大道理老毕百姓都不懂，只看到日本人进来以后耀武扬威，这个不好，我们要使老百姓懂得抗日战争的意义。我们抗战最后是胜利的，我们将来一定会胜利，宣传靠谁？靠人？那要多少人，所以必须办一份报纸，最初叫《抗战日报》，最初在北坡村，蔡家崖，石岭子，中共中央晋绥分局。日本人来了，我们的机关就过了黄河西岸了，前线作战部队在黄河东边打。这是刚开始，后来印刷技术越来越发达了，印刷机在黄河西边，我们在黄河东边，报纸编好以后，就送到黄河西边去，那边有个杨家沟，就在那里印报纸，印好就送到黄河东边来，发给大家。当时《抗战日报》的作用很大，登我们消息登得很多，我们建军，拥军爱民，拥政爱民。黄河以西是我们的后方，有米脂、绥德等几个县。

后来报纸在高家村办，兴县是我们的根据地，兴县有个高家村，我们军区还有个是石岭子村。新华社总社在延安，是一个全国性组织，我们要不断地给总社供给稿件，把我们的抗日战争的进展状况报告给新华社总社，我就是新华社晋西北的负责人：编辑部主任，采编主任。我们有好多记者，在晋南、晋北，在晋中，他们把稿件集中到兴县来，我们把它改编了以后，简单化一点，就发到延安去。延安后来丢了，被胡宗南占了，我们就在几个小县，在米脂啊，绥德呀，他们在那里办公。八路军最善于"钻空子"，大地方、大城镇被鬼子占领了，我们乡下活动。所以日本鬼子，国民党不行，他们占了大城市，很快就（被我们）赶走了。

我们要吃粮食，光是吃当地老百姓粮食不够啊，我们好多人那，我们不自己生产不行，我们还种粮食还种菜。还养猪，养羊。我们劳动和生产结合，打仗和生产结合，我们也生产，老百姓供给我们粮食，我们自己也生产粮食。所以在绥德、米脂、河曲、保德、偏关都生产粮食，我们再苦也饿不死，吃得再粗糙也饿不死。我自己就生产过。我们兴县东边有很多荒地，就开荒去。开荒种点粮食，虽然多不了多少，也是补充嘛，我们生产粮食，养羊，解决很大问题。无论什么困难都把我们困不死。

          采访：杨晓峰
          文字整理：常志刚
          采访地点：甘惜分家中
          采访时间：2015年4月

我信仰真正的马克思主义

——访中国人民大学教授甘惜分[1]

陈 娜

从贫苦的孤儿到秘赴延安的革命青年，从年轻的政治教员到党的新闻工作者，从新华社西南总分社的采编部主任到北京大学新闻专业的副教授、教授；从政治浩劫中的"顽固分子"到学术解放后的开宗立派，从长期受缚于"左"的思想到脱胎换骨、"涅槃"重生……甘惜分，这位接近期颐之年的老人，不仅以他丰富的阅历和精深的思想为中国新闻学研究与新闻教育奉献了不菲的精神财富，更为重要的是，在他沧桑的人生故事中，翻云覆雨的时代变迁与峰回路转的个体命运所辉映出的，正是老一代中国知识分子悲喜交集的集体记忆和历史共鸣。

深邃又简单，通融又倔强，无畏又谨慎，饱经风霜的过往令甘惜分的个性矛盾却真实。抚今追昔，他的学术威望已是一个符号，他的学术成就已是一面旗帜，他的学术思想已是一座丰碑。

一、"不参加共产党就没有我这一生"

1916年4月17日，甘惜分出生在四川省邻水县的一户穷苦家庭，小名"甘在碧"，三岁时父母先后离世，由哥哥艰难抚养。初中毕业后，他辍学当上了乡村小学教师。上中学时已经改名为"甘霞飞"。有一次他在小学校园的墙壁上看到一条古人陶侃的格言"古人惜寸阴，吾人当惜分阴"，当时他深受触动并依此为自己更名为"甘惜分"，这个名字就这样跟随了他一生。

从那时起，读书读报就成了年轻的甘惜分最大的喜好，在偏僻的西南小县城，来自上海的进步报刊对甘惜分很有吸引力。他说："我当小学教员的工资

---

[1] 原载于《新闻爱好者》，2014年，第1期。作者陈娜，天津师范大学新闻传播学院教授，复旦大学新闻学博士，中共中央党校（国家行政学院）博士后。

大部分都汇到上海生活书店、读书出版社等进步出版社邮购书刊了，我还利用五哥在县民众教育馆当管理员的机会，多方订阅上海进步书刊。我的思想变化与上海的进步书刊有很大关系。"不仅如此，思想激变后的甘惜分为了反抗旧社会，还团结了一批进步青年，以县民众教育馆阅览室为联络点，成立秘密读书会，开展读书活动。而除了两三年的小学教师经历，甘惜分早年还在县政府当过一个管理度量衡的小职员，1935年，正是因为到成都接受度量衡业务培训的机缘，他见到了中学生时代的老朋友——熊复。

甘惜分说："帮助我接近共产党、接近进步思想的有两个朋友，一个是我表哥熊寿祺，他在大革命时期便到武汉参加革命，跟着毛泽东上了井冈山，他那时经常给我写信，教我学习马克思主义。另外一个朋友熊复，他与我是从小的同乡，又一同奔赴延安，新中国成立后他曾担任党中央宣传部副部长。"同为四川邻水人的熊复是中国共产党的新闻宣传活动家，中华人民共和国成立后曾任中央宣传部副部长、新华总社社长、《红旗》杂志总编辑等要职。对于那段早年的情谊，甘惜分回忆道："他初中毕业后去上海、成都考大学，眼界比我宽得多，我俩就经常通信，痛快淋漓地评论天下事。在成都时，我们经常在祠堂街一带的书店里看书。这里的书店卖的大都是上海的进步出版物，正合我们的需要。1935年成都也爆发了'一二·九'运动，我和熊复都参加了。"然而最令甘惜分记忆犹新的，还是三年后熊复给他寄来的一封信："抗战爆发后，我们的秘密读书会公开了，改叫抗日移动宣传队，在邻水县城和乡镇上演抗日戏剧，张贴宣传画。有一天，我突然收到熊复写来的一封信，很简单：'接信后速来我家，同赴延安'。"而对于这封信，甘惜分用了这样一句话来形容他那一刻的心情："哎哟，当时真是高兴得要死！"

就这样，1938年2月26日，不到22岁的甘惜分与熊复辗转抵达朝思暮想的圣地延安。"我走后，县长发出了通缉令。我对我的家庭算是叛逃了，"甘惜分歉疚却淡然地说，"我满脑子想的全是革命的大问题，我的思想哪在邻水？在全国、全世界。"

延安是甘惜分革命生涯的起点，也是对他日后政治思想和学术观点的形成起决定性作用的分水岭。从1938年赴延安，到1940年转山西，再到1949年进重庆，甘惜分开始了他作为"革命青年"的全新征程。

甘惜分说："到延安以后，我进入抗日军政大学，很快转入政治教员训练班。不久，这个班转到中央马列学院，我被分配到政治经济学研究室，学了一年马列经典著作，收获不少。"到延安后没几个月，甘惜分就经抗大队长尚耀武和区队长陈秉德的介绍，加入了中国共产党。1939年夏天，党中央为减轻延安的米粮负担,将抗大和其他多所学校迁往敌后根据地,甘惜分随之到达了位于河北西部的晋察冀边区。甘惜分说:"这时正逢贺龙将军率领的八路军120师从冀中平原率部来到晋察冀边区休整待命,日寇的一个联队跟踪追来,被120师歼灭。战后,贺龙对抗大校长罗瑞卿提出派两个政治教员给部队干部提高马列理论修养的要求,罗瑞卿一口答应,派出的其中一位就是我。这是我人生历史上的又一大转折。"

1939年冬,八路军120师奉党中央调令,在1939年底从河北迁回晋西北,安扎在晋绥地区,甘惜分也随军迁徙,从此在山西待了十年。"到山西时刚24岁,30多岁新中国成立后才离开山西,我把全部青春都献给了山西。"甘惜分无限感慨。这期间,甘惜分先后在晋西党校、120师高级干部研究班做教员,在晋绥军区政治部政策研究室做研究员。内战爆发后,他开始转而从事晋绥军区军事宣传工作,并于冬天奉命北上绥包前线担任前线记者。1946年,甘惜分调往新华社绥蒙分社任记者并参与创建《绥蒙日报》。1947年,他又调回晋绥地区,担任新华社晋绥分社编辑。1949年,甘惜分南下重庆,担任新华社西南总分社采编部主任,直至1954年,西南总分社随着各大行政区的撤销而撤销,甘惜分才结束了这段"战与火"的记者生涯。

回忆过往,甘惜分满怀感叹:"一生当中,我的第一个转折就是从四川一个偏僻的小县大胆地走向了延安。这步跨得非常大,也跨得很正确。不学习马克思主义、不参加共产党就没有我这一生,我这一生中第一步跨对了。"

二、"认识真理是逐步发展的过程"

"1954年以后,是我生命史的后一段,是命运的分界线和转折点。1954年,我奉调到北京大学工作,以后又到了中国人民大学,开始了我的学术生涯。"

在中宣部的安排下,38岁的甘惜分离开重庆,成了北京大学中文系新闻专业的副教授,主讲新闻理论。四年后,北京大学新闻专业合并到中国人民大学新闻系,甘惜分自此在人民大学任教,直至1998年正式退休。然而,"象牙塔"教书育人的事业并未给甘惜分带来与世无扰、平静悠然的生活,相反,"在学术圈子中摸爬滚打,几十年来就与人争论不休"。究其缘由,甘惜分却举重若轻:"无非是探讨这门学科的规律,作真理的追求。"

不得不提的是,甘惜分新闻学术之路的开启,恰恰伴随着中国社会在政治大潮中跌宕起伏的特殊时代背景。同时,新闻学作为一门年轻的学科,草创之初难免各家争鸣、意见分殊。再加上当时的甘惜分正值年富力强,精力旺盛、执着敢言，于是乎，明枪不躲，暗箭不防，"生就一副犟脾气"的甘惜分卷入了一系列的政治旋涡，驻足回首，又是一串唏嘘。

1957年夏天，北京召开了两次首都新闻座谈会，用毛泽东的话说，第一次是"否定"，第二次是"否定之否定"，也就是对第一次"否定"的反击，即反右派斗争。当时还在北大的甘惜分出席了两次座谈会，第二次会议将同样从事新闻理论研究的来自复旦大学的王中作为了主要的批判对象。

"我与王中，新闻观点是始终有分歧的。我认为他的观点有的是可取的，但在有些问题上有不小的片面性。如果他更冷静些，更客观些，多一点科学分析，少一点火气，他所起的作用就会更大。"综合起来，甘惜分大体批判了王中的如下几个观点：一是"报纸是社会需要的产物"而不是阶级需要的产物；二是报纸具有商品性和政治性两大属性；三是"读者需要论"。甘惜分说："经过几十年来的反复思索，我认为我与王中同志的根本分歧在怎样看待新闻与政治的关系上。王中竭力想使新闻与政治分离，或者是，在新闻中淡化政治。我则认为新闻与政治是分离不了的，新闻与政治紧密相连。"

无论如何，这场持续了几十年的恩怨并没有随着20世纪90年代王中的去世而消隐，相反，却在甘惜分的心中留下了难以磨灭的心结和反思："1957年批判王中同志并没有批判他在理论上有什么错误，有哪些失误，而是动不动就把人家上纲到反党反社会主义，上纲到反革命分子。其实，王中以及和王中一样同遭文字之灾的大批新闻界和各个学术界的朋友，都是无罪的，他们从爱国爱民的立场出发，对执政党的政策所有建议，有所批评，也应当是容许的。也就是说，反右派斗争中的被批判者和批判者双方都蒙在鼓里，低头被批判者不知自己因何得祸，振振有词的批判者也不知自己滔滔不绝的发言将带来什么后果。我在那次政治大潮中，似乎清醒而实为糊涂地批判了王中，过了两三年，我又成了被批判者。此中的翻云覆雨，又过了若干年才了解全部真义，已经悔之晚矣。"

时过境迁，甘惜分的这番肺腑之言令人扼腕。而当年曾被视作新闻理论南北两派代表性人物的王中与甘惜分，如今一位早已作古，徒余叹息；一位已值迟暮，白发婆娑。此间的物是人非，个中得失又如何不教人追忆。当下重提甘王之争，其意义除了让人积极反思之外，更重要的或许还是提醒知识分子须时刻看清学术与政治之间难以割裂的关联。

值得一提的是，20世纪90年代时，甘惜分曾表示要出一本书——《我与王中》，详细记述这场论争的前因后果。然而当被再次追问出书一事时，甘惜分则表示没有必要了："我其实对王中了解很少，只是与他有过一场争论。我追求真理，我和他的争论就是这样。我很年轻的时候就到了延安，受马克思主义影响比较深，新中国成立后他一直在上海，他坚持他的东西，我坚持我的东西。所以，他要说服我，我要说服他，都不容易。现在他早已经不在了，还论战干什么？不用了。那本《我与王中》，也不准备写了。"

实际上，甘惜分与王中在20世纪50年代末期的那场论争仅仅是掀开了他"暴风急雨"论争人生的开始。1960年，他卷入中国人民大学清查"修正主义"和"右倾机会主义"的运动，以孤军之力遭到批判，所幸"真理在手，无所畏惧"，最终在中宣部工作组的调查下澄清了是非。然而，十年浩劫的"文化大革命"终究没有让他躲过厄运，但四年牛棚、三年干校的经历，甘惜分却不愿多谈："'文化大革命'是一场全国性的反动，根本谈不上什么文化，更谈不上什么学术问题。它不是我一个人的苦难，是知识分子们共同的浩劫。"

有过冤屈，有过愤懑，有过懊悔，也有过酣畅，但甘惜分将这一切都视为是他追求真理的必经过程："我是个打不倒的老家伙，我没有东倒西歪，就是坚持马克思主义，坚持共产主义的世界观、人生观、方法论。认识真理是逐步的，有一个发展过程。我之所以有这么大胆量，是因为我信仰的是真正的马克思主义。"

三、"我是一只在笼子里长大的鸟"

经历浩劫之后的甘惜分，对新闻界极左之害已有切肤之痛，怀着"空抛了许多大好时光"的遗憾，他将郁积多年的深思熟虑倾泻笔端，开始了思想解放的曲折历程。也恰恰是在其后的几十年，他用日夜兼程的速度为中华人民共和国新闻理论的殿堂悄悄地打下了根基。

1979年，他写完《打破报纸批评的禁区》一文，用洋洋洒洒两万字考证了"报纸不能批评同级党委"这个"禁区"并非党中央的根本方针。1981年，他再一次冒天下之大不韪，写出《论我国新闻工作中的"左"的倾向》一文，直指年初党中央下发的《中共中央关于当前报刊新闻广播宣传方针的决定》中对肃清"左"的流毒不够重视，认为该决定存在片面性。有人曾经评价说，"相信很多人对这个问题有过思考，或有同感。但是，只有他敢说出来"（周克冰，《新中国新闻思想的探索者——访老新闻学者甘惜分》，收录于《甘惜分文集》第三卷）。

更为重要的是，1980年，被誉为中华人民共和国马克思主义新闻理论奠基之作的《新闻理论基础》一书，由甘惜分在他64岁这一年仅仅历时四个月就独立完成。对此，甘惜分无比欣慰："如果说1960年我在全国反右倾之浪潮中大反极"左"思潮，打出了中国马克思主义的第一炮，那么1980年我写出《新闻理论基础》，就是放出了马克思主义新闻学的第二炮。"对此，《人民日报》曾报道说：甘惜分是运用马克思主义的立场、观点和方法研究中国新闻的第一人。但这仅仅是开始。

1986年，在《新闻理论基础》之上重新修订的《新闻学原理纲要》一书问世，甘惜分借此几乎重新建构了自己对新闻工作及新闻规律认识的脉络。同年，甘惜分创建了中国第一家舆论研究所并出任所长，开始使用更加科学的研究方法了解民情舆情，摸清社会脉搏。1988年，论文集《新闻论争三十年》出版，收录了甘惜分1979年至1986年初的主要学术代表作，他表示："我的新闻思想到此算是一个总结。新的思想征程正在开始。"1993年，由甘惜分主编的《新闻学大辞典》杀青，皇皇180万字，由一百多位新闻研究者共同努力达三年之久完成，是中国第一部详尽全面的大型新闻学辞书。甘惜分还陆续提出了自己日臻成熟的新闻理论，包括"新闻三环理论""新闻三角理论""新闻真实论""新闻控制论""多声一向论"等等。而更令人敬重的是，除了教坛耕耘，桃李天下，从1983年开始，甘惜分作为中华人民共和国第一批新闻学博士生导师，不仅培养了国内第一位新闻学博士童兵，并且他的十位博士生，如今都已成了我国新闻界的领军人物。

甘惜分曾经这样总结自己四十余年来的学术生涯："在以马克思主义作为总的思想指导之下，我的具体思想发生了几次转折。第一时期，'文化大革命'以前，这十多年内，我是一个完全的正统派。不但对马克思、恩格斯、列宁的革命思想十分信服和崇拜，而且对斯大林和毛泽东也缺乏具体分析。第二时期，从'文化大革命'到80年代前半期的思想徘徊。我在那个十年对毛泽东逐渐进行具体分析，逐渐清醒。我在革新与保守、创造与拘谨之间徘徊近十年之久。我有所前进，却还不敢大胆革新，在学术上有个脱胎换骨的过程。第三时期，1978年以后，我完成了觉醒的过程，彻底同陈腐思想告别。我经历了一番'涅槃'，达到了新的境界。简而言之，这个过程就是：探索、徘徊、清醒。"

甘惜分说，新闻学是政治性极其强烈的一门学科，党把新闻工作视为"喉舌"，所以，新闻学研究必须服从党的需要，从党的领导角度考虑新闻问题是完全可以理解的。但是，这只是其中一种思维方式。还有一种思维方式，是以研究科学规律为出发点的科研人员的思维方式，也就是要探索新闻的规律性："就我自己来说，由于长期受党的教育，又在新华社工作过10年，我的新闻思维方式开始是完全正统的，也可以说是官方的思维方式。但是经过后来四十多年的长期研究,对科学真理的追求,再加上四十来年中国各方面情况包括新闻工作情况的几次急剧变化,我的思维方式逐渐向第二种转变,即向严格的科学思维方式转移。"

值得注意的是,甘惜分新闻思想的形成确如他所言,经历了几次鲜明的转折过程,以至于有人曾用"左""右"不讨好来质疑这位革命几十年的老知识分子前后如此巨大的思想变化。但实际上,无论是"左"还是"右"的简单标签,都无法涵盖甘惜分在不同时期的思想内核。从本质上说,正是他一如始终所坚守的马克思主义信仰,才支撑着他从未流于一个左右摇摆的风派人物。因此,他的思想转折其实恰恰暗合了他在政治生活中一路亲历的文化觉醒,以及依据于此而从未停止过的自我反省与反思。

但就像甘惜分所自我比喻的那样:"我是一只在笼子里长大的鸟,是长期在解放区党组织的熏陶下成长起来的干部。"因此,当重新解读他的学术心路与思想体系便不难发现,甘惜分的不平凡之处并不在于他学术观点的无懈可击,而恰恰在于他不但极其清醒"笼中鸟"的人生现实,并且敢于正视这一点,承认这一点。同时,在他的有生之年,他也坦坦荡荡、豁达无畏地从未放弃过对这座"牢笼"的超越与抗争。

四、"最自豪的是我没有认错路"

在中国新闻学术史的书写中,甘惜分的名字是与马克思主义新闻观离不开的。而马克思主义对于甘惜分的意义,则让人看到了精神信仰的强大力量。

"我认为马克思主义的世界观、方法论、价值观、人生观是正确的,是到目前为止最科学的世界哲理。马克思主义的崇高理想——建立一个无剥削、无阶级的共产主义社会,这是全人类的最后归宿。资本主义绝不是一个永恒的制度,它的贫富悬殊、两极分化的社会制度最后必然为共产主义所代替。"甘惜分斩钉截铁,笃信不疑。

甘惜分说:"我最自豪的事是从20岁左右就走到马克思主义的轨道上来,到现在为止,我这个人没有认错路,我把正确的东西告诉了群众。"他继续说道:"我最讨厌的就是把报纸看作是简单的情况交流,这种看法太浅薄了。我们在交流之中,实际上应该把一种正确的、先进的思想,一种真理传播到群众中去,而不是简单的信息交换就完了。所以我最反对仅仅把报纸看作一种信息交流,而没有把它看作一种先进思想和落后思想的交流。我们要克服群众中的错误思想,要把先进思想传达到报纸上去,要从群众中来,反过来再回到群众中去。"

97岁高龄的甘惜分每天依旧坚持看书、读报，从新闻中了解国事民情。尽管现如今听力有些减退，体力也大不如前，但依旧思路清晰，思维敏捷，更重要的是，他从未停止思考："人家夸奖我，说我是中国马克思主义新闻理论的奠基人。我说我不希望人家给我扣好帽子，也不希望人家给我扣坏帽子，实事求是就行了。我只是始终忠于马克思主义，坚定地站在马克思主义的理论基础之上来研究新闻学，到了什么地步，我不敢说，但是不是奠基者，还是让历史来评价，让历史来做结论吧。"

令人欣慰的是，2012年，150万字、三卷本的《甘惜分文集》由人民日报出版社出版，文集系统收录了甘惜分从1946年到2011年间陆续发表的新闻作品、理论文章、访谈、信札以及学术代表作，较为全面地反映了他在不同时期新闻实践与新闻思想的发展变化。但是甘惜分似乎对自己仍不满意："那部三卷本文集，到现在为止，我的新闻观点都在里头了。但是我还想压缩它，压到十来万字，使它更加理论化、系统化。现在全世界这么多的人受新闻传播的影响，我怎么能够把新闻工作的地位、作用，把新闻事业和群众的关系高度概括出来？我现在觉得有很多话，已经到了门边。但我还想把它更加准确地、简练地概括到几句话中去。我在向这个方向努力。"这是理论研究出身的甘惜分至今仍未停止的追求。

然而，对于马克思主义在当下社会的理解与继承，甘惜分却不无忧虑："现在有些人，对马克思主义的书籍不但不接受，甚至有些排斥，认为都是一些教条。这是因为他们连最基本、最经典的马克思主义文献都没有真正看过。我曾经在课堂上反复强调，要好好阅读马克思主义的经典著作，最基本的读物都没有看过，还有什么资格来评论马克思主义？"而对于新闻工作者学习马克思主义的必要性，甘惜分则更为关切："新闻记者不是文字匠，新闻记者是政治观察家和社会活动家。首先要掌握大局，其次要注意细节。对于新闻记者而言，马克思主义不但是正确的世界观，并且是正确的方法论，新闻记者要认真研读唯物辩证法，用马克思主义的观点观察世界。"

但凡涉及信仰问题，甘惜分的神情都是一如始终的坚定，透过他的庞眉皓发，这情景不免让人敬重且感动。在《一个新闻学者的自白》一书中，甘惜分曾经对自己的老年生涯这样描述："颐养天年不是我的人生哲学，战斗到死才是我的人生哲学。我愿意做一个终生求索的学生，不为名，不为利，只图为人民事业做一点小小的工作。"这番宣言，更似一种写照。

五、"为人民服务是个大问题"

甘惜分曾经有过这样一段令人印象深刻的回忆:"我的性格有一个缺陷——太书生气,几十年我都没有变过书生味道。社会交往、人情世故,我都不太关心。因为这个,吃了不少苦头。我是一个孤儿,小时候在家天天挨打,在外人家看不起,常听到的一句话是'打死你这个没出息的东西',我想,我将来就要有出息给你们看。于是从小就养成了内心反抗、对人忍辱的性格。改革开放以后,我为党为民写了许多有棱角的文章,敢于争取平等,敢于独立思考,敢于慷慨直言,这都是我长期受辱的反抗。"

童年的坎坷经历让甘惜分对"自由"与"平等"有着强烈的渴望,也让他的"人民关怀"格外强烈:"现在我最大的愿望就是要求人民享有真正的自由平等。我这个自由不是自由化的自由,而是要允许人民讲不同的意见,要允许人民独立思考,要允许学术自由。"为此,甘惜分毫不讳言当年曾公开质疑的那段历史:"1979年10月,为庆祝中华人民共和国成立三十周年,中国社会科学院组织学术讨论会,我被邀请参加了新闻组的讨论,同组的都是新闻界的老同志、老领导,还有党外老报人,全部大约五个人。我发言指出,1948年4月2日毛泽东对《晋绥日报》人员谈话有这样一段:'报纸的作用和力量,就在它能使党的纲领路线、方针政策,工作任务和工作方法,最迅速最广泛地同群众见面。'(《毛泽东选集》,第四卷)。这句话本身并没有错,但是如果能加上一句'报纸的作用和力量,还在于把人民的意见、要求和批评等集中起来,形成一股强大的舆论力量,推动我们的工作',这样才比较全面,也就是把党性和人民性集中起来了。"

可以看出,从人民的角度出发思考问题、判断问题,是甘惜分一以贯之的立场。而当被追问到他对青年学子的寄语时,甘惜分则一字一顿地说出了五个字:"为人民服务。"

"新闻记者怎么为人民服务?这是个大问题。我记得马克思、列宁都曾经说过,报纸应该更好地影响人民,引导思想前进。可这条路怎么走?不容易。全世界几十亿的人,他们既是我们的老师,也是我们的学生。用什么思想来引导,这个问题大概已经解决了,但是怎样成为人民的引导者,还要寻找更好的方法。"甘惜分继续说道,"我们天天讲为人民服务,但我们可知道人民在想什么?我们到底给了人民什么?我们的报刊有多少反映人民生活和人民思想的报道和文章?办一张真正为人民的报纸,这是我'文革'之后所有论文的核心。"

赤子之心诚可鉴，钟爱书法的甘惜分曾经留下过许多墨宝，都表达了他对人民的深厚情感。无论是"写真事、说真话、讲真理；传民情、达民意、呼民声"，还是"拜人民为师，而后师于人民"，他的内心所流露出的是一位真正的马克思主义者应有的一切。

　　《人民日报》已故前总编辑范敬宜在甘惜分先生九十二岁寿诞时为他题诗："大禹惜寸君惜分，满园桃李苦耕耘。舆坛多少擎旗手，都是程门立雪人。"这既是赞美，又更像是英雄相惜的会意。这位传奇般的老者在周总理"活到老，学到老"的感召下一直在思索，是阅历让他深邃，又是忠诚令他简单；是岁月让他通融，又是执着令他倔强；是信仰让他无畏，又是虔诚令他谨慎。他在苦难中度过，却用坚守与追求写就了充盈饱满的人生。

追思先贤　砥砺前行

——"甘惜分教授的晋绥新闻生涯及新闻舆论思想研究"专场研讨综述[1]

程子豪　李秀莉

2018年3月31日，由教育部社会科学委员会语言文学、新闻传播学和艺术学部，中国新闻史学会，中国高等教育学会新闻学与传播学专业委员会新闻学分会，中国人民大学新闻学院，山西省晋绥文化教育发展基金会，吕梁学院等共同主办的"纪念毛泽东对《晋绥日报》编辑人员的谈话70周年暨中国特色新闻学学科建设研讨会"在中国人民大学成功召开。来自全国新闻院校的130多名专家学者和10余名晋绥文化教育发展基金会理事及晋绥新闻人后代与会。

本次会议特设了"甘惜分教授晋绥新闻生涯及新闻舆论思想研究"专场研讨，童兵、郑保卫、王锋、王甫、刘燕南、唐远清等多位甘门弟子及甘惜分教授之子甘北林等30多名专家学者，齐聚中国人民大学新闻学院惜分苑，追忆了与甘惜分教授生前交往及受教的情形，研讨了甘惜分教授（为节省篇幅，以下简称"甘惜分"或"甘老师"）的晋绥新闻生涯及新闻舆论思想。刘建明等因其他重要事务没能到场参会的甘门弟子提交了书面发言，或以各种方式对专场研讨的召开表示祝贺。专场研讨由中国人民大学新闻学院执行院长胡百精教授、副院长张辉锋教授先后主持，复旦大学文科资深教授童兵、中国人民大学新闻学院教授郑保卫评议。本场研讨首先播放了甘惜分教授生前回忆晋绥新闻生涯的口述史影像资料，他在片中讲述了自己当年在现场聆听毛泽东讲话的情景，以及当时《晋绥日报》及新华社晋绥总分社的情况。

---

[1] 2018年，在中国人民大学召开的"纪念《毛泽东对〈晋绥日报〉编辑人员的谈话》70周年暨中国特色新闻学学科建设研讨会"中一个分论坛的会议综述。作者程子豪、李秀莉系中国传媒大学新闻学院硕士。

一、无惧无悔投身革命的十年晋绥生涯

甘惜分1916年出生于四川省邻水县的一个贫苦家庭。三岁时父母便双双离世，由长兄抚养艰难度日，直至初中毕业。因家庭贫困，他初中毕业后便在乡村小学从事教员工作，后又成为县政府一名管理度量衡的职员。年轻时的甘惜分思想上积极要求上进，受到进步刊物影响的他逐渐树立了共产主义理想。1938年2月26日，甘惜分和熊复历经挫折终于到达了延安，正式走上了新民主主义革命的道路。

在甘惜分的革命道路中，从1939年夏他被组织上分配到120师贺龙部队任政治教员，到1949年中华人民共和国成立后他被派到重庆新华社西南总分社任采编部主任，其间在晋绥边区工作十年。

甘惜分先生次子、北京教育科学研究院原党委副书记甘北林研究员在《我父亲甘惜分的晋绥新闻情结》的发言中指出："父亲经常说晋西北是他的第二故乡，并一直强调他有'十年晋绥情结'。他一直说他一个南方小青年，从数千里之外来到北国黄河之滨的山区，一待就是十年。从抗日战争到解放战争到全国革命胜利，从青年到壮年，把自己的青春时代献给了晋绥土地和人民。晋绥边区是父亲开启自己新闻事业的地方。由于他曾在120师高级干部研修班当教员，所做的政治形势报告受到广泛好评，组织便委派他每天在晋绥军区司令部汇总前线军情向中央报告，同时转发新华总社，从此，父亲便和新闻有了不解之缘。之后，虽然经历了在大同当军事记者时所遭遇的风险，但他依然无惧无悔，钻研业务，丰富阅历，研究新事物，研读马列原著，也研究地方实际，逐步从一位新闻外行转变成为内行。同时，在晋绥期间的经历也为他日后的工作打下了坚实基础。"1949年，中央从晋绥抽调新闻干部，前去重庆接管原中央社总社。作为采编部主任的甘惜分曾亲自采访报道了国民党在渣滓洞屠杀数百政治犯的暴行，还报道了成渝铁路从动工到通车的全过程。这些报道在当时都引起了巨大的反响。1954年，甘惜分调任北京大学中文系新闻专业任教，面对没有教材的困境，他迎难而上，无私奉献，以马克思恩格斯关于报刊作用和性质的论述为基础，再以党多年办报思想为导向，结合自己的晋绥新闻经历，开始了新闻理论教学探索，最终有所成就。甘北林研究员希望新闻学术界能将他父亲从晋绥开始的新闻理论探索继承下去，发扬光大，使我们的新闻事业取得长足发展。

清华大学新闻与传播学院刘建明教授是甘惜分指导的第二名博士，他在提

交的书面发言《甘惜分教授对〈晋绥日报〉土改宣传功过的解读》中，回顾了甘惜分为总结反思《晋绥日报》土改宣传发生的错误所付出的努力，甘惜分于1990年撰写完成的长达3万余字的《四十年前功与过——对〈晋绥日报〉土地改革宣传的反思》一文，总结了《晋绥日报》"左"倾错误的历史警钟，至今仍让人振聋发聩。

吕梁学院晋绥新闻与文化研究中心常务副主任常志刚老师和学生张康雄在《甘惜分的十年晋绥情缘》的书面发言中，分三个阶段总结回顾了甘惜分在晋绥边区的十年工作经历：120师的马克思主义教员；新华社绥蒙分社记者；新华社晋绥总分社编委。

二、铮铮傲骨、追求真理的人格魅力

在甘惜分跌宕起伏的一生中，无论是深陷疾苦、道路艰险，还是思想交锋、观点碰撞，他都有一种从容不迫的自信和勇气，表现出最为真实的自我，正可谓"率性之谓道，修道之谓教"，为学界做出了表率。

作为甘惜分指导的第一届两名硕士之一和第一名博士，复旦大学文科资深教授、志德书院院长童兵在《新闻理论家甘惜分恩师一生的价值追求》的发言中在回顾了自己与甘老师数十年的师生交往情谊后指出："文化大革命"结束后，甘老师重返教学岗位，虽然当时已经年过六旬，但他毫不放松，将其视为自己学术青春的新起点，在追寻真理的道路上不断思索，为我国新闻体制的改革而建言献策，为我国新闻教育的发展而鞠躬尽瘁。甘老师不仅具有学术上的魅力，更有人格的魅力。他有新闻理想，有价值追求，这成为他与学生之间交流沟通的精神纽带。甘老师强调说真话，认为这是新闻改革的第一步。同时，他还强调争论有益于新闻学科的发展。甘老师为了真理争论了一辈子，因此也吃了不少苦头，比如他和复旦大学王中教授之间的争论，在学术界的影响很大，但他依然不回避矛盾，心中只为真理。在和学生的接触中，他保持了同样的态度，面对学生们的不同意见，他丝毫不会生气，只要同学们的观点或行动是正确的，符合真理的标准，他都会欣然接受。童兵教授回忆道："我们甘门有一个显著的特点，那就是不回避争论，学生和老师之间没有恭维，没有吹捧，有的只是追求真理的满腔热情。"

中国传媒大学受众研究中心主任刘燕南教授是甘惜分教授的博士关门弟子，她在《在反思中求索，在追问中前行——我眼中的导师甘惜分先生》的发言中，同样指出了甘惜分对于真理的坚持，甘老师总是强调：真话不一定代表真相，但是没有真话，真相一定不可能有。新闻如果都没有真话，中国新闻事业就无法得到进步。而甘惜分无论在多么艰难的处境中，始终坚持了说真话的原则。面对《一个新闻学者的自白》出版时遇到的问题，他仍然坚持着对于真理的追求，排除万难使书稿最终得以面世，这既是一位耄耋老人的坚持，也是一身铮铮傲骨的体现。此外，刘燕南教授还回顾了甘老师在反思中求索的精神。面对和王中教授之间的争论，他能在公开场合主动反思自己当年的行为，并提倡在学术的范围内各抒己见，营造宽容的氛围。这需要很大的勇气，更需要宽广的胸怀，甘老师之所以能够成为一位新闻学界的大家，和他不断反思自己有很大关系。刘燕南教授还在发言中提到：甘老师对学生总是鼓励有加，并给予多方面的支持和帮助，为培养学生倾注了心血，我在任教于北京广播学院后专注于受众研究，甘老师对此很重视，勉励我应当向这些新的研究领域去拓展和创新，他亲自为我的书写序言，反映了他对学生的殷殷关怀。

三、呕心沥血、开拓创新的学术大家

作为我国新闻学界的旗帜，甘惜分在学术上孜孜不倦地追求，成为中国马克思主义新闻学的泰斗，他的人生轨迹构成了马克思主义中国化的光辉图景，为具有鲜明中国特色的马克思主义新闻学的发展与壮大奠定了坚实基础。

作为甘惜分指导的第一届两名硕士之一，中国高等教育学会新闻学与传播学专业委员会新闻学研究会会长、中国人民大学新闻学院郑保卫教授在《甘老师对〈晋绥日报〉的回忆给我们的启示》的发言中指出：甘老师曾多次回忆自己在新华社晋绥总分社的工作生涯，并写下数篇与之相关的文章，这些都是研究甘老师新闻理论观点的重要切入视角。不可否认的是，作为一位理论大家，甘老师对我国新闻学科的建设与发展做出了巨大的贡献，可以用两个头衔来概括甘老师一生的成就：一是"中国党报理论的奠基者"。甘老师《新闻理论基础》的出版标志着中国党报理论的成熟，这本书在中国新闻史、中国新闻学科发展史、中国新闻理论史上都是浓墨重彩的一笔，是一部至关重要的起到奠基性作用的理论著作。二是"中国马克思主义新闻思想研究的开创者"。甘老师在这方面很有基础，在延安期间就开始从事思想政治教育工作，在抗大和马列学院，都留下过他的足迹。1954年甘老师调入北京大学后，旗帜鲜明地提出"用马克思列宁主义来改造新闻教学、改造新闻理论"，并以实际行动来践行这一想法。作为晚辈，我们要传承好甘老师的学术思想，继承其"立足中国土，请教马克思"的遗志，推动中国的新闻学研究不断发展。

中央电视台原研究室主任、中国广电协会理论研究委员会常务副理事长兼秘书长、中国传媒大学兼职教授王甫博士是甘惜分指导的第八位博士，他在《甘惜分教授"新闻真实性"教学科研实践在新时代的现实意义》的发言中指出，我们的新闻事业，是党和人民的新闻事业，甘老师教导我们，作为新闻人，新闻工作者"不忘初心"，这就是我们矢志不渝的初心。甘老师最早将舆论学研究引入中国新闻学术界，他提出我们党的新闻事业要通过报道和评论事实来引导舆论，这已经成为多年来党报党刊一直在践行的准则。习近平总书记曾多次和新闻单位座谈，提出了"高举旗帜、引领导向、围绕中心、服务大局"的重要论述，甘老师在《新闻理论基础》等著作中的一些基本观点和许多学理思想，都与现在习近平同志的重要论述有着共通之处，有着鲜明的理论与实践价值，是对毛主席对《晋绥日报》工作人员谈话精神的传承与发展。

亚洲广播电视协会常务副主席、中国电视艺术家协会原党组副书记兼秘书长王锋博士是甘惜分指导的第九位博士，在《一个马克思主义新闻学者的情怀和信仰》的发言中，从三点谈了弟子眼中的甘惜分——在无产阶级党报思想滋润下成长起来的马克思主义新闻学者：一是作为70年前毛泽东与《晋绥日报》编辑人员谈话这一历史事件的参与者，甘老师亲历和见证了我们党无产阶级党报学说建立和发展的历史过程，他也成为中国马克思主义新闻理论及新闻理论教育的开拓者，他在中国新闻学术界的奠基之作《新闻理论基础》就是对无产阶级党报思想的继承和发展；二是甘老师是马克思主义的忠实信仰者，他的新闻学术研究坚持唯物论、辩证法这些马克思主义的思想灵魂，在60多年的学术生涯中把"求真理、讲真话"贯彻始终，坚持把马克思主义的基本思想方法运用于观察、研究新闻学术领域诸多实际问题，其中许多珍贵见解也包括一些被认为不合时宜的观点，其实都闪耀着马克思主义思想的光辉；三是甘老师有一个非常突出的学术思想，就是一直强调共产党人和新闻工作者都要做到心系人民，"拜人民为师而后师于人民"，这不仅是他愿意"为人民求解放"的革命事业献身的真诚"初心"，更是他认为党的新闻工作要做"党和人民喉舌"的理念坚守。习近平总书记强调"要在心中把人民群众放在最高位置"，甘先生始终坚持"心中时刻想着人民"，这是一个马克思主义新闻学者的情怀和信仰，也足可证明他是共产党人"不忘初心、牢记使命"的积极践行者。

四、高瞻远瞩、探寻规律的学术思考

在我国的学术界中，始终坚持以马克思主义为自身指导思想，并致力于将马克思主义的普遍性真理与中国的革命、改革、建设的实践经验不断融合，推动马克思主义中国化的学者之中，甘惜分可谓是立下了汗马功劳。

童兵教授在发言中指出：甘老师的学术贡献首先体现在"多声一向论"的构建，既要坚持社会主义方向，又要多种声音，其中充满了辩证法的智慧，闪耀着理性的光辉。可以肯定的是，甘老师的许多文章都体现了这种全面客观的思想，思维超前、灵活，乃至于后辈很难与之匹敌。在今天，他的这种学术思想依然非常值得我们学习，帮助我们将学术研究不断深入下去。其次，甘老师强调精神产品不能商品化，为此他曾和王中教授有过多次争论。王中教授认为，读者不会为超出精神商品自身价值的部分买单，但甘老师却认为，精神产品有其自身的特殊性，它和皮鞋、面包、手表等日常生活的必需品是不一样的，这一点特别需要我们的学界、业界同人注意。当前，我们的传媒行业商品化气息与日俱增，而这恰恰是甘老师不愿意看到的。

中国传媒大学媒介评议与舆论研究中心主任、新闻学院唐远清教授是郑保卫教授指导的硕士、童兵教授指导的博士，作为甘惜分教授的"再传弟子"，他在回顾了在选编《甘惜分文集》过程中与甘老师的交往后，在《甘惜分：我国舆论学理论及实践的开创者和引路人》的发言中指出：全面梳理甘惜分的学术成果不难发现，甘老师作为我国学术界公认的"知名新闻学者、马克思主义新闻理论家、新闻教育家""我国党报新闻学的奠基者"，也是我国舆论学理论研究及实践探索的开创者和引路人，是我国现代舆情调查与研究的开拓者。在舆论学日渐受到重视的今天，系统梳理研究甘惜分教授的舆论学理论思想及实践探索，对新时期进一步做好舆论学的理论研究和学科建设，更好地指导新闻舆论的实践，都具有重要意义。他简要介绍了甘惜分在"率先论述舆论，开创舆论研究先河""明辨舆论定义，厘清学科基本概念""理论与实践相结合，创建我国第一家舆论研究所""坚持多声一向，舆论不一律与舆论一律相统一""发挥舆论之力，关键在于引导舆论""舆论总是客观存在的，打压舆论终将成为枉然""揭露资产阶级舆论学研究的虚伪性，充分论述舆论的阶级性"等方面的思想及贡献。

五、潇洒淋漓、挥斥方遒的书艺境界

甘惜分不仅在学术上颇有造诣，在对书法的钻研上也颇有成就。他曾在自己的微博中写道："常有网友问我的毛笔字是怎么练出来的，我是从六岁上小学就开始按规定学习练字，每天写满三张带格的纸，一直写到初中毕业。抗日战争开始后我参加革命，条件艰苦无法练字。'文革'后才恢复写字，性情开朗、思路拓宽、任意挥毫。其实艺术没有规矩，不需别人评价。"言语之中，透露着自信与豪迈。

东北财经大学新闻学院廖卫民教授在《笔意纵横马新观——试论甘惜分微博书法的精神之源与晋绥之缘》的发言中指出：甘惜分教授在微博中展示的书法作品，不仅是文人的抒怀言志、学者的析理传情，更是一位不知退休的马克思主义新闻工作者在继续"探索新闻传播的根本规律"，从而在网络空间建构起一座马克思主义新闻观的精神宝库。笔意纵横之间，洋溢着马克思主义新闻战士的精神气概与战斗豪情；翰墨挥洒之外，浸透着对昔日晋绥之缘的深沉记忆和长期延续而来的冷静思考。他多年辛勤的笔墨书写与微博传播，留给后人的不仅有一个马克思主义新闻观艺术书写的传播样本，也有一座新闻战士不屈不挠、不弃不馁的精神丰碑，还有一条新闻学中国学派开山立派、静稳深远的大师之路。

"壮岁无惧暮无悔，执戟泼墨裕后生。"这句话可以作为甘惜分教授一生奋进的写照，他通过在新闻实践中的不断探索，在新闻教学科研中的不断创新和反思，为我国马克思主义新闻学和新闻教育事业立下了汗马功劳。对无数新闻学后辈而言，前辈甘惜分那种为探寻真相无所畏惧、矢志不渝的精神，指引着大家追思先贤、砥砺前行的脚步，鼓舞着大家为践行马克思主义新闻观、创建中国特色的新闻学而不懈奋斗！

后 记

2017年4月21日,我随郑保卫老师、童兵老师、王锋老师等甘惜分先生的弟子,到四川省邻水县甘先生墓地祭拜,掩隐在青山绿水之间的墓地,正对着养育甘老的小村庄。站在山巅,极目远眺,整个村庄的面貌尽收眼底。我记得我跪在甘老的墓前,说了一句话,"甘先生,第二故乡的人民,来看您了!"

在多个场合的回忆中,甘先生曾多次提到晋绥边区对他个人成长的深刻影响。甘先生1916年出生,1938年与熊复先生一起投奔延安,在延安抗日军政大学和延安马列学院学习,同年入党。1940年应贺龙、关向应之邀,到达晋绥边区,那一年,他24岁。1945年下半年,甘惜分由晋绥边区120师政治教员转入新华社晋绥总分社,至此开启了他的记者生涯。1949年,他34岁,离开晋绥边区随军南下,与《晋绥日报》和新华社晋绥总分社同事们一道,赴重庆接收国民党的新闻事业。

在一个人精力最充沛的青壮年时期,他在晋绥边区工作生活整整十年,而那十年又是中国近代史上最为战乱频仍,跌宕起伏的十年。作为各解放区通往陕甘宁边区的交通要道,作为陕甘宁边区的天然屏障和最后防线,在这片与陕甘宁唇齿相依的红色热土上,多少壮士慷慨就义,几多英雄战死沙场。作为晋绥边区文化人的代表,那时的甘先生,虽然只有初中文化程度,但他有悲天悯人的情怀和为国奉献的气度,勤能补拙,终成大业。

本书上编为曾经的新闻,现在已然是历史,下编本为历史,然倘如初读亦是新闻。从增长见识、开阔视野、形塑心智的角度看,历史与新闻诚如甘先生所言,具有某种本质上的"同一性",正如李彬教授在《再谈马克思主义的新闻观与历史观》一文中所言:马克思主义的历史观与新闻观,选择人民而非精英作为历史的主体与主人,因而致力于人民当家做主而非精英当家做主的历史实践与社会愿景。我们在品读甘先生的个人历史时,也在借机深入那个渐渐淡出记忆的烽火岁月,然而正如《习近平的七年知青岁月》一般,晋绥生涯在甘惜分的一生中扮演举足轻重的角色,某种程度上说,正是这十年,历练出一个真正的马克思主义新闻工作者，正是马克思主义的立场、观点、方法，使得中华人民共和国成立以后转而从事新闻教育和学术研究工作的甘惜分先生能够做出如我们所知的巨大成就。

2017年6月21日，习近平总书记视察吕梁山，重提革命战争年代的吕梁精神。他指出，革命战争年代，吕梁儿女用鲜血和生命铸就了伟大的吕梁精神。我们要把这种精神用在当今时代，继续为老百姓过上幸福生活、为中华民族伟大复兴而奋斗。这种精神，体现在曾经在吕梁山生活工作长达十年之久的甘惜分身上，是一种倔强地追求真理的品格。一如甘先生的格言，"书生报国无他物，唯有手中笔如刀"，终其一生他都在笔耕不辍，孜孜以求。

2018年3月31—4月2日，由吕梁学院和中国高等教育学会新闻学与传播学专业委员会新闻学分会、中国新闻史学会、中国人民大学新闻学院、山西省晋绥文化教育发展基金会等几家单位联合在中国人民大学召开了"纪念毛泽东对《晋绥日报》编辑人员谈话70周年暨中国特色新闻学学科建设研讨会"，此次会议特设一个"甘惜分与晋绥新闻事业"专场，一如郑保卫教授所言，我们借此告慰甘惜分老师等当年在晋绥新闻战线上工作过的先辈。我们后来者会继承他们的遗志，传承他们的精神，推进中国特色新闻事业的繁荣发展。

从学术的角度看，本书是对甘惜分研究所做的一点简单的探索性的资料梳理工作，笔者寄希望于通过编选这么一本小书，提请学界同人关注学人研究，进而为彰显中国风格、展示中国气派、倡导中国道路、创立具有中国特色的中国学派贡献力量。正如清华大学新闻与传播学院前任院长，《人民日报》原总编辑范敬宜先生对甘惜分的评价——"舆坛多少擎旗手，都是程门立雪人。"一个学派的真正形成，首先需要一面高高飘扬的旗帜，引领着晚辈后学奋勇向前。假以时日，我们或许可以摆脱"尊西人若圣天"的历史叙事。

本书编写过程中得到许多人的支持。首先，要感谢中国高等教育学会新闻学与传播学专业委员会新闻学分会、清华-复旦中国特色社会主义新闻学教学研究基地、吕梁学院晋绥新闻与文化研究中心提供学术支持。其次，我要特别感谢中国人民大学郑保卫教授，复旦大学童兵教授，清华大学李彬教授，中国传媒大学唐远清教授以及甘惜分先生的次子甘北林先生，山西省晋绥文教基金会的林炎志理事长、贺晓明名誉理事长、段晓飞秘书长，还有许多学界同人在多次学术论坛中给我提出的许多宝贵意见，一并感谢他们的提携和帮扶。

感谢吕梁学院晋绥新闻与文化研究中心的师生，特别是张康雄和胡程威同学为我提供诸多帮助。由于他们的支持和鼓励，这本小册子才得以汇编而成。尤其感谢学院的领导和同事们给予我的包容和鼓励，若非他们的理解和支持，我断然难在学校上下迎接本科评估的当口,赢得到清华访学一年的机会。正是在访学期间,李彬教授对我的学术方向给予颇有远见的提点,同时以丰富的经验对这本小册子的编辑思路与体例提出一系列全新建议,包括提出并确定书名,特别是将其纳入"中国新闻学丛书",从而使本书得以以全新面貌付梓。

感谢下编收录的口述历史及会议综述资料提供者段晓飞、田小明、杨晓峰、陈娜、程子豪、李秀莉等师友,他们的前期工作让这本小书有更加丰富的信息与更加丰满的意蕴。书中未注明作者的篇目,均为甘惜分先生的作品,特此说明。

我深知这本小书是新闻史研究的长河中微不足道的一滴水,但我希望这一滴水可以折射太阳的光芒。缪漏之处想必还有很多,万望各界同人批评指正。

立足中国土,回到马克思,我们,任重道远!

2018年清明节初稿于吕梁山
2021年清明节定稿于清华园